U0054572

跨國灰姑娘

當東南亞幫傭遇上台灣新富家庭

藍佩嘉

Global Cinderellas

Migrant Domestics and Newly Rich Employers in Taiwan

Pei-Chia Lan

目錄

圖表目次

洗衣籃與香水信紙

那是 1999 年的一個夏天午後，天空很藍，陽光灑了滿地。

我剛從台北搬回芝加哥，剛完成一年的田野工作，大隱而世，準備開始和博士論文長期抗戰。面對厚厚一疊訪問稿以及雜亂的資料，我苦惱著不知如何整理，只好先來清理家居環境，前去街角的投幣洗衣店從事家務勞動。我租的廉價公寓位在族群混合、階級轉型的城市北端。這個社區的居民長期以來以非洲裔、拉丁移民為主，市街上漫布著我常去的牙買加小吃店、墨西哥麵包店，然而，沿著密西根湖畔，以吸引年輕雅痞為號召的新大廈，正一棟棟蓋起來。

當我扛著一籃髒衣服走在街上，一個中年白人男性從我身邊經過，沒頭沒腦的丟了一個問題給我：「Do you know anybody who can take care of my mom?（你有認識人可以來當我媽的看護嗎？）」我瞠目結舌，無法在腦中將這一串英文字轉譯成為有意義的問題，這位老兄可能以為我聽不懂英文吧，看我沒反應就轉身走開了。

扛著洗衣籃，我站在白花花的陽光下，困惑慢慢蒸發成憤怒。

優勢族群看見深色皮膚，就以為看見奴隸的腳鐐與打工仔的漂泊靈魂。類似的情境早發生在 1965 年的紐約，黑人女性主義詩人安卓勞德（Andre Lorde），推著她的女兒到一家超級市場購物，迎面走來的一個金髮小女生，拉著白人媽媽興奮地說：「Look, mom, a baby maid!（媽媽你看，這裡有個小孩女傭耶！）」

　　我選擇研究家務移工這個題目的由來單純，工作與性別是我的專長領域，移民人權與社會不平等也呼應我政治上的關懷。沒有料到的是，我在田野工作與寫作論文的過程中，這個主題屢屢和我自己的生活經驗交相激盪。墜落美利堅異鄉，在他人的注視裡，我突然變成一個披戴傳統面紗的「第三世界女人」，或是充滿異國風情的亞洲女郎。失去母國語言文化的羊水保護，我努力讓自己的英文口音「美國化」，以免我的美國學生把「聽不懂助教的英文」當作抗議分數太低的藉口。作為一個少數族群、有色女人、以及外籍勞工，是菲傭在台灣，也是我在美國。人們眼中的美國夢土，在我的求學與工作經驗中教會我更多有關核心國的文化霸權或種族歧視的非正式課程。

　　當然，我不至於天真地忽略我與東南亞移工之間的明顯社會差異。我們的平行移民路徑，反映出世界體系的多層分化：台灣留學生去歐美核心國取經的同時，台灣資本家從亞洲的邊陲進口廉價勞動力。台灣的報章雜誌不時對於全球化的生活風格提出浪漫歌頌，像是在跨國公司工作的台灣人暢談在上海跟英國朋友一起吃義大利麵，眺望蘇州河的燦爛霞影。然而，地球村的烏托邦只適用於有經濟及文化資源者得以跨國流動的都會新貴，他們享受的豪華五星飯店與異國情調餐廳，實是移民勞工遠渡重洋前往的血汗職場。

　　這本書是幾番蛻化過程的產物，結繭的前身是我於2000年在西北大學畢業的博士論文，脫蛹而出的第二回，是2006年由美國杜克大學出版的英文書：*Global Cinderellas: Migrant Domestics and Newly Rich Employers in Taiwan*（跨國灰姑娘：家務移工與台灣新富雇主）。

　　最後的這一輪蛻化，是返璞歸真的母語書寫。除了語言上的轉換，也包括文字與格式的修改。我希望這本書不只是透過學術論理說服人，並能呈現不同人群的生命故事來讓讀者感同身受。對我個人來說，寫這本書不是為了升等或版稅，而是為了完成我在過去的兩個約定。

　　我在菲律賓社群中進行田野工作的期間，寫了一篇研討會論文，移工朋友偶然看到了抽印本，興奮地在教堂裡相互傳閱。我很懷疑她們是否有仔細閱讀其中的內容，只見到她們努力搜尋化名掩飾下的熟悉故事：「啊，這是我、這是我，那是在說你啦！」坦白說，當時的我心情忐忑，不知道自己的詮釋與分析，是否適切地再現了她們的經驗。

　　下星期天，我再到教堂去，一個菲律賓朋友把我拉到旁邊，遞給我厚厚一封信，裡面有五頁粉紅色的香水信紙，工整的字跡寫滿了她從出生長大、到各個國家幫傭的經驗。她握著我的手說：「我看到你的論文後，心裡很高興，我想，原來是有人把我們的經驗看成很重要的，所以，我要把我的人生全部寫下來，我希望別人知道我的故事。」

　　當我對學術生涯心生倦怠時，我常常會想起這件事，想起那廉價的香水信紙中承載的寶貴心情，以及手掌交握時不言而說的約定。我不是信差。儘管我透過大量話語的直接引用，企圖讓主角發聲，然而本書呈現的生命故事必然經過我的擷取與重組。我比較像是翻譯者，希望透過書寫與詮釋，能夠讓她們的故事被看見與被瞭解。但願能夠透過社會學的透鏡，映現移工的生命紋理、結構困境，也讓台灣雇主與民眾看見自己。

　　我仍然相信，如同二十歲時決定改唸社會系的自己所相信的，社會學的分析與文字可以幫助我們體察社會現實的運作、瞭解與我們不同的人群的命運，從而提供改變社會現狀的可能。但願這本書的寫作，多多少少實現了我和年少自己的另一個約定。

　　這本書從研究、寫作、出版到譯寫，經歷十年歲月。其間承受無數援手，也累積了許多人情債務。我在英文書裡致謝過的老師與同儕，這裡就不再重複，容我在這裡僅感謝台灣的朋友們。

　　本書的最大功臣是我所訪問的眾多菲律賓、印尼與台灣女性，儘管我無法在此列出她們的名字。我希望這本書對於她們的經驗與處境做出公平適切的詮釋，雖然任何文字都無法生動再現這些由淚水、汗水與笑聲編織出來的生命故事。移工朋友帶給我的不只是研究的資料。田野過程中結識的這些勇敢女性，教導我如何用愛與信心面對人生的試煉，她們的熱情與堅忍，讓我躁動不安的靈魂得以變得溫暖和踏實。

　　田野過程中，我感謝新事勞工中心的韋薇修女與林修女（Sister Ascension）大力相挺。其他的NGO（非政府組織）團體，包括台灣國際勞工協會（TIWA）（特別感謝吳靜如）、希望職工中心、台北聖多福教堂、高雄海星國際服務中心也提供我觀察機會與意見交換。本書的版稅將捐贈給新事勞工中心與台灣國際勞工協會兩個團體。

　　回台灣進行後續研究的數年間，我得到許多優秀助理的接力協助。張婷菀與譚貞潔在第二階段的田野工作中，扮演不可或缺的角色，羅融在訪談整理與資料彙集上提供莫大幫助，李慈穎是行政庶務上的能幹幫手，張蕙蘭與張昭雅則負責收集整理新聞資料，最後，鄭玉菁協助將英文書翻譯為中文初稿，提供我順暢改寫的基石。她們的勞動幫助這本書成形。

　　書稿的屢次修改過程中，我受惠於許多人的意見，包括曾嬿芬、莊雅仲、吳鄭重、孫瑞穗、夏傳位，以及在《台灣社會季刊》、《台灣社會學》、《台灣社會學刊》投稿發表時的評審與主編。台大社研所的修課學生，我在中研院、清大、高醫、東海、世新等學校演講時的聽眾們，也都惠予刺激與想法。

　　我感謝許多朋友協助介紹受訪者或者張羅相關資料：藍佩玲、洪儷倩、陳怡如、王淑津、陳昭如、陳偉智、黃于玲、陳怡伶、沈秀華、馬騰、林津如。也要謝謝夏曉鵑在多年前鼓勵我朝向此研究主

題，陳志柔、湯志傑分享中研院的圖書資源。編輯與校對過程，承蒙
行人出版社的賴奕璇與周易正的細心處理。

本研究的物質基礎有賴以下單位的獎助：美國西北大學、蔣經國
基金會、中央研究院社會學研究所的博士論文獎學金，中研院東南亞
區域研究中心的田野研究補助，以及行政院國家科學委員會的研究
計畫補助（91、92、93年度）。本書的英文版獲得國際亞洲學者會議
（ICAS）頒發的社會科學最佳書籍獎（2006-2007）、美國社會學會的性
／別研究年度傑出書籍獎（2007），我也一併感謝。

我要藉此謝謝兩位引我入門的老師：謝國雄領我看見黑手社會學
的勞動過程與甜美果實，陳東升勇於打破學術陋規，大力扶持年輕學
者。台大社會系的同事，是最慷慨熱情的黃金組合，特別是曾嬿芬、
蘇國賢、劉華真、吳嘉苓、林鶴玲、林國明等飯友，助我超脫學術界
的孤獨囚牢。

最後，僅以這本書獻給我的父母。我的母親王鶴，是台北農村家
庭長大的女兒，她拉拔大我們一家五個小孩，沒有任何保母和女傭的
幫忙。我的父親藍志青，在1949年的戰火中，意外搭上軍艦離開廣
東家鄉，成為台灣島的政治移民。在冷戰的阻隔下，他沒有機會與家
人團聚，直到四十年後，在母親的墳前潸然跪下。

在飲水行走之間，我的父母默默地教我體會與珍惜人生的素樸簡
單。駑鈍如我，直至近年方才聽見這無言旋律，仍然笨拙地學習吟
唱。我但願這本書在政治的高亢、學術的中音之餘，也能傳遞生命的
飽滿低音，在芝加哥的洗衣籃、馬尼拉的香水信紙之間悠悠迴盪。

導　論

諾瑪在1967年生於菲律賓的一個小村莊。她在鎮上的大學唸了兩年書後，因父親突然去世而休學。為了幫忙家裡的經濟，她飛去新加坡投靠在當地幫傭的姐姐。這是諾瑪生平第一次離開菲律賓。她很快地找到一個工作，替一對新加坡夫婦照顧兩個小孩。從家鄉的平房搬到三十幾層的高樓大廈，對諾瑪來說是一個新奇但也令人恐懼的經驗，她聽說有不少菲律賓女傭在陽台擦玻璃時摔下樓。諾瑪在新加坡一住五年，週日是唯一的放假日。這一天，她可以離開廚房邊那個沒有窗戶的小傭人房，放鬆呼吸自由的空氣，跟同鄉自在聊天嬉鬧。

　　在異鄉工作半年後，在Lucky Plaza——新加坡的菲律賓城，諾瑪遇見了未來的丈夫，在工廠打工的詹姆。他讓她笑，忘記了離家的孤單和寂寞。諾瑪懷孕後，他們回到菲律賓結婚，搬到馬尼拉近郊，很快有了另一個小孩。他們用盡出國時的存款買了一台三輪車，詹姆用它載客賺錢，諾瑪則在家照顧小孩。然而，捉襟見肘的家庭收入困擾著諾瑪，她尤其憂心兩個孩子未來的教育花費。於是，她決定再次出國工作。

　　1997年，諾瑪跟姐姐借了一筆錢，向仲介買來到台灣工作的機會。這一次，她離開丈夫的懷抱和小孩的親吻，隻身一人飛越國界，成為一位跨國母親，肩上背負著沉甸甸的家庭重擔。她將兩個孩子託給妹妹照顧，每月支付她一些零用金。諾瑪的薪水在扣除仲介費後所

剩無幾，除了寄錢回家，她省吃儉用、努力存錢，希望有朝一日能夠幫助她丈夫來台工作。然而，夫妻團聚的希望似乎越來越渺茫，因為工廠外勞的仲介費已經漲到台幣十五萬元之多，她的存款連前金都付不起。

為了照顧雇主的新生兒，諾瑪在台灣工作的前兩年都未放假回家。她嘆著氣說：「我女兒老是問我，媽媽，你什麼時候回來看我，我總回她，等下個耶誕節吧。」最後，她終於說服雇主讓她休假一個星期。她帶著很多玩具和禮物回家，有芭比娃娃、DVD播放機，還有一只嶄新的諾基亞手機。諾瑪不確定她的幫傭旅程在台灣之後的下一站會在哪裡。她只能向上帝祈禱，幾年後全家人可以重聚。或許那時，她可以在馬尼拉郊區開一家小雜貨店（sari-sari），不用再漂洋過海，用手機簡訊跟女兒說我愛你。

珮君生於台北，和諾瑪同一年出生。大學企管系畢業後，她進入一家跨國銀行工作，最近被拔擢為經理。婚後，她和先生搬進公婆家樓上的公寓。雖然她同意遵循傳統的三代同堂居住方式，但堅持生完孩子後繼續工作。然而，經常要加班的她無法準時六點去保母家接女兒，托兒成了一個棘手的問題。婆婆自願要幫忙帶小孩，但珮君心有排拒，她擔心自己會因此失去照顧小孩的主導權。而且，她可以預見到未來會因養育方式的看法不同，而和婆婆起爭執。

僱用外籍女傭，在珮君的同事與朋友之間越來越常見。如同大多數的台灣雇主，珮君對於要把小孩托付給一個外國人，一開始感到相當緊張。從小生長在沒有僱用女傭或保母的家庭，珮君也擔心女兒會在外傭的照顧下，變成一個恃寵而嬌的小孩。儘管有疑慮在心，珮君最終仍決定要僱用一名外籍女傭，為此，她必須花時間來說服其他家庭成員。婆婆皺起眉頭，認為媳婦是在浪費錢：「幹嘛那麼麻煩？我可以免費替妳照顧女兒！」先生也反對，擔心這樣會侵犯他的隱私，

他拉高鬆垮的褲頭說:「那我以後就不能在家穿著內褲走來走去了?」最後,珮君主動提議,會由自己的薪水裡掏錢來支付女傭的全額薪水,才平撫了家中的反對聲浪。

珮君從仲介提供的照片和錄影帶裡,挑選了一名大學肄業的菲律賓女性,她的教育程度和英文能力讓珮君滿意(「說不定女兒可以順便學英文」,她心裡想),同樣具有母親的身分更讓她放心(「希望她愛我的女兒就像愛她自己的小孩一樣」,她這樣期待)。有了這名菲傭的幫忙,珮君不用再和先生爭執今天輪到誰洗碗或者晾衣服,也不用擔心自己沒有扮演好伺候公婆的孝媳角色。更重要的是,在忙碌的一天工作結束後,她可以輕鬆躺在沙發上,等菲傭幫女兒洗好澡後,唸一本故事書給女兒聽,在睡前享受高品質的親子時光。

全球化連結了諾瑪與珮君,以及無數菲律賓、印尼、越南與台灣女性的生命軌道。有越來越多的女人,因為家務勞動的國際分工而相遇。自70年代中期後,東亞新興工業國和中東石油輸出國的富裕興盛,吸引了來自於亞洲較為貧窮國家的國際移民。據聯合國2006年發布的估計,全球共有1億9600萬人現居住在非出生國(佔全球人口的3%),其中有超過5000萬人住在亞洲。[1]在國際遷移的多種路徑中,低技術及非技術的契約勞工,在亞洲地區的數量尤其突出。據估計,亞洲的臨時移工(包括合法與非法停留者),在2000年已達到610萬人,其中約有三分之一為女性。[2]這200萬名女性多從事特定的行業,如娛樂表演、護理照顧,以及家務服務。

亞洲的家務移工主要來自菲律賓、印尼、斯里蘭卡、泰國、越南等國;她們打工的目的地則是香港、新加坡、台灣、馬來西亞、中東等地。從90年代初期開始,台灣成為亞洲移工的主要停駐站之一。雖然政府嚴格控管雇主的聘用資格,但台灣家庭僱用移工的數量仍在近十年快速擴張、漸趨穩定。根據2008年的勞委會統計,全台灣有

超過16萬的移工擔任家庭幫傭與監護工，其中九成五以上是來自於印尼、菲律賓、越南的女性。她們在台灣社會的角落裡，默默地洗碗、煮飯、拖地、倒垃圾、推著老人的輪椅、更換嬰兒的尿布、擦洗病人的身軀，這些以短期契約受僱的過客勞工，付出她們看不見、但不可或缺的勞動，維持著台灣社會的清潔秩序與家庭美滿。

這些家務移工的處境好比「**跨國灰姑娘**」（global Cinderella）。我以「灰姑娘」的比喻來彰顯她們遷移旅程中的複雜與兩難：她們與雇主的關係在地理上親密但在地位上疏離；她們的遷移之旅既是一種解放也是一種壓迫。她們為了逃離家鄉的貧窮與壓力遠渡客鄉，但也同時為了擴展人生視野及探索現代世界而展開旅程。然而，跨越國界後，她們發現自己坐困在猶如牢籠的雇主家中。工作時，她們必須謙卑地扮演女傭的角色，只有休假時才能塗擦脂粉、掛戴珠飾、穿上短裙。家務移工被台灣雇主僱用來扮演「代理家人」及「虛擬親人」的角色，然而，地主國卻待她們如低賤外人、用過即丟的勞動力。雖然少部分的女性移工可以美夢成真，成功地在返鄉後實現階級向上流動，但大多數的她們只能深陷在來來回回的跨國遷移行旅中，灰姑娘的美滿結局仍如童話般夢幻。

當女主人沒有白皮膚

曾經，在某個美國女性主義者的聚會中，與會者大多是中產階級白人女性，她們激動地討論著家事的性別分工對女人造成的不平等與壓迫。居於少數的一名黑人女性，舉起手不急不徐地說：「我想在座的各位今天能在這裡開會，是因為你們家裡有女傭在幫你們做家事帶小孩吧？」一桌女人沉默以對。

家務勞動的性別分工自60年代起即成為西方女性主義關注的焦

點。由於家務勞動在父權體制下被定義為女人的「天職」，職業婦女面臨蠟燭兩頭燒的困境，除了白天要上班，晚上還有做不完的家事，有如「第二班工作」（the second shift）（Hochschild 1989）。

90年代的女性主義，尤其是少數族裔的女學者，開始質疑「女性」的同質經驗，正視女人之間的差異，強調性別的壓迫不是絕對優先，而是與其他社會不平等（階級、種族、國籍、性傾向等）相糾結。家務雇傭這個主題尤其暴露了女人之間的差異與不平等，鮮少有工作安排如此典型，雇主與雇工都是女性（Rollins 1985）。然而，在許多狀況下，這兩個女人之間的關係是一種剝削連帶，而非姊妹情誼（Romero 1992）。

家務幫傭的歷史前身，如台灣的「查某嫺」、美國的「黑嬤嬤」（black mammy），都具有封建、殖民的色彩。然而，這項職業並沒有隨著時代而衰退，反而弔詭地在全球資本主義的推波助瀾下持續成長。全球經濟的整合、勞動力的跨國遷移，幫助具有階級或種族優勢的女人得以藉由市場外包的方式，購買其他女人的勞務來減輕自己肩上的家事與育兒重擔，避免天天和先生在家裡開打性別平等的家事戰爭。

學者哈許柴德（Hochschild 2000）借用食物鏈的比喻，描述已然成形的「**全球保母鏈**」。上游是富裕國家中能夠負擔僱用的女性，她們可將自己的地位提升到「母親經理人」（mother-manager）（Rothman 1989），繼續享有母職的情感回饋，也讓孩子享有較完善的照顧品質。當她們把勞務向下外包，其僱用的家務移工必須離鄉背井來交換經濟報酬。有家庭與小孩的母親移工，必須藉由親人的協助，或是僱用母國更貧窮的女傭，讓子女在母親缺席的狀態中仍然享有關懷與照顧。

國際分工，不只展現在加工出口區與生產勞動，也包含家事服務、照顧工作等「**再生產勞動的國際分工**」（Parreñas 2001）。國與國之

間的不平等，不只展現在國民所得與物質生活條件的落差，也變成孩童照顧品質上的不平等，甚至是母愛勞動的掠奪剝削。當來自菲律賓的諾瑪，牽著珮君女兒的手，確保她安穩地坐在台北捷運上，手裡拿著放學後的熱點心。諾瑪的小孩，正獨自踩著石頭路回家，準備回家幫外婆揀菜；如果諾瑪決定從菲律賓鄉下找個女傭來家裡幫忙，「全球保母鏈」會延升到更末端，有另一群孩子失去了母親的陪伴。

在當代的「全球保母鏈」中，移工的遷移目的地不再集中在北方國家。南方的新富國度，包括波斯灣的石油國以及亞洲新興工業國（NICs），不論在生產或再生產領域中都出現大量對外籍勞動力的需求。國際遷移的多層流動彰顯了所謂「全球南方」（global South）的女性之間的不平等，家務雇傭的權力關係的圖像不再是「白人雇主」與「有色移工」的簡單二分。「有色女傭」vs.「有色女主人」的現象也解構了「第三世界女性」的這個概念，不如早期西方女性主義學者所錯誤假設為一個同質的群體。[3]

誰在僱用家務移工？ Saskia Sassen（1992）在分析倫敦、紐約及洛杉磯等城市的研究中指出，隨著製造業的外移，這些「全球城市」（global cities）已然成為生產服務業（producer service）的重鎮，所僱用的中產階級專業人員大幅擴張，這些城市居民對個人服務業的需求也激增，公領域的辦公空間需要工友來清理，私領域的家庭中也需要女傭、保母與園丁。這些低階服務工作，屬於一般稱為「三D」（dirty骯髒、difficult困難、dangerous危險）的工作，本地人多不願從事，外來移民成為勞動力供給的主要來源。

同樣的情形也出現在亞洲較低階的全球城市，如香港、新加坡、吉隆坡及台北等，其中的專業中產階級的擴增，也促進了對家務服務的需求。亞洲的新富階級誕生於80年代，西方市場在這段時期因低成長率及經濟不景氣而持續低迷，經濟快速發展的亞洲成為一個

充斥麥當勞、行動電話、高檔車等各種進口商品的市場（Robison and Goodman 1996）。對亞洲雇主而言，消費外國商品及海外旅遊是他們營造跨國新貴生活風格的元素，購買移工提供的家務服務也成為他們彰顯中產階級地位的一種身分標記。

探索亞洲內部的跨國保母鏈的研究在近年來正萌芽發展中。[4]本書企圖進一步連結政治經濟學的巨觀分析與認同形塑的微觀政治，分析層次除了包含勞雇雙方的互動關係，也觸及台灣更廣泛的社會與文化脈絡，包括族群政治、階級形構與性別關係的轉變。在研究設計上，我避免從移工或雇主的立場收集單邊的資料，而欲探討雙方複雜與動態的認同構成。我的訪談對象涵蓋台灣雇主與家務移工，所追求的並非具陳兩造說法或虛妄的客觀中立，而是試圖從勞雇互動的過程來理解認同政治。我也希望呈現立體的主體經驗、多層次的權力關係，而非輕易地替雇主貼上壓迫者的標籤，或是把移工視為被動的受難者。

家務服務的歷史側影

早在家務移工出現前，女性被交易成為奴婢或女傭的情節，早已出現在台灣歷史的章節中。清朝時期的台灣民間不乏有以契約買斷婢女的情形，也就是俗稱的「查某嫺」，富家女出嫁也多有從娘家帶著「陪嫁嫺」（卓意雯 1993）。[5]另一個從事類似家務工作的群體是童養媳，台灣地區自康熙年間即有無子也可養媳的舊慣，清代中期後，由於丁日昌與劉銘傳示禁錮婢，養媳的內涵複雜化，經常變相收養為女婢或妓（曾淑美 1998）。

到了日治時期，1919年抱持同化主義的首任文官總督宣示「內地法律延長主義」，逐步在判決上透過「公序良俗」的概念來改變、廢止

台灣舊慣。查某嫺便被判定為一種限制人身自由的身分關係，有違公序良俗，應予廢除。[6]在查某嫺的合法地位喪失後，統計上顯示養女或童養媳人數有所增加，推測應是以養女之名行蓄嫺之實[7]。

在這個階段，家務開始成為一種合乎現代意義下的工作，以契約關係規範的雇工逐漸取代人身從屬的查某嫺。*Shijonin*（日本話，意指「傭人」）在市場上販賣勞動力以交換薪資與食宿。在1920至1930年之間十年，*shijonin*人數成長三倍之多（從3578人至9877人），其中多數為本省女性。[8]這段時間正值日本殖民政府將台灣納入工業化計畫，以整合為戰時經濟後備基地的關鍵時期，受到農村衰退、城市興起的影響，台灣女性大幅進入新興的服務行業（游鑑明1995: 30）。

雖然家務幫傭人數在日治後期逐年增加，但雇主仍集中於日本官員及少數的台籍地主與世紳階級。台灣的家務服務部門在1949年後出現明顯擴張，這與國民黨政權自中國大陸撤退有關。在將近一百萬的外省移民中，有些人帶著僕役撤退來台，其他人則在遷移後，面臨找不到傭人的困擾。因應幫傭勞動力供不應求的情形，婦女會等官方婦女組織甚至出面從事仲介的工作，其服務的會員主要是外省籍上層階級的女性，在50年代到60年代間的婦女雜誌裡常可看到類似的招募廣告（如圖一）。

另一個雇主群來自於台灣內部的城鄉移民，這些移民至都市的中產階級小頭家或雙薪核心家庭，成為擴充中的家務雇主階層的新成員。都市化吸引了受過高等教育的女性遷移至台北，從事教書、護理及其他白領工作（游鑑明1995），遠離娘家及親族到外地工作的她們，需要僱用幫手來協助照顧小孩。由於現代化的家電設備在當時仍不普遍，家務在當時也仍是很費力的工作。[9]這些自農村遷移至都市的雇主於是透過家鄉人脈招募、僱用同鄉的單身女孩來家裡幫忙。

圖一　《婦友》雜誌的女傭廣告，張毓芬提供

　　對這些年輕的女孩來說，在台北當女傭的經驗比在家鄉種田來得多采多姿。當時一齣名為《我愛阿桃》的流行連續劇，以阿桃這名鄉下女孩來台北幫傭為主題，浪漫化地描述城鄉移民在花花世界大開眼界的探索經驗。[10]通常這份工作被認為是結婚前的一段過渡時期，甚至可以說是進入無酬家務勞動的實習期，許多人在幫傭後去學裁縫，然後就準備結婚。她們與雇主間雖然不一定有血緣關係，但通常以「阿姨」、「表哥」或「大姐」相稱。這些雇主仰賴家鄉的社會網絡來僱用可信任的幫傭；這些幫傭的父母也同時將女兒托付給這些雇主，

視他們為女兒在台北的替代父母以及道德上的監護人。雇主通常將報酬直接交給父母，在台北幫傭的女兒只領取少許零用金。到了60年代，擴增的私人仲介機構逐漸取代這種依據人際網絡的僱用模式。大部分的私人仲介機構聚集在台北火車站的後方，因此可以佔地利之便，就近接納自鄉村移入的勞動力。

然而，台灣社會在經歷50與60年代的進口與出口替代階段後，家務工作不再成為年輕女孩脫離父權家庭及探索新生活的唯一選擇。單身年輕女孩，作為廉價又馴服的勞動力，成為勞力密集出口產業的主要勞動力來源（Kung 1983）。以外省中產階級婦女為主要讀者的婦女雜誌，便充斥了找不到幫傭的雇主投書表達類似以下的抱怨：「工業起飛，女孩子全飛到工廠去了。」（張毓芬 1998: 71）此外，家庭經濟條件的提升與國民義務教育的延長，讓越來越多的台灣女兒得以繼續就讀高中或大學。家務幫傭的勞動力來源因此逐漸從單身女孩轉變成「歐巴桑」，她們大多是已婚或寡居的中年婦女。

歐巴桑幫傭與年輕單身農村女孩的工作條件上最大不同處，在於多數的歐巴桑原本就住在城市裡，許多住在雇主家的附近，因此傾向不與雇主同住。她們有些是日工，只在白天到雇主家工作；有些則是時工，只在週末或固定的日子到一些家庭打掃。做日工的幫傭領月薪並且只負責特定的工作內容，多數的工作內容以煮飯與打掃為主，通常不包括洗衣及照顧小孩。[11]如果是請來照顧小孩的保母，則通常不需或只負擔些微清掃工作。擔任時工的幫傭，或所謂的「鐘點管家」，則通常以清潔工作為主，依工作時數領取時薪（坊間現已出現不少居家清潔的派遣公司）。[12]越來越少台灣幫傭願意與雇主同住，僅管它的市場工資隨著供需的狀況而日益增高。[13]

台灣社會裡僱用家務幫傭的傳統，並不如香港的華人家庭或馬來亞的殖民地區那麼普遍。[14]然而，單純忠誠的女傭這樣的一種理想意

象,卻映現在許多當代台灣雇主的心中,儘管他們的家庭記憶裡可能從未有過活生生的女傭。我所訪問的許多台灣雇主,感嘆如家人般、來自鄉下的「理想女傭」已在這個時代消失。這樣的一種充滿懷舊情懷光暈的歷史側影,和雇主們對現世裡「歐巴桑」的抱怨形成強烈的對比。在台灣雇主的眼中,歐巴桑難相處、愛抱怨工作內容、對工時與工資錙珠必較,而且常要求加薪。此外,這些歐巴桑打掃得不夠乾淨、帶小孩的方式過時,並且缺乏專業訓練與勤奮精神。

這些對歐巴桑的抱怨,從勞工的角度來看,其實反映出她們試圖和雇主家庭維持距離以捍衛自己的私人生活,以及理性化家務幫傭的工作內容與條件。對照於「歐巴桑」,與雇主同住的外籍幫傭顯得截然不同。用雇主的話來說,她們「比較像古早時代的傭人」。台灣雇主用過去的理想女傭形象投射到對外籍幫傭的期待與管束:傭人要卑躬屈膝、心悅誠服;報酬雖微薄,但提供隨傳隨到的服務,工作內容更應無所不包。

70年代的西方學者曾樂觀地預言,家務幫傭這份工作將會隨著家務服務的商業化以及新家務科技的發明而式微。[15]這個預言至今並未成真。即便是老派的住家幫傭工作,都未隨現代化的進程而消逝,反而拜新自由主義國家與全球資本主義之助而蓬勃,甚至擴張。當代台灣中產女性,受惠於低成本的移工勞動力,為她們在良家婦女的父權規範,與現代職業婦女的處境之間的進退維谷,提供了一條市場外包的便利迴路。

當東南亞移工遇見台灣雇主

本書聚焦於台灣、菲律賓、印尼三地之間的連結,它們在亞洲遷移體系中皆佔有舉足輕重的地位。過去數十年來,這三個「第三世界

國家」在全球經濟中具有不同的面貌：台灣在經歷成功與快速的工業化後，地位已從美國的經濟援助對象，變成主要的貿易伙伴。菲律賓一度是亞洲經濟的龍頭，但自80年代以來受到政治動盪與經濟衰退的影響，成為全世界第二大的勞力輸出國。印尼的經濟發展稍晚但蓬勃，在1997年因金融危機而滯延，向海外輸出勞工成為舒緩國內勞動力過剩及失業率高漲等問題的解決途徑之一。

台灣政府於1992年開放重病與失能者申請「家庭監護工」，不久，也允許家中有十二歲以下的幼童或七十歲以上的老人的雇主申請「家庭幫傭」，但配額有限。雖然今日家庭幫傭的名額已被台灣政府凍結，但僱用外籍看護的數量並不受限。[16] 許多家庭因此偽造醫生證明來申請外籍看護，卻主要從事整理家務與照顧小孩等工作，另一個造成「家庭幫傭」與「監護工」的分類模糊的原因，在於實際工作的執行與分派上，很難有明確的區分，例如，多數監護工被要求兼做家務，即使法律上視為不符契約內容的工作。因此，我在本書中統一用學界慣用的「家務勞工」（domestic worker）來統稱兩者。

台灣的歷史並無長期的奴役傳統，蓄奴也未曾成為普遍風俗，這是和大部分的勞工輸入國不同之處。台灣人口在90年代移工與婚配移民大量移入之前，除了以華僑身分來就學與工作者，只有少數、短期的外籍技術移民。由於整體人口中的族群多元性有限，大量移工的引進因而觸發大眾的疑慮與偏見。台灣人如何看待這些膚色較深的外國人，尤其是那些負責在親密家庭中照顧老人與小孩的家務移工？這個問題引領本書探討在國家管制與大眾論述的兩個層面上，家務移工是如何被建構為種族的他者：台灣政府對於移工的管制嚴苛，包括禁止更換雇主以及永久居留等。而大眾論述經常用衝突的刻板形象來刻畫東南亞移民：她們要不是犯法又野蠻的「恐怖份子」，要不就是生來順從的「理想傭人」，天生適合做骯髒低賤的工作。

台灣的個案也揭露亞洲新富國家在族群階層、性別關係與家庭模式等面向上的轉變。90年代以降，僱用外傭的台灣雇主有很高的比例是「第一代雇主」，意指他們的父母輩並沒有在家裡僱用傭人的經驗，這些雇主在成長過程中也少由全職的保母帶大（而是由母親、祖母或其他親戚照顧）。這些我稱之為「**新富雇主**」的青壯年中產階級，映現了台灣社會隨著經濟快速發展、代間向上流動的階級形構的側影。奠基於代間流動的新富雇主現象，也出現於其他的亞洲新興國家。Christine Chin（1998）便指出，僱用外傭是馬來西亞雇主作為新中產階級的身分標記。在香港和新加坡，僱用外傭則幾乎已成為雙薪中產階級家庭的必要服務，在針對該階層銷售的公寓的藍圖設計中，都可以看到傭人房的必備設計。

許多台灣雇主也是第一代的職業婦女。她們的母親或婆婆在結婚或生了第一個孩子後辭掉工作，專心做個家庭主婦，但女兒及媳婦則嚮往另一種生活。約束當代台灣中產階級女性的性別規範，不再侷限於賢妻良母，也銘刻了性別平等、夫妻平權與追求工作成就等理想價值。這些困於舊模範與新價值之間的新一代職業婦女，解決蠟燭兩頭燒的途徑，是尋求家務、托育及服侍公婆等責任的市場外包，新引進的家務移工尤其成為她們仰賴的勞動力來源。縱然如此，職業婦女仍持續要心力交瘁地和母職、持家、孝道等文化意識形態討價還價。

與分別來自第一世界及第三世界的雇傭組合相比，全球南方的家務移工雇傭關係中的勞資地位差距較為曖昧模糊。就此層面而言，台灣新富雇主與向下流動的菲律賓女性移工的相遇，特別具備重要的理論意涵。例如，有位匈牙利移工曾扼要地形容她與加拿大雇主的關係：「他們認為妳就像妳的英文一樣笨。」（England and Stiell 1997）。但我田野中一位大學畢業的菲籍家務移工卻如此描述她的台灣雇主：「她們比較有錢，但我說的英語比較好！」

　　菲籍的女性家務移工因為教育程度較高且具備英語優勢，一直是全球移工市場的優勢來源，具備大學學歷的菲律賓中產階級在國外從事女傭、看護的工作並不罕見。這樣的現象引發幾個社會學謎題：當這些菲籍移工在地主國從事的是女傭這份被社會汙名化的工作，她們要如何確保自己能夠向上流動？當台灣雇主的英語發音或文法被菲律賓女傭糾正時，他們該如何鞏固自己身為雇主的階層地位？家庭又如何成為一個全球化的微觀政治場域，讓雇主與移工同時在其中確認與挑戰彼此的差異與不平等？

　　印尼的女性家務移工雖較晚進入全球的遷移流動之列，但在台灣、新加坡、香港等亞洲地區，她們的人數直逼甚至超越菲籍移工。我們要如何解釋這個轉變？這樣的轉變又與家務移工的種族化形象（例如，「聰明而搞怪」的菲傭相對於「愚笨但順從」的印傭）有何關聯？這是待解的另一個謎題。在本書中，我將藉由比較菲律賓與印尼家務移工的工作分派、論述再現及勞動條件，來檢視階層化的種族他者如何被建構。

　　本書聚焦於台灣雇主與家務移工的相遇，並藉此檢視人們如何跨越國族與社會界線來認同自身與「他者」。我並將以「**畫界工作**」（boundary work）這個理論視角來連結巨觀的結構力量與微觀的人際互動。社會界線的建構區隔出「我們」與「他們」的差別，這樣的畫界工作不僅發生在公民身分與國界管控等政治與法律的層面，雇主與移工在日常生活中的互動協商與象徵鬥爭，也是形塑社會界線的重要場域。以下，我將先分享本書的研究過程與親身田野經驗，然後鋪陳本書植基的理論脈絡。對於學術文獻較無興趣的讀者，可以跳過理論部分，直接進入章節閱讀。

田野告白

後現代學者近年來已經對民族誌詮釋的權威提出尖銳的挑戰，打破研究者客觀中立的迷思，強調研究與寫作必定是從特定的文化與社會情境出發（Clifford and Marcus 1986）。基於這樣的立場，研究者必須對於研究方法與過程進行反思：我的社會位置與出身背景無可避免地形構了我進行觀察與理解的認識論視角（我看見了什麼？我如何進行理解？），同時也形塑了我與報導人之間的互動模式（他們如何看待、定位我，以及如何回應我提出來的問題？）。

身為一個中產階級出身的台灣女性，在進行菲律賓與印尼移工的民族誌研究過程中，我跨越了多重的國族與社會界線，同時進行的與台灣雇主的訪談，則讓我進一步反思自己的階級、性別、族群等位置。我的研究過程中發生的種種軼事，在在彰顯出研究過程與結果都鑲嵌在、也揭露出研究者與報導人所處的社會脈絡與權力關係。以下分享的田野經驗呼應了本書主旨：跨國交會中的畫界工作與認同形構。我是一個跨界的研究者，這樣的主體位置得以容我深刻觀察、體會、理解這個主題。

回家研究外籍女傭

在美國當了幾年研究生後，我在1998年7月回到台灣開始進行本研究的田野工作。我用滾雪球的抽樣方式尋找進行深入訪談的雇主。找到受訪者並不難，因為幾乎我人際網絡中的每個人，包括我家人，都認識一些僱用外傭的人。我的姐姐與她開旅行社的丈夫，經常一星期工作六天，每天花十小時在辦公室與來回的路上。他們從朋友那裡「借」了一位菲律賓女傭，請她每週末到家裡來打掃，所以他們可以不用犧牲星期天早上寶貴的睡眠時間來維持家中的整潔。甚至我母

親，一位六十多歲的全職家庭主婦，親戚也慫恿她去雇個外傭：「你該享福啦！反正現在請個外籍女傭很便宜。」

許多雇主（多半是男性）剛聽到我的研究主題時，會遲疑幾秒後評論道：「嗯，很有趣，你為什麼決定做這個題目？」這樣的反應暗示了在他們眼中，相較於生產、發展等引人注意的陽剛議題，家務工作是微不足道的「女人家的事」。我之後試著在描述中把研究主題「升級」為探討「外勞政策」或「照顧孩童及老人的制度安排」，有些受訪者才覺得這樣的訪談具有一定的公共價值，而不是浪費時間閒扯。

在我的研究中，只有四對來自於同一家庭的雇主與外勞同時受訪。我特意避免這樣的情形，實基於倫理與實際的考量。有些雇主會主動「提供」她們的女傭讓我採訪。但當我看到這些移工不自在地坐在角落裡等著受訪，我意識到在她們的眼中，我這個陌生人實等同於雇主權力的延伸，我只能拒絕雇主的好意。有幾次，我提醒雇主要先徵求移工對於受訪的同意。這些雇主走到廚房（當我和雇主在客廳談話時，廚房往往是女傭待的地方）回來後，往往一臉驚訝地對我說：「哇！你講對了！她真的不想被採訪耶。」

我盡量避免上述的情況發生，因為我不希望接受採訪成為一件雇主的工作指派，換言之是一項讓家務移工無法拒絕的工作。我也不想處於一個尷尬的夾心餅位置，因為如果移工視我為「雇主的朋友」，我與她之間的信任關係便難以建立。例如，我採訪的第一位菲籍女傭Rosemary是她的雇主芳萍[17]引介給我的。但她們兩位後來都試著向我打探對方的事情：Rosemary急著從我這知道她雇主明年是否繼續聘她，而芳萍則跟我打聽Rosemary在合約結束後的去向。

我和Rosemary因採訪結識後，我參加了幾次她與朋友在星期天的聚會。Rosemary高興地拿了幾張我們在星期天聚會拍的照片給老闆看。不擅英文的芳萍隨即打電話給我來問個究竟：「嗯，Rosemary剛

讓我看幾張照片。我很好奇耶⋯⋯你和她們在一起做什麼？」我從她驚訝的語氣裡可以讀出她沒有明說的訊息：「你這個留美博士幹嘛跟這群菲傭混在一起？」

　　基於我的台灣中產階級家庭出身，我很容易透過管道與受訪雇主搭上線，而大部分的雇主也假設我的想法與行為和他們差不多，因此與我侃侃而談。雖然這樣的假設與現實多有出入，彼此在社會位置上的親近性的確有助於蒐集資料。然而，當我聽到這些「同胞」雇主說出帶有種族歧視或階級偏見的話時，我心裡倍感困擾。有時候，當我坐在那聽著受訪雇主講話，卻無法有技巧、有禮貌地反駁其觀點時，更深恐自己成為壓迫體制的共犯。身為一位女性主義者，我也無法全然贊同一些（男性）批評者，毫不遲疑地批評女雇主純粹就是自私自利或特權份子。

　　在一定程度上，如此的主體位置形塑了我如何提出社會學的發問。與其不加思索地責難女雇主的階級與族群優勢，我更想從結構環境與性別關係的脈絡來分析她們的行為、態度與想法，試圖以社會學式的同理心，來對人的經驗有比較立體的理解。

在移工社群中的一個台灣人

　　我的另一部分研究資料來自對家務移工的田野觀察與深度訪問。我在1998年8月到1999年7月進行第一階段的菲律賓移工社群田野。每個週日，我都起個大早，帶著我的錄音機、筆記本與相機，跳上公車，前往聖靈堂（假名）這個天主教堂以及附屬的一個非營利組織。我在那裡當了幾個月的志工，開了一班中文課，也偶爾協助移工的申訴個案。我也經常受邀參加菲律賓移工的各種社交聚會，如旅遊購物、到迪斯可舞廳跳舞、唱卡拉OK、公園野餐、生日派對、速食餐廳閒聊等。

　　第二階段的田野（從2002年9月到2003年10月），我擴增研究規模來含括近年來人數增多的印尼移工。基於幾個原因，我在接觸印尼移工的過程比先前進入菲律賓社群來得困難許多。第一，印尼移工並未像菲律賓移工一樣在教堂等固定地點形成社群。我和助理因此到台北火車站以打游擊的方式尋找受訪者，這裡是印尼移工星期天的主要聚會點之一。不像先前有修女的「加持」，我們要在印尼移工的社群中建立信任關係，必須完全靠自己。

　　其次，在第二階段的印尼田野中，我發現我變成大學教授的新身分是個負擔，而非優勢。在先前菲律賓移工的田野中，我還是個靠獎學金過活的研究生，每個月的微薄津貼只比家務移工的薪資多個幾千塊。此外，我當時的年齡和大部分的菲律賓移工相仿（二十八、九歲），其中許多擁有大學學歷，因此在教育與文化的經驗上也沒有太明顯的鴻溝。例如，一位大學時修過社會學課程的菲律賓移工曾問我：「你現在做的叫做『融入』（immersion），對不對？」她笑著跟我分享她的男同志教授在菲律賓做的同志社群田野研究。

　　相比之下，印尼移工較年輕（大多二十出頭），且平均教育程度較低（高中）。這兩個元素都讓她們相對於我這位三十多歲的大學教授之間的社會距離益形遙遠（雖然我的性別、年齡與打扮並不符合她們心目中對「教授」的想像）。此外，在對地位階級高度敏感的伊斯蘭文化中長大，她們傾向視教授為「地位崇高者」，並以帶有距離感的尊敬態度和我相處。我花了許多時間與心力，包括掩飾我的「教授」身分，改自稱為「我在大學裡工作」，方能淡化可見的地位鴻溝，逐步與印尼移工建立信任的關係。

　　在初識之際，移工們通常假設我是某人的雇主。當我對這個猜測搖頭以對，她們便繼續問道：「那你是仲介？不是。記者？不是。那你來這裡幹嘛？」有些移工也猜想我可能和其他移工一起工作：「你

在哪個工廠工作？」似乎，與她們會發生接觸的台灣人，不是工廠同事，就是試圖從她們身上取得服務、金錢或資訊的人。

田野初期，我可以從一些細微訊息中嗅到移工對我這位台灣人的不信任。有次，我和她們去海霸王吃自助午餐，吃到飽的餐廳通常很受移工歡迎，因為她們可以放心大吃特吃（不像在雇主家中的三餐常受限制），也不用顧慮用中文點餐的困難與風險。在杯盤狼藉之後，一位菲律賓移工，茱莉亞，把幾個蘋果與杯子蛋糕塞進袋子。另一位菲律賓移工輕推茱莉亞的手肘，用眼神提醒她我在旁邊。為了減輕朋友的不自在，也為了掩飾她在我面前的行為，茱莉亞以開玩笑的口吻回答：「不用擔心，她知道我帶這些回去是給我老闆的小孩子吃的。」

隨著時間的累積與田野的推進，移工對我的不信任逐漸轉變為友誼及互賴。當她們要與計程車司機溝通或與街頭小販討價還價時，我可以擔任語言與文化上的翻譯。她們則成為我的導遊，引領我探訪隱藏在城市角落的移工聚落。我的台灣人身分在田野中的作用，逐漸從原本的詛咒變成保佑。她們不時讚美我：「You are so easygoing, not like other Taiwanese. They are snobbish（你很隨和，不像其他台灣人，他們都很勢利眼）。」偶遇的菲律賓移工經常會對著我的朋友說：「You are so lucky. Your employer speaks good English!（妳好幸運，妳的雇主說一口好英文）。」她們聽了則驕傲地回答：「She is not my employer! She is my *kaibigan*（馬尼拉語）！（她不是我的雇主！她是我的朋友！）」

我不只是她們的一個朋友，更是一個台灣人朋友，而且可以跟她們坐在火車站地板上，一起領受路過台灣人的鄙視目光。基此，我這位台灣朋友的友誼經常被轉變成一種公開展演。我是她們寄給印尼或菲律賓家人的照片中最受歡迎的模特兒（我在田野工作一年間所照的相片量，約莫是我十年來照片的總和）。有些菲律賓移工甚至把與我的合照寄給她們的美國筆友，並在照片後面寫著：「這是我來自芝加

哥的中文老師。」我們去唱卡拉OK的時候（不是錢櫃的包廂，而是窄小陰暗的地下室），滿屋子流瀉著馬尼拉語或英文的歌聲，她們卻堅持要我點一首中文歌來唱，因為：「我們想要讓其他人知道我們有個台灣朋友！」

甚者，在她們眼中，我不只是一個普通的台灣人朋友，還是一個鍍上美國光環的台灣人。對多數菲律賓人而言，美國既是連結歷史文化臍帶的殖民母國，又是窮生難以登陸的夢想國度。就像我對她們在台灣的生活感興趣一樣，她們經常好奇地問我大大小小有關美國生活的細節，而且多數無法理解何以我不想辦法在美國找工作嫁人，而想要回到台灣這個小島。移工社群中甚至謠傳我已經取得美國綠卡或公民身分。有些移工戲謔地對我說：「你在芝加哥需要女傭嗎？」「你什麼時候要幫我在美國找個老公？」

我在美國讀書、可以說相對流利的英文，這樣的背景不只提升了我在移工社群中受歡迎的程度，更讓她們覺得我和「一般」台灣人有所不同，因此，她們感覺可以自在地在我面前批評與取笑台灣的雇主。許多時候，我和菲律賓移工在吃飯、聊天之際，她們開玩笑嘲弄雇主的破英文後，常轉過頭來，拍拍我的肩膀讚美說：「但你的英文很好喔，你聽起來就像個美國人。」

除了被菲律賓移工視為「準美國人」或「類美國人」，在做田野的過程中，我也經常被誤認為菲律賓人或印尼人。當我與移工朋友一起坐計程車時，她們會用幾句有限的中文跟司機溝通目的地（比方說，「去拜拜」意即去中山北路教堂），我通常等到雞同鴨講的狀況發生時，才會介入說中文打破僵局。當司機聽見我說話後，通常會轉過頭來驚訝地問我：「你怎麼會說中文？」在我解釋自己是台灣人後，他們的表情更為驚訝困惑：「那你為什麼和她們混在一起？」

把我誤認成「她們」的不只是台灣運匠，東南亞移工也常把我誤

認為自己人。有幾次在教堂附近或台灣火車站，我跟菲律賓朋友同肩併行，路過的其他菲律賓移工用馬尼拉話不解地問我的移工同伴：「這個菲律賓人怎麼一直在說英語？」類似的狀況也發生在我和印尼移工結伴活動的時候，聽到我開口說中文後，旁邊不認識的印尼人，才驚訝地說：「我以為你是印尼人說。」

我被誤認為菲律賓人與印尼人的原因是什麼？是因為我當時留著短髮、膚色比台灣女生略黑嗎？根據我在菲律賓與印尼當地的田野經驗，這恐怕不是主要的原因。即便在我尚未開口說出惡補的幾句當地話、暴露出我的滑稽口音之前，多數人早已從穿著和樣貌上認出我是個外國人。或者，這是因為我的田野工作如此成功，我已經「矇混」（passing）成為田野中的局內人？

雖然我真想相信自己是個有變身異稟的田野研究者，但我必須誠實地招認，真正的原因是，我和這些菲律賓與印尼移工的親密共處與友誼互動，跨越了「我們」與「她們」之間無形的社會藩籬。在社會分類與地位區隔的地圖裡，她們是一群和我不同族群、階級、國籍的人，我的移位與跨界，讓不細察的人們（不論隸屬於社會藩籬的這一端或那一頭），把我理所當然地歸類為移工社群中的一員。

田野過程中曾出現這樣一個關鍵性的時刻，清楚顯露出我與移民社群之間的社會區隔。這一幕當頭棒喝地告訴我，不管我的田野多順利、我的跨界多努力，在移工社群裡，我畢竟仍是個局外人。

那一天，我在中台灣的某個小村落訪問菲律賓移工Elvie，她與另一位菲籍移工一起照顧在三合院老房子裡同住的阿公阿媽，老人已長大成家的孩子則住在不遠處的水泥房子。我和Elvie約好等到她照顧阿公上床休息後，我再帶著零食去聊天訪問。入夜時分，我們光著腳丫坐在藤椅上，輕鬆地剝花生、聊天。Elvie談起上個月有菲律賓朋友來家裡看她，她的年輕老闆很不高興有外人來，頻頻交代不可再犯。

　　一聽到她這樣說，我差點被喝到一半的水嗆到，立刻收攏翹在藤桌上的二郎腿，速速把身體坐正，緊張地問她：「我的造訪不會帶給你麻煩吧？」。Elvie繼續嗑著花生，一派輕鬆地說：「Don't worry. You are one of them!（別擔心。你是他們的一份子！）」

界線為何重要？

　　根據Michèle Lamont（1992: 9）的定義，界線指的是「我們用來分類物品、人群、實作，甚至時間與空間等的概念性劃分」。社會界線的構成涵蓋多重層次，包括認知、互動，以及制度層次。在心智層面上，我們在日常生活中會透過區辨各種事物來感知這個世界。[18]就制度層面而言，國家官僚使用的族群分類或專業組織設計的工作制度等社會分類，都具現了宰制與抵抗的象徵政治。社會中的優勢階級常藉由排外（exclusion）來確保界線與鞏固地位，其他群體尋求被納入（inclusion）時，則透過使界線模糊、可穿透，或重新建構另類界線等方式。

　　更重要的，我們需要透過日常生活的各項實作來連結制度上的社會文化分類與我們腦子裡的認知圖像，也就是「**畫界工作**」。[19]不管自覺或不自覺，每個人在日常生活中皆投入各式各樣的畫界工作，培養默會致知（tacit knowledge）或身體慣習（habitus, Bourdieu 1977），藉此形塑我們對於自身與他人的理解。畫界這項社會實作不僅讓文化得以再生產，更鞏固了既有的社會關係與不平等。

　　為什麼我認為畫界工作的概念提供了分析全球家務分工的一個重要理論視角？因為這個概念所強調的關係性思考，除了有助我們理解跨越不同族群與階級的女人的主體經驗，它也強調實作的能動性以及動態的認同形構（identification）。[20]本書將在三個主要層次上探討全球

家務分工以及國際遷移經驗所涉及的畫界工作。第一,家務勞動是一個重要的建構「婦職」(womanhood)的場域,其市場外包突顯了性別界線與其他社會不平等的締連。第二,國際遷移的經驗,如何導致了地主國與母國社會裡的階級與族群界線的重畫。最後,家成了全球不平等與社會差異的交會之處。在屋簷下的日常生活中,雇主與家務移工都在協商、營造空間界線,也藉此具體化了社會界線的存在。

在家務勞動的連續性中協商性別界線

要如何分析「性別」?傳統的「性別角色」理論已被批評把性別當做靜態的特質,有學者進而提出「性別界線」的概念來強調性別分派的可塑性與滲透性。[21]「男人」與「女人」其實是兩個內部充滿異質構成的群體,但在強化二元性別的異性戀體制中,被劃分成截然不同的群體,突顯男女之間、而非男女內部的差異。性別界線作為一種規範、意識形態的機制,便透過建構二分的性別差異,來強化男性特質與女性特質之間的對立。「養家」(breadwinning)是一條重要的性別界線,突顯「正港的男子漢」的特點與責任,這樣的「男職」(manhood)規範,讓無法賺錢養家的男人自慚形穢,也讓男性工作(理應得到用來養一家子人口的較高薪資)有別於女性工作(只是補貼家用、賺私房錢)。

家務勞動──含括各種維繫家計、照顧家人與維持家庭再生產的勞務活動[22]──則是建構「婦職」的另一條性別界線。事實上,不論是僱用幫傭的女性雇主,或是受雇的家務移工本身,她們的現實生活都與支配性的「婦職」規範大相逕庭;兩群女性都因工作而偏離了傳統的全職家管及母親角色。雖然她們跨越了性別界線,但仍然受到性別規範的約束,在例行的家庭事務中持續協商著「好女人」的意義與母職的實作。

家務勞動被社會視為女人的「天職」（calling），也因此被認為是一種不具技術且無需報酬的工作。無酬家務勞動的道德價值，即神聖的「愛的勞動」，被用來合理化它的經濟貶值。類似的情感價值與金錢價值之間的互易消長，也常被用來合理化照顧工作的低報酬。人們認為商業化會玷污愛與關心的價值，甚至連新古典經濟學家都認為，保母、看護等工作者的薪水低是合理的，因為她們可以獲得情感補償的無形報酬（England and Folbre 1999）。換言之，無酬家務勞動與有薪家務工作都被視為女性化的工作，也都因為內蘊道德價值而導致勞務的經濟貶值。

既有文獻往往將無酬的家務勞動與有薪的家務工視為分開研究的主題，忽略了兩者間的締連與鑲嵌。比方說，夫妻間因家務分工不均而不時上演的性別戰爭，往往跟市場上是否有方便廉價的家務成品或服務，有連動的關係，而那些提供家務服務的勞工本身，也時常兼任母親與妻子的無酬家務角色。許多文獻習焉不察地接受「女傭」與「女主人」之間那條僵化的二分界線，導致我們對女性的多重位置與變動的生涯軌跡視而不見，而忽略了女傭與女主人的角色可能相互流通、重疊出現等實際狀況。

基此，我強調**無酬家務勞動與有薪家務工作不是互斥、獨立的範疇，而是女性化的家務勞動跨越公、私領域所形成的結構連續體**（structural continuities）。[23]在招募保母或女傭時，仲介或雇主都時常要求應聘者提供在自己家中擔任母職或家管的經驗，以此確保她們能夠勝任有薪的家務工作。相反地，一個曾做過有酬家務工作的女性，可能被她的伴侶認為因此具備了當妻子或母親的資歷與能力。個別女性在其生命歷程中，可能從事各種不同形式的家務勞動，而它們都一致被建構為女人的工作。

本書將家務勞動的女性化視為結構連續體，企圖對女性主義文獻

提出兩點對話：第一，連續體的概念可以打破二元的思考框架，突顯不同社會地位的女性所面對的**相似**的父權支配。家務勞動的性別分工並不會因階級與跨國分工的取代而消失。後面章節將會呈現，女主人與女傭其實都透過彼此的協助，尋求跳脫全職家庭主婦的角色的可能，儘管兩者擁有的資源與位置大不同，仍皆受到父權規範與性別界線的桎梏。

第二，家務勞動連續性的概念也彰顯了婦職的內容與意義如何與階級、族群、國別等社會不平等相扣連而被**差異化**的建構。而這樣的連續體也提供了女性施展能動性的媒介，使她們得以在女性化家務勞動提供的多重位置間移動，來改善自己的處境。

具體而言，家務工作不僅被許多人視為女性生來的專長，特定種族、族群的女人更被認為「天性」上適合從事這份工作。歷史學家Phyllis Palmer（1989）在探討兩次大戰期間的美國社會的研究中便指出，白人主婦的女性特質的建構版本和其他的種族、階級的女性特質截然不同。「白皮膚的女主人」被視為是純潔賢慧、宜室宜家的好女人，而深色皮膚的女傭卻被看作骯髒、性慾強的壞女人，適合從事低賤的家務。

然而，女傭與女主人之間的差別不是一條不證自明的界線。女雇主害怕被家中的另一個女人所取代，必須強化界線來捍衛兩極化建構的女性特質。女雇主思量著如何在無損其「女主人」地位的狀況下，將家務在社會容許範圍內轉移至市場代理人肩上（Kaplan 1987）。身為母親的女雇主也在自身與保母間發展出一套母職勞動的階層分工，以確保自己仍然維持精神性與道德性的母親工作（Macdonald 1998; Uttal 1996）。本書將呈現，當台灣女雇主試圖在自身與東南亞移工之間刻畫一條明確的界線時，她們既在化解自己的焦慮與形構自我的女性特質，也同時參與了階級、族群差異的想像建構。

　　對已婚的女性移工而言，跨越性別界線的主要風險在於她們成為跨國養家者（transnational breadwinner）的新身分。雖然女性移工和男性移工一樣離開家人從事全職工作，不同的是，她們仍必須從遠距離竭盡妻子與母親的責任，以確認性別界線的適當存在。許多移民學者已經觀察到「跨國母職」（transnational motherhood）的運作：移工父親通常只要從遠方定時寄錢回家照顧家計，就被認為完成了他們的家庭義務，但移工母親卻必須擴展母職的定義，讓家人與其他人相信，出國工作、賺錢養家，是她們照顧小孩、竭盡母職的最好方法（Hondagneu-Sotelo and Avila 1997）。留在家鄉的移工丈夫常因未盡養家責任而覺得有損他們的男子氣概，女性移工則藉由用力扮演「超級母親」（super mom）的角色來強化性別界線，例如透過密集的電話與簡訊來安排孩子與家人的食衣住行，以此彌補她們在家庭生活的缺席（Parreñas 2005）。

　　總而言之，台灣女雇主與東南亞家務移工皆同時參與了所謂的「跟父權討價還價」（Kandiyoti 1991）的過程，這個概念描述女性面對多重形式的父權壓迫時，如何運用各種日常策略來保障自己的生存安全、改善自己的生活機會。本書後續章節將援引此概念來探討這兩群女性如何運用特定的策略來協商在地的父權關係及性別界線。中產階級台灣女性藉由僱用女傭來減輕家務勞動的性別化重擔，而東南亞女人卻選擇變成女傭，來換取出國工作的機會，以逃避母國與家庭的性別束縛。「女傭」與「女主人」兩造的經驗雖然相異，但也有驚人的相似，她們的命運與處境都受到家務勞動的女性化的高度影響。

在遷移地景中重劃族群及階級界線

　　「種族」（race）的概念，通常讓人聯想到以生物差異為基礎的人群分類。19世紀的「科學」知識，如體質人類學，強化了種族分類作為

客觀存在的表象，並以此合理化殖民者與優勢白人對於有色人種的刻板印象與差異待遇。[24]20世紀後期以降，學界已經普遍質疑「種族」作為一種客觀實存的類屬：膚色等外形差異不是互斥的類別，而是分布的連續體；近期的考古證據也揭露人類基因的同出一源；透過比較特定種族類屬在不同歷史時期的指涉內容的轉變，我們更可以清楚察覺「種族」分類的社會建構性。最明顯的例子就是美國社會關於「白人」（white）的指涉內容的變化，貧窮的愛爾蘭移民在19世紀中、猶太人在二次大戰前，都被認為不是「白人」，後來才逐漸被納入。

當今的學界多避免使用「種族」的概念，因為名詞蘊含種族分類有客觀存在的指涉，轉而使用**種族主義**（racism）或是**種族化**（racialization）等概念。前者指的是種族分類與歧視作為建制化、系統性的社會關係；後者則藉由過程性的動名詞，強調構成種族區分的社會、意識形態過程。我認為種族化是一個有效的社會學分析工具，可以幫助我們考察種族主義形成的動態歷史過程，更具體的說，種族化的過程標舉（mark）出某一社群在生物或文化上的與眾不同（Lie 2001），這樣的族群差異被本質化、自然化，並貶抑為系譜學上的「他者」（Yuval-Davis 1999）。

在國際遷移的當代脈絡中，外國人——政治文化社群的外來者（outsider），成為種族化的主要對象。然而，並非所有移民都面臨同樣程度或形態的種族化。比方說，對於法國人來說，移民（immigrant）一詞，通常指的是膚色深的阿爾及利亞人，而非實際上人數較多的葡萄牙人。對於日本人來說，「外勞」（foreign worker）的範疇指的是來自貧窮亞洲國家的體力工人，而不包括其他外國人，例如韓國人、中國人，以及歐美人士（Lie 2001: 18-9）。

這樣的現象告訴我們，種族界線實與階級不平等、世界體系中的國家階序有高度的相關。[25]同時，種族界線的社會建構反映出該社會

對於「他者」的文化想像：某些群體被認為具有歷史或文化上的親近性，可以變成「我們」的一部分；而其他群體被標舉出有根本差異，是不可同化的永遠他者。學者稱這樣的社會心態為「新種族主義」或「文化種族主義」（cultural racism），認為移民的文化傳統與生活方式與地主國無法同化相容，進而合理化排斥與歧視移民的行為。[26]

回到台灣的脈絡，我們要問，90 年代以降的台灣社會，面臨日益增加的短期與長期居留的新移民——包括「外籍勞工」、「外籍配偶」以及來自歐美日的所謂「外籍人士」——我們的社會呈現出怎樣的種族主義的樣態，如何將不同群體的移民施予種族化的過程？

我提出「階層化的他者化」（stratified otherization）的概念，強調我們必須用關係性的架構來理解種族化的過程與結果。在含括一系列族群他者的光譜中，不同遷移主體的分布端賴於他／她們的社會位置與相應的文化想像。換言之，種族化作為一種他者化過程，衍生的是階層化的複數他者。種族化不只建構自我與他者之間的二元差異，也同時衍生了多重的族群他者，賦予階序化的文化想像，其階序除了建立在族群分別上，也與階級分化與國家不平等息息相關。

為了具體描繪種族化的過程，我們必須確認這個過程在哪些層次上運作？參與者有誰？涉及哪些物質或象徵利益？ Michael Omi 與 Howard Winant（1994）曾指出，種族化是一種**政治計畫**，國家根據種族分類來分配不同的權利與資源。種族化也同時是一個**論述過程**，透過運用象徵、語言與意象來傳達族群的刻版印象。此外，種族化的界線也透過各種指揮個人互動的規範、禮儀及空間規則，在**日常生活**中進行再生產（Glenn 2002: 12）。本書將從三個主要面向來彰顯移工的種族化：台灣的政策規範、人力仲介的招募與行銷，以及移工與雇主及社區居民的互動。

除了族群地景的遞嬗外，人們跨國界的各種遷移也重塑了全球尺

度的階級排序。我援引布赫迪厄（Pierre Bourdieu 1987: 6），把階級定義為「社會空間上的近似位置」——社會階級是一種分享相似生活機會（life chance）與屬性（disposition）的個體群聚。他認為階級區分不只奠基在經濟資本的分配上（財富、收入、資產），也同時透過文化資本（教育、禮儀、品味）、社會資本（人際資源、網絡）與象徵資本（正當性）的投資進行再生產。然而，他的定義並非把階級視為社會位置或生活風格而已，階級秀異不只是固定的界線、物質的存在條件，更是象徵鬥爭的競技場——不同的社會群體經由文化資本與象徵資本的投資與配置，來競逐社會區分的正當性（Bourdieu 1984）。

布赫迪厄的階級理論，強調透過社會空間進行關係性的思考，也強調階級的再生產是一個社會實作（social practice）。這樣的分析消弭了主觀的階級（意識）與客觀的階級（位置）之間的二元對立，強調階級是在日常互動的過程中做出來的（doing class）（Hanser 2008）。然而，其理論也被批評，預設了一個客觀存在的社會空間，假定資本積累的過程發生在一個相對同質與靜態的系統裡，較少考慮到個人的遷移流動，以及社會空間的開放邊界、相互滲透。[27] 近來的移民學者便呼籲跳脫單一民族國家的框架，透過「**跨國主義**」（transnationalism）的尺度來分析遷移主體的多重位置與認同（Basch et. al 1994）。

已有一些研究開始探討跨國移民的複雜的階級認同形構。翁愛華（Aihwa Ong 1999）研究移居北美的香港移民，發現這些富裕的華人處心積慮地將他們的經濟資本轉換為文化資本（如去英國留學、學英文與掌握上流文化品味），並透過持有多國護照的方式來維持「彈性公民身分」（flexible citizenship），以利他們在多重國度中取得身分與權利。儘管這些跨國移民者能夠在多重的政治版圖與全球貿易中游走，他們在移民西方國家後，依然受制於階層化的種族分類。有個著名的例子是，一位移民北加州的香港富賈，因為想把郊區的洋房加蓋中國

宮廷式的屋頂，受到白人鄰居的抗議。她後來憤而搬離社區，威脅要把房子捐去當游民的收容所。這些富裕華人在移居國被視為低下的種族他者，他們進行文化資本積累的彈性策略仍面臨結構性的限制。

階級較低的移民也在其海外旅程中以相似但獨特的方式經歷了矛盾的階級認同過程。研究羅馬與洛杉磯的菲律賓移民的Rhacel Parreñas（2001）形容這種情況為「**矛盾的階級流動**」。對女性移工而言，當個海外家務幫傭同時提升與貶低了她們在勞動市場中的地位。家務幫傭這份被汙名化的工作雖然幫助移工獲得足夠的經濟收益，但她們的地位卻因此向下流動。她們的階級脫位（dislocation）實肇因於全球化力量下區域發展不均等的背景脈絡。

延續以上的文獻，**我用「跨國階級畫界」**（transnational class mapping）**的概念來描述階級界線在跨國空間中的構成與變動。**當階級形構過程發生在橫越不同國度的空間場域時，階級與國族的界線不僅在結構的層次上相互締連，國際遷移也創造了多重的主體位置，讓個人得以跨越地理國度與社會藩籬來協商階級界線的持續性與可變性。這樣的階級劃分展現了全球化與在地化的交會力量。雖然階級定位是在全球的層次上運作，然而，「做階級」的互動實作，仍需透過在地的生活空間與文化資源來進行協商與鬥爭。

「跨國階級畫界」不僅形塑了移工的階級位置與認同，也影響了那些未實際遷移、但以不同方式與全球化緊密相連的人。沒有進行物理遷移的人們，也透過跨文化的消費與想像，來定位自我以及他人。台灣的新富雇主透過消費家務移工的服務，彰顯自身的階級向上流動。然而，有些雇主的優勢權威卻因菲籍女傭較能掌握英語這項全球語言資本而受到挑戰。在進口購買與出口提供家務服務的過程中，台灣雇主與菲律賓移工都試圖透過跨國連帶來提升他們的在地地位，進行多重資本的積累與轉換。雙方都被全球現代性（global modernity）的

想像所召喚，希冀成為具有國際觀與現代性的主體，而英文作為一種全球語言，尤其體現了這樣的想像。

修築「家」與「家庭」的界線

「距離」與「領土」等空間意象，經常被用來描述一些沒有具體存在，卻在人們的體驗中彷彿實存的社會差異與近似（Zerubavel 1991: 15）。空間確實是他者化過程中的具體元素之一。David Sibley（1995）便指出，「空間淨化」（spatial purification）是社會空間組織的一個重要特徵：人們在營造環境中藉由強化空間隔離來突顯社會界線的存在，藉此鞏固對少數族群的排斥，並防止界線的逾越。私人家庭尤其是一個高度階級化、純淨化的空間；井然有序與鞏固疆界是家務空間與家庭生活的重要特徵。

「家」，根據牛津英文字典的定義，意指「人，特別是其與家人的居住之所」。 當代的家與家庭的概念，作為私領域的表徵，是特定社會與歷史形構下的產物。公私領域的這組概念區分在不同的理論脈絡裡具有多重、差異的指涉[28]。在資本主義現代性的發展下，由於生產與再生產的分工，家庭與私人生活被建構為具有規範意義的私領域（「甜蜜溫暖的巢穴」），成為人們躲避冷酷市場理性、混亂公領域的避風港（Lasch 1977）。在現代西方社會裡，代表親密關係的家庭生活，被普遍視為一處只容局內人進入的「後台領域」，庇護著他們的祕密與言行（Skolnick 1992）。

西方學者在批評家務全球分工可能造成的權力不平等之際，也感嘆市場理性、商品化等力量介入親密關係、家庭生活等私領域的後果（Hochschild 2003）。家務雇傭關係挑戰了工作與家庭、公與私、在地與全球的截然二分。對於雇主與移工來說，作為親密圈的「家庭」（family）與做為實際住所的「家」（home）都呈現斷裂的狀態。一方

面，雇主「私」領域的家成為移工的「公領域」職場，而移工不僅是雇
主家庭的局外人，也是地主國社會中的外來者。另一方面，不具血親
身分的移工需與雇主近距離同住，卻被迫與自己的家人分隔兩地。

值得特別注意的是，私密家庭生活（private domesticity）的概念是
歷史、文化依存的建構，我們不應把家務勞工的同住視為雇主家庭隱
私的必然障礙，在特定文化脈絡或社會情境下，僱用幫傭可能成為實
現家庭的「理想」建構的必要手段[29]，或是維護家庭私密生活的前提條
件。比方說，當我問一位雇主，她是否覺得家庭生活因為一個外人的
存在而受打擾，她回答：「不會啊！我以前跟婆婆住，也是有外人在
家，和我婆婆比起來，至少我不必努力取悅我的女傭！」如本書第三
章所述，媳婦可藉由僱用幫傭來避免跟丈夫的延伸家庭同住，核心家
庭的隱私經由將家庭勞工內含為家庭的一份子而獲得保障。相反地，
雇主也可能透過看護工的僱用來外包照顧年邁父母或臥病家人的勞
務，藉此維護了三代同堂、孝親團圓的和樂家庭形象。

**本書將檢視當雇主與移工面對生活中「家」與「家庭」的斷裂時，
如何重新定義與建構空間界線**，而這樣的建構家／庭的空間實作也與
他們如何協商階級、族群與性別認同息息相關。我強調，「家庭」與
「家」的框架是變動、可塑的，會在日常家務生活中依不同情境與偶
發狀況而調整。[30]家務勞動的操演便是維繫家人連帶與私密家庭生活
的重要一環。最常見的例子是，女人會藉由打理日常三餐來「營建家
庭」，透過熟悉家人的口味、關切營養的需求，來表達對於家庭成員
的愛與關懷，此外，也透過共同進餐等日常生活儀式來建立家庭成員
的情感聯繫與集體認同（DeVault 1991）。

台灣的雇主為了維持家庭生活的井然有序而邀請女性移工入住家
中，但諷刺的是，他們經常不信任家務移工的衛生習慣與道德操守。
當雇主把同住的移工視為「骯髒的外國人」時，會在家庭生活空間中

如何區分界線與差異，來捍衛家庭領土不受他們所認知的外在危險的「汙染」？此外，雇主又如何重新定義家庭的界線，以容納家務移工近距離相處的共同生活？這份看不見的工作通常是由女性雇主來負責——她們在每天的家務生活中，要如何透過食物分配、進食儀式、空間配置等實作，來標記無形的界線？

家務移工則在兩個意義上經歷了「家庭」界線的轉變。首先，她們為了出國工作必須別家離子，其次，她們與雇主同住的貼身相處，再加上照顧老人與小孩的工作內容，也讓她們在某個程度上成為雇主的代理家屬與虛擬親人。本書將探討移工母親如何透過情感、關心、貨物、金錢等跨國迴路，超過地理國度的區隔，營造跨國的家庭生活？其次，她們如何在從事「愛的勞動」的過程中，協商家人與非家人的界線、情感與工作的分際，在對被照顧對象投入情感之際，不至於伴隨作為受雇者勞動權利的犧牲？[31]

家務移工也在跨國旅程中協商「家」的意義與參照點——何處是她們實際居住（肉身居所）的地方，以及何處是她們心理感情上感覺回「家」的地方（心有歸屬之處）。學者形容移工的這種兩難處境是一種「過渡性的流離失所」（provisional diaspora）（Barber 2000），多數人仍想像未來以某種方式落葉歸根。雖然，許多去國多年的移工歸鄉後卻感覺處於「無家」（homeless）的矛盾情感狀態中，促發她們想永遠留在海外[32]。本書也將談到在跨越多重國度的遷移旅程中，移工如何藉由與離散社群的連結來重新塑造家的意義。

總結來說，**家務移工的僱用是一個連結公領域與私領域、交織全球與在地力量的權力場域**。台灣雇主為了外包家務而邀請移工入住家中，但將她們排斥在家庭的親密圈之外；東南亞移工跨越了國界藩籬，卻遭遇無形的社會阻隔。審視階級、性別與族群等界線間的締連與互構，不只讓我們探究國際遷移處境中複雜的認同政治，更彰顯了

全球不平等如何透過社會界線的在地生產，而得以再製或轉變。

章節地圖

本書的第一章探討台灣、印尼、菲律賓三地之間遷移連結的建立，是透過怎樣的政策脈絡與組織機制。我也將說明，亞洲移工的跨國移動，如何受到契約束縛、債務重擔、地域規範等層層中介與約束。

第二章檢視大眾媒體與人力仲介如何將移工「種族化」。透過廣告論述與招工策略，移工仲介以差異化的刻板印象來呈現印籍與菲籍女性，也分派給她們階層化的工作內容與勞動條件。

第三、四章探究移工家務服務的供給面與需求面，檢視位居階級光譜兩端的女性如何分別協商女傭與女主人之間的界線。在第三章中，我們會看到台灣女雇主在聘僱市場代理者來處理家務、照顧孩子與老人的同時，如何捍衛自身道德化的妻子與母親形象。在第四章裡，我們會了解女性移工，在跨越國族疆界與性別界線之際，如何轉化母職與婚姻的意義與實作。

第五、六章深入考察家務移工在日常生活中的人際互動與認同政治。第五章關注在家庭生活及城市空間中，排外與融入的地理策略如何運作。雖然移工在工作上備受監視，但她們仍可透過手機的使用與週日的集體現身，增加個人與我群的力量。第六章透過類型學的分析，考察雇主與移工如何發展不同的策略來協商彼此間的社會距離，並重構公、私領域間的界線。

結論部分再探畫界工作這個理論主題，我也將討論本研究的政策與行動意涵，包括照顧與家務工作的公共化、專業化，以及公民身分的再思考。

第一章

合法的奴工

我一個人在那裡〔中正機場〕，因為我第一次出國，很緊張。那感覺很怪，我站在那裡，左手緊緊握著護照，右手牢牢抓著外套。那外套是我們跟仲介買的，上面有仲介公司的名字，五顏六色的。你知道嗎？它就像我們的身分證，這樣仲介公司的人就可以在機場找到我們。很多台灣人走過來，手上拿著一張有很多名字的紙，他們要看你的護照，確定你的名字有沒有在紙上。如果你不在上面，他們就走開，一句話都不說，或低聲用中文碎碎念。他們連說一句 Excuse me、Sorry 什麼的都沒有。我站在那裡等了一個小時！中間至少有六個仲介公司的男人接觸我，很奇怪、很恐怖。最後他們終於找到我了。我們在高速公路上開了一個半小時的車，路上都沒看見人，我很怕他們會帶我到森林或其他地方。他們帶我到一個地方過了一夜。我以為我會睡在飯店，結果我睡在車庫！我在那裡睡覺，隔天就到醫院〔體檢〕。之後，我等了三小時才見到我的雇主。……〔在菲律賓〕行前說明會的時候，他們有講到機場地圖和很多其他事情，但我全部忘記了。我們都沒聽，我們只想趕快出發。我們不在乎契約內容，我們只想到錢，我們的薪水。我們只想著：「要勇敢，反正不管怎樣都要面對。」我們所有都不懂，我們有的只是膽子。

　　　　　　　　　　　　——Vanessa，菲律賓家務移工[1]

　　每一天都有數以千計像Vanessa這樣的女人與男人抵達台北、香港、新加坡、吉隆坡等國際機場，勇敢地將自己投入跨國遷移的洪流與全球化的惡水中。他們循著怎樣的結構路徑來到這裡？他們面對的又是一個怎樣不確定的未來？

　　其中的有些人比較幸運，或可衣錦還鄉，有些人比較不幸，只能用憤怒的火苗燒出剝削冰山的一角。2005年8月22日，高雄捷運僱用的泰勞發生了抗暴事件。讓台灣民眾深深震驚的，不只是縱火的混亂場面，更是隨後媒體進入宿舍與職場所暴露出來的外勞日常生活──如養殖場的居住空間、奴工般的勞動條件：他們被禁止抽煙、喝酒、使用行動電話；他們抗議工資過低，每個月加班超過100個小時，但只拿到46個小時的薪資。

　　移工的幸與不幸，不單純是雇主的善心或惡意所造成的結果，而是國家法律與制度所強化了勞雇雙方的權力不平等。本章將檢視台灣的「客工」招募制度，加上私人仲介的機制，如何組織跨國勞動力的輸入與輸出，並強化了移工作為「合法奴工」的地位。我將聚焦於台灣外勞政策與管理制度，但也會與其他亞洲地主國的情況進行對照，並介紹菲律賓與印尼等國推動勞力輸出的政策脈絡。

亞洲的客工制度

　　長期以來，亞洲的勞動力一直是國際移民的主要來源。近幾十年來的主要變化在於流動方向的轉變，造成亞洲內部的跨國遷移在數量上的大幅增加。自60年代起，亞洲便有大量的移民潮，主要是學生和技術勞工，流動路徑是由東亞及南亞遷移到北美及澳洲。70年代中期爆發石油危機後，快速致富的中東國家成為亞洲勞動移民的新目的地。到了80年代，亞洲四小龍（包括台灣、新加坡、香港及南韓

等國）已經歷快速與成功的工業化，這些國家的移民開始從淨移出轉為淨移入，逐步成為東南亞及南亞移民勞動力的主要目的地（Skeldon 1992）。

　　生產的全球化加速了國際貿易、金融的成長，並重新形塑「新國際分工」的地景。[2]歐美日等核心國家的全球城市，如紐約、倫敦與東京，成為國際金融城市與跨國公司總部的聚集點（Sassen 1992），位於半邊陲經濟體中的二階全球城市，如香港、新加坡、首爾、上海以及台北，則扮演著控制節點的角色，中介、維繫全球化經濟的運作。這樣的脈絡引發了東亞地區的兩種跨國人力流動（Findlay et al. 1998）：第一種是來自西方核心國家的專業技術人員與經理階層，他們穿著套裝、提著公事包，在位處商業金融區、附有冷氣空調的高樓大廈上班；第二種遷移流動則是低勞動成本的亞洲移工，他們的身影或出現在血汗工廠與建築工地中，或從事倒垃圾及照顧小孩的工作，隱身在全球化城市炫目的外觀之下。

　　遷移不是單純的個人決定，而是受到既有政治─經濟力量模塑的過程與結果（Sassen 1999）。貧窮輸出國與富裕輸入國之間的經濟落差，必須透過組織化的招募、新殖民連帶、政府雙邊協定等機制而被活化啟動，進而形成個人遷移的有效推力。在下文中，我將檢視亞洲國際遷移體系中的三個主要守門人：輸出國、人力仲介、地主國。

　　第一，政府直接介入促進國際遷移，是亞洲遷移體系的主要特徵，也是與北美、西歐等地區的最大不同之處（Massey et al. 1998）。有些亞洲國家，如菲律賓、印尼，已建立特別的政府單位來針對這項重要的「外銷產品」，進行管理、徵募、訓練等工作，並積極與輸入國政府協商，促使該國的勞工易受青睞。正式的雙邊國家協定的簽訂，如印尼與馬來西亞、菲律賓與沙烏地阿拉伯、越南與台灣之間的協定，也旨在促進移工的布署。較晚加入移民市場的越南，共產主義

前身的國家機器，如今已經成立國營的勞務輸出公司，來掌管招募與
仲介移工的過程，也向海外移工徵收每年高達美金480元的國稅。[3]
除了徵稅與匯款，政府也能在勞力遷移過程中的各個階段抽取利益，
如收取健康檢查、旅行文件及離境證明的手續費、強制投保的生命及
意外保險等等（Abella 1992）。

　　不僅是輸入國偏好客工制度，輸出國政府也從這樣的勞力遷移模
式中得到好處。它們希望海外勞工持續保有原國籍，而不是歸化成為
他國國民。原因不只為了維繫象徵性的國族認同，更基於財政的考
量。很多輸出國政府投注心力來確保海外國民的忠誠，以吸納穩定的
外匯。許多輸出國政府也建立特別的財務計畫來吸引海外國民的匯
款，如提供匯款的減稅額度或優惠儲蓄利率、在地主國設立國家銀行
分部，甚至要求薪資中有一定額度必須匯回母國政府可控制的帳戶[4]
（Athukorala 1993）。

　　商業化是亞洲遷移體系的第二個特徵。亞洲遷移體系的中間人與
北美不同。在美國與加拿大，移工有權利與資格在居留一定年限後取
得永久居留或公民身分，因此，移工仲介者通常來自移民社群，由先
前的移工晉升而成中間人。但亞洲的契約移工勞動力需要不斷注入新
血，雇主與移工對彼此的資訊有限，因此雙方多仰賴仲介公司做為
中間人，因此造成仲介在僱用過程中扮演關鍵角色並權力大幅增強
（Martin 1996; Okunishi 1996）。

　　支付了一定費用後，仲介公司可提供移工各種合法與非法的服
務，包括安排交通或偷渡、與雇主配對簽約、提供翻譯與訓練、辦理
或偽造文件與簽證，甚至與當地人假結婚、短期借宿、高利賒貸等
（Prothero 1990）。近年來，在仲介業者的遊說勸進下，多數的亞洲輸
出國政府都開始採取促進私人仲介發展的措施。國家對國家的直接僱
用方式遂逐步衰微，被解除管制、私有化的商業僱用機構取代。

　　亞洲遷移體系的最後一個，也是最顯著的特徵是，地主國的嚴苛規範。大部分的亞洲移工為暫時性的契約所僱用，只能在地主國短期居留，不得享有長期居留或入籍的權利；只能以個人身分來打工，不得接家人來地主國共同生活。客工制度在歷史上的封建前身，就是19世紀後半葉的苦力勞工（coolies），來自中國、印度等地的男性勞工被招募，有時是被脅迫，隻身前往歐洲或美國等殖民國的農場工作。苦力工受其工作契約束縛數年，且被迫接受高壓控制和低廉的薪資（Castles and Miller 1993）。

　　今日，「客工」契約仍是跨國招募勞工的一種常見模式，特別是在欠缺鼓勵移民的意識形態的歐洲及亞洲國家（Massey et al. 1998）。這與北美的系統大不相同：遷移到美國與加拿大的低階外勞在若干年便得以享有長期居留、家庭團聚與入籍的權利。[5]在歐洲，雖然不同國家接納非歐盟國家的移工的制度有所不同，但普遍採取的仍是短期契約工的制度（Soysal 1994）。但值得注意的是，由於歐洲福利國家是根據普遍主義的原則來分配資源，因此移工得以享有奠基於住民身分上的經濟權與社會權。甚至，在一些國家，非公民的移民也能夠享有部分的政治權[6]。至少在理論上（雖然與現實仍有差距），移工在歐洲得以享有某種「沒有公民身分的成員身分」（membership without citizenship）（Brubaker 1989）。

　　亞洲的「客工」制度是最為嚴苛的。由於亞洲地主國普遍有領土有限、人口密度高，以及種族同質性強的特點，對於外來移民的管制普遍從嚴。許多國家採取類似的制度，如配額管制、工作證及保證金等，來控制移工的數量及分布（Cheng 1996）。到目前為止，沒有一個亞洲地主國允許低階的外籍勞工入籍歸化，為防止勞動移民轉化為婚姻移民，新加坡政府甚至有違人道地規定，低階移工若與新加坡公民結婚，也無法取得在新加坡居住的權利。特別值得注意的是，這些嚴

苛規定並不適用於專業技術的移民，相反的，被新加坡政府稱之為外國人才（foreign talent）的高階移工被鼓勵申請居留入籍。

猶如政治哲學家 Michael Walzer 描述的，客工市場的創造，建立在移工作為一個被剝奪公民權利的階級（disenfranchised class）的政治前提上：「沒有政治權利及公民自由的否定，以及驅逐出境的恆常威脅，這個〔客工〕系統無法運作。」（1983: 58）

台灣社會常出現「我們給外勞這麼高的薪水，他們應該感激我們」的說法，其實，剛好相反，是身為地主國的我們佔了移工很大的便宜。「客工」的美稱之下其實是把移工當作「用完就丟（disposable）」的勞動力。地主國僱用的是精心挑選的、身體勇健的成年移工，他們的勞動力養成的過程，無論是日常維生或是教育成本，台灣政府與社會沒有付過一毛錢。透過禁止長期居留與家庭團聚，地主國政府只需負擔在有限的契約期限內，移工個人的勞動力的日常維持。當他們不再受雇，或是當勞動力發生損傷（如生病、衰老或發生職災），勞工會被丟回原生國，也就是其家人居住的地方。地主國得以把勞動力更新的成本外包給原生國，不論是移工本人的教養過程，或是移工家庭下一代的再生產。[7]

台灣的外勞政策

台灣對於外籍勞動力的正式開放，始於 1989 年 10 月，首度招募外籍勞動力投入大型國家工程。兩年後，對外籍勞工的工作許可逐步擴展到民間部門，主要是營建業及勞力密集的製造業，稍後進一步開放「家庭監護工」與「家庭幫傭」。1992 年 5 月，立法院通過就業服務法，提供合法招募外國人的基礎。過去數十年來，外籍移工的人數確實快速地成長，但這樣的成長也受到聘僱法規的影響而停滯，根據勞

委會2008年5月的統計,合法登記的外籍移工數超過36萬人[8],大約是國家整體勞動力的2.5%。大部分的工作都屬於低技術或所謂的「三D工作」[9],2008年5月的外籍家務移工人數總合為16萬8000人,是目前為止最高的數字。[10]

　　為什麼台灣在90年代才對外籍移工開放其勞力市場?為何相較於其鄰近國家——如香港在1974年就合法開放移工,新加坡則在1978年引進外傭方案——台灣這麼晚才開放,而且對於聘僱外籍女傭的資格限定要嚴得多?為什麼台灣政府選擇了特定國籍的移工?不像日本偏好僱用 *nikkeijin*(巴西和秘魯籍的日裔移民),台灣如何對同為華裔的中國勞工關上大門?為什麼台灣政府對於不同階級、國籍的外國人採取差異甚大的聘僱規範?接下來的討論將回答這些問題,並勾勒出台灣外勞政策的基本精神與邏輯。

勞力與照顧的短缺

　　移工進入台灣,主要是因應產業界反映勞力的短缺,弔詭的是,同時期台灣的失業率也逐步攀升。缺工與失業現象的並存,說明了台灣不是缺工,而是缺廉價勞工(劉梅君 2000)。更準確地說,是因為多數台灣人不偏好三D工作,造成次級勞動力市場部門中對便宜勞動力的短缺。因為本地工資的高漲,以及中國和東南亞國家的競爭,自80年代中期起,台灣的勞力密集產業已在全球市場上失去競爭力,這些中小企業在逆境中求生存的方式不脫以下兩種:一是外移到提供便宜勞動力的鄰近國家,二是留在台灣,但引進外籍勞工。

　　台灣的家務部門也歷經了類似的勞動力短缺的問題。自90年代起,本地的家務勞工(主要是中年歐巴桑)日漸難尋;即便薪資提高,本地女性對於與雇主同住的工作型態也不感興趣。外國勞動力的引進為家務工作、孩童托育、以及病患與老人照顧提供了一個價格相

對便宜的解決方案。這些市場需求，也反映出當代台灣在家庭型態及性別關係上的轉變。

隨著台灣女性在近幾十年來勞動參與的提高，雙薪家庭已經成為主要的家庭型態。工業化的過程同時為男性及女性提供了就業機會，但勞力密集產業對女性就業率提升的影響更為顯著。[11]日益擴張的服務業(其僱用人數自80年代中期起開始超過製造業)更吸引大批女性粉領勞工投入。2006年，十五歲以上台灣女性有超過48.7%的人參與有酬工作，大學畢業及更高教育程度的女性的勞動參與率則增加到64%。[12]雙薪家庭成為一種社會常態，也因為一份薪水難以應付都會區高漲不下的房價與生活支出。

同時，核心家庭也成為一種主要的居住型態。年輕世代的夫妻多傾向與雙親分開居住，受過高等教育的女性，自主選擇伴侶者尤其如此。根據2005年的官方調查，將近59%的台灣家庭屬於核心家庭，14%的家庭為延展家庭(主計處 2006)[13]。雖然年長雙親自己居住的比例正逐漸升高，但台灣仍然存在著一種應由兒子，特別是長子照顧年邁父母的社會期望，將父母託付機構照顧遂與子女不孝的污名連結在一起。[14]

在這樣的居住安排狀況下，台灣社會對於孩童照顧及老年人照顧的需求自然逐年增加。核心家庭一旦不再與父母同住，沒有阿公阿嬤的幫忙，需要對外尋求保母。成年的子女，不論是在與父母分住的狀態下，或是在三代同堂的家裡尋求孝親照顧責任的分擔，都必須僱用非家庭成員的照顧者來照顧年邁的雙親。

台灣對於外籍契約工的規範在許多面向都沿襲鄰近國家的政策，特別是香港和新加坡。大石奈奈(Oishi 2005: 32)指出，這幾個東亞新興工業國共享一種獨特的移民模式：政府對外籍家務工打開大門，是為了推進當地女性進入勞動力市場。換句話說，移工政策其實是國

家發展政策的一部分。不同於香港和新加坡的是，台灣政府晚了十五年才對移工打開國界大門，並且以保留謹慎的態度來規範契約移工的進入，如勞委會採取配額管制與積點制度來控制移工的數量與分布。更明顯的差異是，台灣對雇主資格的認定是基於由政府所定義的對照顧工作的「迫切需求」，而不像香港與新加坡，只有擁有一定家庭所得，就能夠取得聘僱資格。[15]

這樣的比較揭露了台灣與其他兩個新興工業國的異同。同樣地，台灣政府從經濟的考量出發，認為向外尋求家務勞動力可以促進台灣婦女在勞動力市場的參與；不同的是，台灣的政策卻仍受限於傳統的性別規範，將婦女定義為私領域中的妻子與母親角色（林津如2000）。比方說，「家庭幫傭」的僱用資格被嚴格地限定於雙薪家庭，也就是當女性的「天職」與受薪的僱用有所衝突之際。換言之，沒有工作的家庭主婦缺乏僱用幫手的正當性。

此外，僱用來照顧老人或病患的「監護工」的雇主資格認定遠比僱用「家庭幫傭」寬鬆許多，也就是說，施政者認為家務工作與孩童照顧的市場外包，迫切性與正當性都比較低。林津如（2000: 104-05）訪問的一位勞委會官員，即明確地表示了這樣的看法：「外傭可以幫忙照顧老人，但我們希望小孩還是由母親來照顧，而不是交給外傭。」

家務移工的引進，在當時曾經激起了公共意見的爭議及辯論。保守團體憂心外籍勞工對社會秩序的影響，以及其提供的孩童照顧的品質。女性主義學者及團體，如婦女新知，則質疑這個政策並不會如政府所希望的有利於台灣女性的聘僱，反而強化女傭制度作為奴隸制度的殘餘（李元貞 1991）。這些都說明了市場的供給和需求，只是形塑台灣外勞政策的部分因素。**移民政策的形成，實與一個國家如何理解構成共同體身分（誰可以成為我們？）相關的文化論述與社會價值緊**

密地交織在一起。[16]在接下來的討論中，我將檢視另外三個形塑台灣移民政策的因素：保持族群現狀、增進外交利益、以及階級主義的移民偏好。

看得見的族群界線

和世界上其他國家比起來，韓國、日本及台灣等東亞國家，被認為擁有少見的族群同質性（Castles and Davidson 2000）。與其相關，這些國家也採取了嚴格把關的移民政策，包括以血統主義（*jus sanguinis*）為主的公民身分管制，以及外國人申請永久居留或入籍歸化的高門檻。日本與南韓長年來禁止輸入低技術的外籍勞工，雖然兩國政府都以「受訓工（trainee）」的名義為移工的引進打開一扇側門（Oishi 2005）。2002年11月，南韓政府才開始允許輸入外籍幫傭，不僅限制人數，且限定僱用有韓國血緣的中國人（朝鮮族）（Lee 2005）。這樣的情況直到最近才有明顯改變，2004年8月，南韓政府決定正式接受低技術的外籍移工。

日本對海外移工的僱用，仍然維持了族裔中心的框架。和台灣一樣，日本在80年代晚期經歷製造業、營建業及服務業的低技術勞力的短缺，導致許多來自菲律賓、孟加拉、巴基斯坦、南韓、馬來西亞及中國的無證移工的登陸。但是，日本並未像台灣一樣，將這些外籍客工合法化，反倒在1989年修正移民法，新增了「長期居民」這個簽證類別，提供海外日僑（*nikkeijin*）工作機會。到了90年代中期，被僱用的巴西日僑超過20萬人（Yamanaka 2003），大部分都是男性。日本唯一允許非日裔的外國女性從事的工作範疇是「娛樂員」──她們大部分是來自菲律賓的年輕單身女性，在酒店與酒吧中表演歌舞及擔任女侍。

在日本，除了少數商業移民與外交人員得以僱用外籍幫傭，一般

日本家庭仍然不被允許。這樣的政策與日本政府的性別意識型態強烈相關，日本政府相信，女性的工作地點是在家裡，因此不鼓勵女性出外工作（Oishi 2005）。直到近年來，基於人口老化而導致照護人力的嚴重短缺，日本才開始考慮從菲律賓與印尼引進機構僱用的外籍監護工。[17]

與韓國和日本一樣，台灣的移民政策也分享一個類似的精神，便是維持族群同質性高的國家現狀，但是，台灣政府卻在移工的引進來源上，做出與日本和韓國大不相同的決定。在開放僱用外籍勞工的初期，當時的勞委會主委趙守博在某個公開場合表達了他的憂慮：「今天美國社會所存在的黑白問題，何嘗不是由外籍勞工所造成。外籍勞工由於文化種族、社會背景的不同，一定會帶來各種各類的社會甚或政治問題。……前述外國的經驗與可能的發展，都是我們應慎重考慮的。」（1992: 145）

官員與大眾之所以關心僱用移工進入台灣社會後所可能造成的影響，乃是因為這個社會「沒有讓外國人大批到我們自己國家來共同生活的經驗」（趙守博1992: 144）。然而，台灣社會的恐外心態從未投射在「華僑」這群外國人身上。台灣的公民身分原則奉行血統主義，海外華僑在中華民國的建國過程中也扮演相當的貢獻，因此，他們被允許參與代表母國的國民大會（成露茜 2003: 88）。為了尊崇華人一脈相承的血緣關係，旅居在各地的華人在過去都有權申請中華民國的身分證及護照。

雖然台灣對華僑張開雙臂擁抱，對於僱用來自中國大陸的移工則有完全不同的考量。在就業服務法的審議過程中，這是個引來極大爭議的議題。有些立委主張基於語言及文化的類同，偏好僱用中國移工甚於東南亞移工；也有其他立委審慎以對，認為向一個對台灣抱持敵意的國家大開勞動市場，將導致嚴重後果。這些爭議引出了一個棘手的問題：中華人民共和國的公民算是「外國人」嗎？這群與我們文

化相近但政治相左的人民，確實在劃分「我們」和「他們」的國族分類時，構成了一個異例。[18]

台灣政府最終還是決定對中國移工緊閉門戶，唯一的例外是契約漁工，但他們也不被允許踏上台灣的土地。曾嬿芬描述了其中的潛在邏輯：「一個社會對『外來者』的疑慮有時不但不是『不同文不同種』的融合問題，反而是『他們』太像『我們』，以致於『他們』無法固定在一個清楚的『他們』位置。」（2004: 29）

相對而言，東南亞人和台灣人在文化、語言及外表上的差異比較明顯，儘管東南亞內部存在高度的族群與文化差異；基此，對台灣決策者來說，僱用東南亞移工較能維持「我們」和「他們」之間的壁壘分明。確保族群差異的可見性，不僅有助地主國對外來客工進行監控，也似乎「自然化」了他們在台灣社會中從屬與邊緣的地位，讓他們作為短暫過客及次等居民的身分，變得理所當然。[19]

僱外勞拼外交

早在80年代早期，有些東南亞人民便以觀光客身分，在台灣滯期居留。據估計，80年代晚期的非法移工超過五萬人（Tsay 1992）。移工在1989年的合法化，不應只解讀成是對資本家需要便宜勞動力的回應，它其實更代表了國界控制的一個轉捩點：從完全排除，轉變成有限度的、規範性的納入。然而，這個新轉變也只適用於四個國家：菲律賓、泰國、印尼與馬來西亞，即東南亞國協（ASEAN）的會員國。諸如斯里蘭卡和孟加拉等其他國家的人民雖然在1989年前也在台灣非法工作，但仍被排除在外。

為什麼是這四個國家？又為什麼排除了其他的輸出國？這個對比說明了，對輸出國的選擇不僅基於地理距離和文化上的親近性，跨國連帶所衍生的政經利益，也會被納入考量。馬來西亞是最明顯的例子。

台灣政府雖然將其納為輸出國，但每年僱用的馬來西亞籍移工，實際數字不超過十幾、二十個。這並不令人訝異，因為馬來西亞本身也有嚴重的勞動力短缺的問題，而且，其平均薪資不比台灣提供給契約移工的報酬低。因此，將馬來西亞納入移工來源國比較像是一種外交策略與結盟，象徵性地確立了台灣與馬來西亞的雙邊合作關係。

　　基於台灣長期以來在國際社會中的曖昧地位，以及發展正式外交上的困境，對台灣這個「看不見的國家」的執政者而言，經濟實力成為其追求在全球立足的少數資源之一。台灣政府採行的「經濟外交」策略，藉此鼓勵台灣企業前往選定的國家進行投資，以交換建立兩國的實質外交關係。1994年，前總統李登輝宣布推動的「南進」政策，不僅意圖解決勞力密集產業的外移問題，同時也具有與東南亞國協國家發展政治連帶的目的。

　　在相當程度上，資本流出與勞力流入的連結，解釋了台灣政府為何選擇東南亞的四個來源國（Tsai and Tasy 2001）；其後開放的越南、蒙古等國家移工的引進，也是基於類似的考量。外國資本的進駐，在當地建立社會連結，也促成勞力出口到海外（Sassen 1988）。舉例來說，不少在台灣工作的移工，曾在母國為台灣投資的工廠工作過，他們熟悉台商在家鄉的投資，因而取得直接資訊，了解這個小島的富裕。另外，有些在東南亞投資的台商，也直接從他們的海外工廠聘用當地人到台灣工作。台商在東南亞的社會連帶也有助於他們為自己或朋友的家裡僱用家務移工。

　　在台灣，外勞政策成為政府行使實質外交的重要場域，也就是媒體俗稱的「外勞外交」。由於引進移工的協定簽訂代表國與國之間的正式互動，是間接確認台灣國格的一種方式（曾嬿芬 2004），所以不僅外勞輸入國名單的決定是由外交部所主導，外交的齟齬也屢次造成移工的凍結。

例如，1999年7月，菲律賓政府片面宣布斷航；[20]一個月後，菲律賓海外就業署（Philippine Overseas Employment Administration，簡稱POEA）發布對台灣人力仲介業者認可的第十號公告，稱勞委會為「台灣省行政院勞委會」，並片面決定從嚴審核台灣雇主與仲介業者資格；[21]其後，雙方政府在航權協議、仲介問題上的談判屢次破裂。這些外交拉鋸戰與主權爭議，導致了2000年下旬台灣對於菲勞引進的凍結，歷時六個月，但只限於公共工程與重大投資等專案。[22]1999年9月，航權爭議出現的數月後，勞委會宣布與越南政府簽署直接聘僱同意書，開放引進「個性溫和」的越南外勞，越南遂成為台灣的第五個移工輸出國，同時，勞委會也基於「外交考量」，宣稱可能將移工輸出國選擇擴展至巴拿馬、瓜地馬拉、宏都拉斯等國。[23]

另一個例子是2002年8月，台灣凍結印尼移工的聘僱。原本勞委會希望藉此督促印尼政府採取行動，抑制上升的印勞逃跑率，但這項禁令稍後卻因台灣與印尼之間的外交衝突而延長超過兩年半之久。2002年12月，當時的陳水扁總統原本安排了一趟私人的印尼訪問行程（所謂的「渡假外交」），這個計畫被媒體揭露後，印尼政府公開反對，行程因而被迫取消。台灣副總統呂秀蓮甚至對大眾說：「印尼對不起我們。」[24]台灣的經濟部隨即暫停了在印尼建立加工出口區的計畫，同時，立法委員更催促政府要「硬起來」，改招募較為「友好」的國家的外勞，以報復印尼政府。[25]

此外，2003年4月，在台灣正處於SARS高峰期時，媒體報導泰國政府以此為理由拒絕台灣觀光客，[26]此舉挑起了台灣輿論敏感的民族主義神經，勞委會也再一次宣布禁止泰國移工入境，以作抗議。台灣的這些決策政策並未達到外交目的，反而，其在外籍移工僱用政策上的反覆無常，只導致了地主國及移工們付出更昂貴的代價，舉例來說，因為台灣不准印尼移工來台，有些印尼移工便利用假結婚，留在台灣工作。[27]

種族化的階級主義

1992年頒布的「就業服務法」為外國人的聘僱提供了法律的基礎，其中的第五章明確地訂立了二元的區隔規範。專業白領外國人[28]的聘僱，採取的是個別許可制，工作許可的取得沒有配額的管制，契約及工作居留的年限也無上限。而低階移工的僱用，採取的是所謂「客工」模式，勞委會官員一再強調，台灣的外勞政策中的核心原則就是避免外籍勞工成為永久移民。一開始，台灣政府限定外籍勞工合約期限最長為三年（兩年加上一年的延展），而且每位勞工只能來台灣工作一次。為了減少逃逸外勞的數量，2002年1月修改發布的就業服務法，同意「有良好紀錄」的外勞可再次來台灣工作到六年，2008年後再延長到九年。

契約移工的數量不僅受到管控，他們的身體「品質」也受到政府的監督。每個移工在入境前都必須接受體檢，且之後仍需定期檢查。[29]體檢內容包括肺結核、梅毒血清、B型肝炎、表面抗原、瘧疾、寄生蟲、HIV、精神狀態評估等。如果移工未通過這些檢查，將被立即遣返出境。然而，外籍專業人士與外國教師並不需受此醫療監視。[30]

具有生產「種族他者」後代能力的女性移工的身體，更是國家「醫療之眼」關注的對象（Huang and Yeoh 2003）。如果女性移工在檢查時被發現懷孕了，會立即遣返，一些懷孕的女性移工因而選擇墮胎，以避免被遣返。菲律賓移工中攀升的墮胎率已引起天主教會的關切，台灣媒體也報導了一些據稱是移工母親遺棄嬰兒的新聞。因為NGO團體的長期抗議、以及兩性工作平等法（2002年3月頒布）的法源基礎，懷孕檢查已經於2003年11月後從定期體檢項目中刪除。但是，懷孕檢查仍是入境前的體檢項目之一。[31]

低階契約移工的邊緣化位置不僅源於他們短期居留的身分，更是因為他們在勞動市場中無法自由流動。勞委會規定，移工只能替契約

中載定的特定雇主服務，除非有以下情況才能轉換雇主：原雇主破
產、歇業、或不能支付薪水；照顧的對象死亡或移民；勞工受到雇主
虐待或非法轉借給其他雇主；以及其他不可歸責於外勞的原因。這些
嚴格規定在2006年後才逐漸鬆綁，如今在兩造同意下，移工可與舊
雇主終止契約、轉換工作。[32] 但新規定在執行上仍然成效有限，多數
雇主的意願不高，因為合意轉換後申請新移工時，必須重新申請醫療
證明，造成僱用的空窗。此外，由於轉換雇主的程序必須透過仲介，
而仲介在招募新個案中得到的利潤較高，所以仲介多不建議雇主承
接，因此，很多轉出的移工面臨沒有雇主承接的情形。

　　台灣政府剝奪移工轉換工作的權利，主要目的在於限制這些族群
他者的流動，以在內陸有效延伸國界管控。這些規定剝奪了勞動者的
最後王牌——「用腳投票」，無產化的勞動者可擁有的最底限自由就
是透過市場流動選擇自己要的工作。禁止轉換雇主的規定，間接幫助
雇主穩定生產關係，並強化勞雇關係的不平等（劉梅君 2000）。如此
一來，當移工面對不合理的工作條件時只能忍耐或逃跑。若他們挺身
反對其工作待遇，通常有契約無法展延、甚至直接被遣返的風險。

　　台灣長期以來作為一個以漢人／華人為主的社會，公民身分的取
得採取的是血統主義的原則，對於外族人口的歸化，採取嚴格的把關
（成露茜 2002）。直到近年來透過國籍法與入出境移民法的修改，對
於外國人的居留與歸化才開了一扇窗口，然而，這樣的管道仍基於階
級偏好進行篩選。藍領的東南亞移工由於工作期限在台灣有限，因此
很難有資格申請長期居留或公民身分。白領專業移工在台灣合法居留
滿七年後得申請永久居留，[33] 滿五年、無犯罪紀錄，並且「有相當之
財產或專業技能，足以自立，或生活保障無虞」者，[34] 便得以申請歸
化入籍。

　　由勞委會、衛生署、以及移民署等政府機構，透過以上的法律

政策，集體打造出一個如何定義「我們」與「他者」的體制，在進入勞動市場的管道控制以及居留／公民身分的規範上，採取的主要原則是根據原生／外來、公民／非公民進行區分的種族國族主義（ethno-nationalism）模型，次要原則是階級主義與唯才主義（meritocracy），凡「符合我國國家利益」、「對我國有特殊貢獻者」、「為我國所需之高科技人才」，[35]即使是不具有共同血統的外國人，仍得以被接納進入台灣這個共同體。

換言之，台灣的政策階層化地區分出不同階級的異族性（foreignness），白領移工是台灣有需要的「外國人才」、是歡迎歸化的，而藍領移工僅被認為是理想的僕人、卻不夠資格作台灣的公民。固然，階級主義主導了接納外國人進入本國勞動市場與政治社群的相關規定，然而，當來自東南亞國家的低階勞動者被界定為與我們不可相容的他者時，職業分類與族群分類無形中被混為一談，衍生了曾嬿芬所謂的「種族化的階級主義」（racialized classism）：

> 低階外勞被認為在本質上缺乏一種使他們可以成為台灣社會人口組成的素質，他們缺乏成為「我們」的基本條件。於是原來的階級主義進一步被種族化，形成了種族化的階級主義……低階外勞與其他外國人分離的歸類，使得他們成為「他者中的他者」（others within others）。在這樣的命名政治之下，低階外勞獨立地成了台灣社會的最外圍的他者。（2004: 45-46）

我要進一步強調的是，這裡牽涉到的階級主義，不只是個人在職業分類上的階層位置，也是個人的公民身分與其國家在世界體系中的階層位置。來自歐美日的管理階層、專業人員，其個人的遷移與跨國資本的輸入是平行的路徑，同樣的，低階勞工的來源之所以是東南亞

的國家，也並非歷史的偶然，而是與台灣勞力密集產業的南進有著結構上的平行關係。核心國的資本、人才與發展成果是半邊陲所欲求模仿的，相對的，邊陲的貧窮國家則被視為填補廉價勞動力的後備軍產地。對於移工的人力資本的價值評估，也不可能脫離國際化的制度場域而獨立存在。在台灣，聘僱的外籍英語老師多來自美英澳，而非印度、菲律賓，反映出語言資本的社會鑲嵌有權力階層的高低。台灣的學生與家長急切擁抱的不僅是核心國的語言與文化，而且期待教授者有著淡膚色與「上國」口音。

菲律賓：輸出「移工英雄」

今日的菲律賓是亞洲最大的移工輸出國，在世界上排名第二，僅次於墨西哥。據2003年12月的統計，海外菲律賓移工（Overseas Filipino Workers，簡稱OFWS）人數將近770萬人（菲律賓總人口將近8千萬人），其中，43%是契約移工，68%在亞洲工作。[36]海外菲律賓移工的匯款是菲律賓最大的外匯來源，在2003年時貢獻了70億元美金給國家經濟。[37]

勞力外移在菲律賓的殖民歷史中，早有軌跡可尋。西班牙自16世紀中期開始對菲律賓的殖民，1898年的美西戰爭後，美國接著宣稱擁有這座群島的政治主權，直到菲律賓在1946年獨立。美國殖民的歷史促進並鼓勵了菲律賓勞力的外移。早在1909年，許多菲律賓男人就受雇到夏威夷的蔗園工作。美國在1921與1924年頒布的移民法案中，決定對亞洲移民緊閉門戶，並限制歐洲移民人數，隨後，太平洋沿岸的農莊與食品加工業者為了解決勞力短缺的問題，轉向菲律賓人招手。第二次世界大戰期間，美國海軍也招募了大量菲律賓男性，其中許多人因服役而取得美國公民身分，之後得以攜家帶眷到美

國居住。1965年後，因為美國的內陸城市與鄉村地區的醫療人力短缺，菲律賓移民到美國的主要人口轉而成為白領專業勞工，尤以護士為大宗。[38]

菲律賓停滯不前的經濟促使其人民積極尋找海外工作。1952年到1969年間是菲律賓經濟發展的黃金階段，其後，工業化的成長就因政治腐敗及頻頻內亂而慢下腳步。然而，經濟衰退的苦果早在高度仰賴美國的發展體制裡就植下種子。在60年代期間，馬可仕政府的經濟計畫將菲律賓設定為美軍投入越戰的軍事經濟後備基地，戰爭結束後，徒留給菲律賓不符合當地需求的基礎建設（Espiritu 1995）。菲律賓的經濟每下愈況，原本就龐大的外債更如滾雪球般不斷增加。到了80年代初期，菲律賓的物價平均漲幅達32%，人口中的三分之二位居貧窮線之下（Constable 1997a）。

馬可仕政府在1974年啟動「勞工出口政策」，宣稱這是個可以舒緩失業問題且帶來外匯的權宜性政策，但在數十年後，它已變成一個「永久的暫時性」政策[39]。在國對國的交涉之下，數以千計的菲律賓人參與了中東地區的各項營造計畫。菲律賓政府一度以「海外僱用計畫」（Overseas Employment Program）做為正式負責單位，禁止設立私人的仲介機構，並強制海外移工匯款回國。[40]1978年後的政策則改為大力推動私有化，菲律賓政府將大部分的聘僱作業轉移至私人仲介手中，但仍藉由POEA與海外勞工福利處（Overseas Workers Welfare Administration，簡稱OWWA），來扮演規範與監督的角色。1986年阿奎諾夫人（Corazon Aquino）掌權後，她的政府持續肯定並掠奪海外菲律賓移工的經濟貢獻。政府官僚雖不強制移工匯款回國，但轉而利用更細微的措施來壓榨移工，例如，提高移工攜帶回國物品的進口稅。[41]菲律賓政府並以「國家英雄」之名來提升海外移工的地位，將他們的名字與建國之父黎剎（José Rizal）與阿奎諾（Ninoy Aquino）等民族解放

者並列（Aguilar 1999）。

　　菲律賓海外移工的目的地，已逐漸從北美、歐洲，轉換到中東與亞洲。2001年到2004年間移出的菲律賓勞工人數中，46%在中東工作，41%以東亞及東南亞為目的地，只有一小部分人前往北美（1.7%）與歐洲（6.7%）。台灣則自90年代中期起，成為菲律賓移工的主要地主國。在1998年，台灣接收的菲律賓移工的人數佔當年移出總數的第二名，僅次於沙烏地阿拉伯；2004年，台灣是菲律賓勞力輸出的第五大地主國，排名居沙烏地阿拉伯、香港、日本、阿拉伯聯合大公國之後。[42]

　　菲律賓移工因其流利的英文與教育程度，在全球勞動市場中取得競爭上的優勢。不管是男性還是女性的移工都受過良好教育：一半以上具有大學學歷或至少修讀過大學課程；三分之二的人完成中等教育（NCRFW 1993）。然而，大量外流的技術與專業人才，也可能對菲律賓當地的發展造成威脅。

　　從菲律賓海外移工每年的人數變化中，我們可以觀察到移工女性化的趨勢。在1980年，海外移工只有18%是女性，但在1987年增加到36%，2002年更竄升到69%。[43]大部分的女性都從事女傭、看護、娛樂員等服務性質的工作。在2002年，有三分之一的菲律賓女性移工在海外從事家務工作，即便其中的大部分具有相當教育程度與技術。[44]

　　菲律賓女性移工在人口特徵上與男性移工不甚相同。大部分的女性移工年紀約在二十歲後半或三十出頭，比起大多是三十或四十多歲的男性同胞，年紀較輕。[45]官方統計雖無提供婚姻狀況的資料，但根據一項稍早的調查，過半數的菲律賓女性移工是單身（56%），37%為已婚。[46]相對的，絕大部分的男性移工已婚（71%），只有27%是單身（NCRFW 1993）。這樣的差異顯示，菲律賓的家庭意識形態及性別分

工仍較支持已婚男性（相對於已婚女性）出國工作。另一個可能的解釋是，在海外工作期間，女性移工要建立或維繫家庭的困難度，也比她們的男性同胞要高。

菲律賓的海外移工人數因90年代的幾個危機而回流。1991年的波斯灣戰爭導致300萬名菲律賓移工被遣返，其中多數在科威特工作。1995年發生震驚各界的Flor Contemplacion的悲劇事件：她是一位在新加坡工作的菲律賓家務移工，被判定謀殺了同在新加坡工作的菲律賓同事，結果被新加坡政府吊死。這個事件爆發後，引起菲律賓人民的震驚與憤怒，質疑偵辦與審判過程欠缺公平審慎，特別懷疑該名新加坡雇主的涉入。為了平息國內大眾的抗議聲浪，當時的羅慕斯（Ramos）政府暫時禁止前往新加坡的移工申請，國會也在1995年通過「移工與海外菲律賓人民法」（Migrant Workers and Overseas Filipino Act），宣示保護移工的福利。但最後證明，該法律的象徵意味大於實際作用，「國家英雄」這頂充滿荊棘的光環，似乎只有在政治選舉與動員時，才發出權宜性的光芒。

印尼：現代性的朝聖

印尼，身為人口總數世界第四的國家，比菲律賓晚了許久才踏進了全球勞動市場，但印尼移工──當地人稱為TKI（*tenaga kerja Indonesia*）──的人數在過去二十年裡已經快速地成長。學者指出，印尼移工的增長，展現了當代的新國際遷移的幾項特徵：全球化、快速，與女性化[47]。據估計，在海外合法及非法工作的印尼移工的人數已經超過250萬人，約佔國家整體勞動力的3%（Hugo 2002a: 19）。

印尼的勞力外移模式自80年代後有了明顯的轉變。在那之前，移工外流的人數有限，且將近一半的移工是到歐洲工作，尤其是前殖

民母國荷蘭（Nayyar 1997）。80年代石油漲價帶來的財富，讓中東成為西爪哇移工的打工目的地，特別是沙烏地阿拉伯。到了90年代，東南亞及東亞各國則加入印尼移工輸出國的主要名單，馬來西亞更是聚集了最多有證與無證印尼移工的最大地主國。[48]印尼移工在性別與職業上的分布特徵依地主國而有不同：男人通常到馬來西亞當農工及司機，女人則多赴沙烏地阿拉伯、新加坡、香港、台灣等地當看護或女傭。

從過度擁擠的爪哇安置人口到國內其他島嶼工作，一直是印尼政府用來舒緩人口過剩的策略。這項政策首先被荷蘭殖民政府所實施，蘇哈托執政的「新秩序」（the New Order）期間也採用類似的做法，作為穩定政局、整合國家內部的工具。[49]直到80年代中期，蘇哈托政權才開始正式管理勞動力的國際遷移。這個崇尚發展主義的獨裁政府，試圖藉由開放外資、創造新工作，以及勞動力輸出等方式，來促進印尼國內的經濟成長。[50]1983年，印尼的勞動與人力資源部（Depnaker）設立了「國際勞動遷移辦事處」（*Angkatan Kerja AntarNegeri*，簡稱AKAN），以協調勞力外移的相關事宜。1988年，該部長通過「第五法條」，明文規範了海外移工的輸出流程。

雖然印尼接收自海外移工的匯款並不如菲律賓那麼金額龐大，但印尼政府體認到勞力輸出是解決人口過剩問題的便宜之計。印尼政府每五年頒布一次「國家政策綱領」（*Garis Besar Haluan Negara*，簡稱GBHN），自第三期的五年計畫（Repelita Ⅲ，1979～84）中，開始設定海外移工人數目標。在第六期的五年計畫（Repelita Ⅵ，1994～99）裡，印尼政府預計輸出125萬名海外移工，結果，實際輸出的數字（146萬）更高於計畫目標。第七期的五年計畫（Repelita Ⅶ，1999～2004）的目標更大幅加碼，計畫輸出280萬名移工（Hugo 2002b: 178）。

印尼經濟受到1997年金融風暴的重擊，其後幾年的經濟蕭條，迫使許多印尼人民走向海外勞動市場，一方面因為失業或不充分就

業造成收入減少，另一方面，盧比的貶值更強化了民生物資的高漲
（Hugo 2000）。同樣地，印尼政府也開始肯認海外移工的匯款對國內
經濟的重要幫助，因而將其宣揚為「外匯英雄」（*pahlawan devisa*）。

　　宗教在印尼與阿拉伯地區的遷移連帶中，扮演了重要的角色。爪
哇島的穆斯林出國工作的目的，不只為了賺錢，也為了到麥加朝聖。
有些工作契約上更載明契約結束時，雇主必須贊助其印尼移工前往朝
聖（Raharto 2002）。假如說，沙烏地阿拉伯是印尼回教信徒的宗教朝
聖地，那麼，新興的亞洲國家就宛如資本主義版本的麥加，吸引越來
越多嚮往現代性的印尼移工前往膜拜。

　　除了台灣政府凍結印尼移工輸入的兩年期間（從2002年8月到
2004年12月），台灣一直是印尼移工的主要目的地。台灣的印尼移工
人數以驚人的速度增加：1991年，在台灣的印尼移工只有1萬人，但
到了2001年，數目超過9萬人。在台灣的印尼移工大多數都是來自東
爪哇的女性，而且多從事女傭或看護的工作。印尼家務工在台灣的人
數的增加，伴隨的是菲律賓家務工人數的減少。香港及新加坡也發生
了類似的移工國籍分布變化。香港的菲律賓移工佔所有外籍家務工
的比例，從1995年的85%，下降到2000年的72%，但印尼移工的人
數卻在這段期間激增三倍。新加坡在1995年時，印尼移工只佔所有
外籍家務工的20%，但據一家仲介業者估計，現在新雇的家務移工之
中，七成以上來自印尼（Ogaya 2003）。

　　印尼已成為亞洲各國僱用外籍女傭的主要來源國。在過去二十年
來，印尼循合法管道外流的移工大多是女性，且多數從事家務服務工
作。[51]她們的年紀大多在二十多歲或三十出頭，教育程度並不高，大
部分是單身或離婚，唯一例外的是沙烏地阿拉伯的印尼女性移工，她
們多半已婚（Hugo 2002b）。

　　Kathryn Robinson（2000）指出，印尼政府近來對輸出女性移工的

政策支持，和當地有關女性的文化規範及政治論述其實大不相容。印尼官方的性別意識形態，視父權家庭為國家的基石；家父長對女人與小孩的權力支配被視為理所當然，藉此意識形態也正當化了政府對人民的威權統治。印尼政府在1978年頒布的國家政策綱領中，將女性定義為「下一代勞動力的生殖者」。一直到1993年，國家政策綱領才把女性定義為一種「人力資源」，具有裨利國家發展的經濟潛力。這時，女性的價值才被連結到她們的市場勞動，而不只是具有繁衍國家未來主人翁的子宮。

印尼是亞洲唯一大量輸出女性移工的伊斯蘭國家，這項事實讓不少印尼人，尤其是社會菁英，心生疑慮。印尼的婦女部曾在1997年時，要求政府禁止女性移工赴海外當家庭女傭，理由是身為國家支柱的女性，應該被人以敬相待，而到異地幫傭有損印尼女性的尊嚴，尤其因為與男主人近身接觸而有高度性騷擾的風險（Ananta 2000）。在1980到1986年期間，印尼政府囿於中東地區搶奪與虐待事件頻繁（包括一位印尼家務工作者因謀殺其沙烏地阿拉伯雇主被處死），兩度禁止女性移工赴當地從事家務工作。但這些禁令多在幾年，甚至幾個月後即解除（Raharto 2002）。

根據大石奈奈（Oishi 2005），許多亞洲輸出國的勞力移出政策有著性別差異，對於男性移工的規範多以經濟利益為考量，對於女性移工的管制則要兼顧社會價值、道德管束、「保護」女性等因素。印尼也不例外。印尼女性必須年滿二十二歲才能到海外工作，而且必須得到父親或丈夫的許可。綜合而言，印尼的勞力外移政策呈現了不同國家部門、不同社會價值之間的矛盾緊張，該國政府既想要以道德論述來「保護」伊斯蘭女性的身體與尊嚴，又為了與其他輸出國競逐經濟利益，而將印尼女性宣傳為天性適合的優秀女傭。

地球村中的勞力仲介

　　「這個世界已經成為一個地球村了！全球化讓移工更容易到海外工作。」留著八字鬍的菲律賓仲介業者在他的馬尼拉辦公室內，興奮地對我這麼說著。在訪談期間，我不斷聽到來來去去的腳步聲，樓下擠滿了想要出國工作的菲律賓申請者，她們排著隊準備去與台灣的仲介業者面談。此外，我也不斷因桌上的監視器螢幕而分心，畫面上是鄰房正在進行的訓練課程：一群年輕苗條的菲律賓女人在落地鏡前彎腰拉筋、踮腳旋轉，她們正在學習跳舞，準備到日本當娛樂員。

　　移工來台灣所須繳納的仲介費用比亞洲其他地主國都來的高。根據我在2005年的調查，菲籍家務移工付的仲介費用，約在台幣9萬到11萬之間。[52]印尼家務移工支付的費用，則約為台幣14萬到16萬元，通常經由來台工作後的薪水中扣減，最常見的方式是一個月扣1萬，扣十四到十六個月。營建業及製造業的費用更高，最高可到22萬。換句話說，移工支付的仲介費的額度相當於他們在台灣五到十四個月的薪水。

　　有關仲介費的合法收取標準，各輸出國政府的規定不一。以菲律賓來說，政府規定母國仲介收取的費用，最高不能超過移工一個月的薪水。台灣的勞委會也在2001年11月後明文規定，台灣仲介不得收取「仲介費」，只能按月收取「服務費」[53]。儘管如此，仲介公司通常以「服務費」、「入境費」（entrance fee）、「遷移費」（mobilization fee）等名義來掩飾實收的仲介費。一些仲介要求勞工在離境來台前，簽下偽裝的「借據」，而後就化仲介費為借款，從每月扣除薪資。例如，一個移工給我看他被迫簽的同意書，上面這樣說：「在等待台灣發薪水之前，我向公司借款xx萬元以因應我家裡的緊急支出。」

　　我們要如何解釋台灣的高額仲介費呢？首先，台灣的移工勞力市場中存在著供需不平衡的情形。台灣成為最吸引亞洲移工的目的地之

一，主要是因為薪水。最低薪資的規定造成移工在台灣賺取的平均薪
資略高於其他亞洲輸入國。然而在配額管制的情形下，到台灣工作的
機會變得相當珍貴。如同蔡明璋與陳嘉慧（1997）指出，台灣政府管
價（外勞適用於基本工資）又管量（循環配額的管控）的政策，創造了
招募過程中的尋租空間，使仲介得以在招募及安置勞工的過程中獲得
很大的利潤。

　　限制居留年限、禁止轉換雇主等規定，更進一步提高了「工作位
置作為一種商品」（林秀麗 2000）的價值。雖然政策上允許同一移工
在三年期滿後可以再度來台工作，但除非是雇主自行辦理程序，該名
移工多半還是要透過仲介機制，再繳納一次仲介費。在這樣一種配額
循環使用、勞動力替換率高的系統裡，要透過移工社會網絡發展為替
代性的招募機制較為困難，相對地就增強了對於仲介機制的依賴。在
香港和新加坡，移工在僱用契約成立的前提下，可以在當地無限制的
居留，資深的移工經常替雇主的朋友鄰居介紹家鄉的親戚家人來打
工。在台灣，除了少數大型企業（如台塑）自行引進外勞，家庭雇主與
中小企業由於規模與資源上的限制，面對繁瑣複雜的申請流程，直接
聘僱的時間與人力成本過高，結果就是強化了仲介在招募過程中的支
配性。

　　第二個原因攸關仲介市場的惡質生態。根據我所訪問的仲介業者
的估計，現在約有600家有執照的本地仲介公司，此數字尚不包括沒
有執照的公司和個人。然而，對於仲介服務的需求是有限的，因為享
有配額得以聘僱外勞的雇主是定額的。過量的產能及有限的需求合起
來，便強化了仲介業的惡性競爭，支配回扣便是這樣的市場生態下的
產物。

　　為了爭取工廠的雇主，仲介通常必須付給雇主回扣，估計每招募
一個移工來台灣，就要支付新台幣1萬到3萬元的回扣。這樣的產業

生態是非常詭異的情形：由服務提供者付費，而非服務使用者付費（蔡明璋與陳嘉慧 1997：82）。仲介的回扣負擔也包括與雇主的酒食社交、免費招待雇主去國外面試應徵者，甚至包括雇主在東南亞行程中召妓或招待伴遊的費用。仲介公司願意支付回扣，因為他們仍能將成本轉嫁到對移工收取的仲介費。

組織擴充與重整是台灣仲介要在競爭激烈的市場中取得優勢的一個策略。台灣仲介近年來紛紛兼併輸出國的仲介公司，或成立海外分公司，以減少對國外仲介的依賴所產生的不確定性與成本，幫助他們在招募和訓練過程中擁有最大的控制。由於印尼、菲律賓、越南政府都禁止外國人開設仲介，因此這些台灣仲介借用當地人的名義（「人頭」）來登記公司，但仍由台灣仲介掌握實際的運作與管理權。除了透過仲介費的收取，仲介還透過販售強制移工購買的商品來抽取利潤，例如：看護的制服、學中文的工具書或錄音帶、有仲介公司標誌的帽子或夾克（如此勞工可在機場輕易地被識別）等。

台灣仲介之所以對他們的兩造客戶（雇主及移工）有著如此兩極的態度，有部分的原因根植於台灣的外勞政策。移工被允許來台灣工作的次數是有限的，但雇主擁有的配額是可以循環利用的。因此，配額作為招募及補充勞工的抽象潛能，變成比個別移工更為寶貴的商品。釋放配額及給予申請許可，也因此成為滋生賄賂與腐敗的溫床。台灣媒體曾揭露數起雇主動員政治人脈，或仲介業者對勞委會官員行賄，以加快申請許可作業的醜聞。[54]在這個高度規範的市場上，配額於是成為雇主與仲介之間，以及合格的與非法的雇主之間交易買賣的暴利商品。[55]

仲介公司在母國招募勞工時，通常模糊地告訴他們台灣的工作契約是三年。沒有充分告知的事實是，他們的合約其實只有兩年，第三年要辦理展延。無法展延合約或者中途解約的勞工，很少拿到仲介費

的退款。勞工通常先在母國支付仲介費的頭期款，這筆錢或由母國仲介所取得，或由兩國仲介按比例分配。台灣的仲介公司主要是透過移工每月的薪資扣除收取費用。在第一年合約期間，移工可以拿到的實質薪水非常有限，扣除的費用包括仲介費、「強制儲蓄」（新台幣3000到5000元左右，旨在防止移工逃跑）、可能高達20%的所得稅[56]、勞健保、膳宿[57]等。李易昆（1995）便把外勞停留在台灣三年（或更短）區分為三個階段：第一年是償債，第二年是還本，第三年才可能淨賺。

王宏仁、白朗潔（2007）對越南移工的調查，揭露了更令人震驚的情形：根據一位受訪仲介的說法，他們公司的移工平均在台灣工作的時間只有1年4個月；他們訪談的越南移工在台灣的平均停留時間則是16.5個月。雖然我們需要進一步的田野資料來了解為何多數越南移工無法完成兩年契約、並展延第三年，這些幕後原因與越南移工的高逃跑率有怎樣的因果關係也值得推敲，但一個確定的事實是，這樣的短期工作與高轉換率，將有助於仲介回收雇主配額、從再度引介外勞中謀利。

個人證件是另一個可在移工聘僱過程中買賣的商品。為了迴避只能來台灣工作一次的規定（在雇主團體的壓力下，此規定在2003年後改為兩次共六年，2008年後延長到三次共九年），很多移工必須「換名字」[58]、用不同的護照再次來台。菲律賓移工間稱這些人為「老台灣」（ex-Taiwan）。在不少個案中，以假名再次來台灣的行為其實是雇主知情甚至予以鼓勵的，因為這些家庭類雇主希望繼續僱用他們所熟悉的移工，不想招募訓練新人。很多老台灣「借用」她們的姐妹或表堂姐妹的名字，只要後者決定不出國工作且願意出借她們的法律身分。另外也有人是向仲介購買他們素未謀面的人的名字，仲介也可協助行賄來打通海關與其他政府關節。

名字、護照，這些在行政體制中被視為個人身分的單一體現物，對於在全球資本主義中鑽法律縫隙求生存的移工來說，成為一個可用

交換、買賣等方式取得的複數通行證。一位我認識的菲律賓移工，十年來已經用三個不同的名字、三本不同的護照來台灣，她嘲笑自己說：「我有太多名字了，現在我已經快不記得我真正的名字了！」當使用假名字通過海關時，她們必須謹慎小心地扮演「菜鳥」的角色，例如不要顯露出聽得懂很多中文，行李打包時，也要避免攜帶先前在台灣購買帶回的物品。

移工使用內容與實際不符的護照，不只為了迴避地主國政府的若干規定，有時也為了逃避母國政府的一些限制。多數的亞洲輸出國對於女性出國工作有最低年齡的規定，比方說，菲律賓政府規定，女性必須要年滿二十一歲才可以出國擔任家庭幫傭，至少要十八歲才能出國擔任娛樂員。南亞國家對於最低年齡的限制格外嚴格，例如印度政府規定女性必須要年滿三十方得出國從事家庭幫傭（Oishi 2005: 60）。特別值得注意的是，這樣的年齡規定鮮少適用於男性移工。儘管存在以上規範，年齡不足的移工仍然可以使用假護照來申請出國。

護照是民族國家運作的基石之一，它代表了國家機器對於人群遷移的文件管制，以此行政運作鞏固一個地理上封閉的國家社群（Torpey 2000）。當原生國頒布給其公民一本護照時，一方面藉此讓官僚組織得以辨識、登錄公民出國離境的行蹤，另一方面，也提供個人進入及流動於全球勞力市場時的必要文件。移工使用假護照或是登錄不實資訊的做法，可以說是移工的草根策略，透過操弄國籍身分等制度管道，來對抗、化解國家的文件控制，以增加他們在國際勞力市場中的工作機會。特別值得注意的是，雖然內容不符的證件似乎顯示輸出國的官僚機器的失靈，但這些政府之所以對此違法現象睜一隻眼閉一隻眼，也因為此舉便利勞力輸出，可為國家帶來大量外匯與利潤。

除了藍領移工，其他移民也發展出其他種迴避民族國家的文件控制的不同策略，兩相對照突顯出不同階級的移民在資源配置上的巨大

落差。台灣一度風行以投資數十萬元就可取得如貝里斯等小國的護
照，現在也有許多人透過到加拿大、澳洲、紐西蘭等地投資，甚至去
美國待產生小孩等方式來擁有雙重甚至多重的國籍。建立在多本護照
上的「彈性公民身分」(Ong 1999)，幫助這些中上階級移民建立跨國
界的商業及社會連帶，不僅可將資產轉移海外，以利理財節稅，也讓
子女以外僑身分就學、逃避兵役，在橫越多重領土的生活中維持世界
人(cosmopolitan)的特權。相反地，勞動階級的移民以多本母國護照
來幫助他們回收配額、好重複進入雇主國工作。在經濟困窘的輸出國
裡，許多國民除非是為了海外工作，否則難能負擔出國旅遊，護照反
而變成在地居民與移民勞工之間可以相互買賣的商品。

契約束縛與債務腳鐐

　　台灣移工政策的特徵在於，它是強制介入與寬鬆規範的混合體。
雖然政府強制介入移工的招募過程，但對規定的執行卻差強人意。例
如，勞委會設下嚴格的雇主資格規定，尤其申請監護工的雇主更需經
過巴氏量表等關關審查，但移工受虐事件仍時有所聞。以照顧老人的
理由申請來台的移工常被交付其他工作，照顧小孩、在小吃店工作，
甚至到非契約雇主的其他地點工作，都是常見的情形。

　　台灣的就業服務法規定，外籍勞工得享有勞基法中的各項權利和
福利，包括最低工資、最長工時、周休年休，及健康保險等。根據勞
委會官員的說法，這項政策的目的是為了遵從國際勞工組織(ILO)的
規定。[59]事實上，勞動基準的設定與其說是基於保障外勞福利，更多
是為了安撫本地工人的不滿。藉此縮小僱用本勞與外勞的成本差距，
有助於保障台籍勞工的勞動條件與就業機會。儘管雇主團體持續地抱
怨與動員立委，來自本地工會的壓力，是台灣政府遲遲沒有將外勞與

基本工資脫鉤的主要原因。此現象說明國家在資本主義經濟中有相對
的自主性：移工的引進固然為了緩和資本家的「投資罷工」（資本跨界
流動到廉價勞力的國家如東南亞及大陸），但政府也必須兼顧本地勞
工的利益，以維持其統治的正當性。

　　雖然除了家庭幫傭與監護工，多數的外勞可以適用勞基法的保
護，但台灣對於移工的法律保障僅止於象徵宣示而非強制措施。由於
中央與地方的勞工單位無法監督確實的工作情況或提供有效的法律協
助，很多移工只接收到部分福利、沒有健康保險或有薪年假，本地勞
工的最低工資的要求經常變成外籍勞工的「最高工資」。李安如（Lee
2002）觀察中台灣的一家紡織工廠，其僱用的泰國勞工被指派做大夜
班或雙班工作，領取的是固定月薪（也就是法定的最低工資），遠低
於本地勞工按件計酬的薪資。移工超時工作的情況遠超過本勞。根
據勞委會在1996年針對製造業的本勞與外勞進行的調查，外籍勞工
的每周平均工時要比本勞多出8.9小時，在加班時間上有更明顯的差
別，外勞比本勞每週加班時間高出22.3小時（引自吳挺鋒 1997: 37）。
移工或因為沒有與雇主協商的權力，或因為急著在有限的契約時間內
賺更多的錢，多全力配合超時勞動，提供了雇主調節生產速度的高度
彈性。

　　外籍勞工和本地勞工最主要的差別在於僱用契約的束縛。很多台
灣雇主表示僱用外籍勞工的全部費用，包括伙食、住宿及就業安定
費[60]，並沒有比僱用本地勞工的薪資低太多，但外勞比本勞「好用」太
多。對雇主而言，移工可以減少生產成本，不僅因為他們較低的薪資，
更因為政策規範下的弱勢地位，使他們成為較容易控制的勞動力。

　　由於背負大量的債務，許多移工同意在星期日工作以賺取更多
收入並節省開銷。有兩位受訪的家務勞工表示：「假如我出去，會花
錢。我需要把錢省下來付給仲介。」「我第一年沒有休過一天假！但

我也不要。休假我能幹嘛？反正我根本就沒有錢！」勞工也透過超時工作來向雇主證明她們的忠誠及勤勉，如此一來可確保第二年或第三年合約的展延。例如Nilda在雇主沒有強迫的情況下放棄第一年的每週日休假，因為，她說：「我要在這段期間表現給雇主看我很乖……我要贏得他們的信任。」

像2005年8月泰勞事件這樣的集體反抗或者公開申訴的案件其實是少數，多數的移工以隱忍來面對剝削與高壓管理。身兼組織者的李易昆（1995）在他的碩士論文裡曾以扼腕的語氣提問：「他們為何不行動？」在一次和菲籍女性勞工的焦點團體訪談時我問了這個問題，所得到的答案集中在他們因負債及仲介費的財務壓力：「仲介費把我們的手綁住了，沒辦法反抗。」「我們在家鄉還有five-six[61]要付！」「我們害怕回嘴反抗的話會被送回菲律賓。我們不能再付一次仲介費。我們要留在台灣，至少有賺到錢。」

在契約束縛與債務腳鐐的綑綁下，移工只能忍受工作的困難及雇主的虐待。家務幫傭Maya的雇主沒有依法替她加入健保，因此，由於工作過度而腳踝受傷的Maya必須自費就醫。我告訴她，她應該要求她的雇主付費。她說：「不可以！假如她知道我生病，她會把我送回家！」[62]接著她解釋為何她必須避免和雇主硬碰硬：

一開始，我總是在電話裡向朋友哭訴。我的雇主不喜歡這樣。她說，「我不喜歡看見妳哭。這在中國是不吉利的。」他們對我大吼大叫很多次。以前，我很敏感啊，可是現在，我的心像個石頭〔露出堅毅嚴肅的表情〕。

為什麼你不選擇辭職或者是抗爭？

我們害怕雇主送我們回家。

當這種情況發生，可以拿回仲介費嗎？

在四十天後〔試用期〕，你只能拿回仲介費的20%，但很多仲介是 *mukhang pera*〔money face，指眼中只有錢〕，他們不會退錢給你。

在雇主的嚴密監視下，家務移工只有在契約中止無可避免時，才會選擇抵抗，因此公開的反抗大多發生在契約快結束或雇主試圖終止合約時。在沒有機會轉換工作的情形下，有些移工也會選擇「逃跑」（更適切地說，「不告而別」），脫離契約雇主的掌控（詳見藍佩嘉 2006）。

「查緝逃逸外勞」一直是台灣政府的重要關切課題。因為，「外勞逃跑」的現象不僅挑戰了台灣政府對於國界管控的治理能力，也撼動了外勞管理系統運作的正當性與有效性。然而，勞委會並未肯認到移工出走的結構性原因，只是採取一些「治標不治本」的管制手段，如對非法僱用的雇主處以罰金[63]、凍結該國的勞力輸入，或是把防止「逃跑」的燙手山芋丟給雇主負責。

台灣雇主要按月繳納新台幣1500至5000不等的「就業安定費」[64]，根據勞委會早期的規定，若該名外勞「行蹤不明」，雇主仍要繼續繳納「就業安定費」，直到該名勞工被逮捕或此合約結束為止。[65]另一個對雇主更嚴重的懲罰是若其僱用的勞工潛逃，勞委會將暫時凍結其配額，在該名外勞被查獲出境前的這段期間，該名雇主不能使用同一配額僱用替代的移工勞動力。這樣的處分對雇主的規範效果甚鉅，因為，雇主不僅失去了該名離職勞工的勞動力，也失去配額這項更值錢的商品，也就是再補充其他移工的資格。[66]

為了掌握外籍移工的行蹤，台灣政府嚴格限制他們轉換雇主，並要求雇主代為看守護，以外部化管理成本。結果，嚴防移工逃跑成為雇主念茲在茲之事，也從而衍生出許多控制策略，如強制儲蓄、監視隱私、道德監護等（詳見第五章）。然而，諸類措施只是讓移工受

虐與被剝削的情形更加惡化，也因此更將處於艱困勞動條件下的移工
推向逃逸之途。

有國界的全球市場

　　有越來越多的人們，在社會網絡與商業仲介的協助下，持續、頻
繁地穿越國界，然而，全球化與遷移也同時鞏固、加高國界的堡壘。
[67]Aristide Zolberg（1991）描述，當代的民族國家是「全球市場中有國界
的國家」（bounded states in a global market），在國際遷移的洪流中不斷
依照公民身分的分類來施展自治、分配資源。換一個方式說，契約移
工也置身在一個「有國界的全球市場」（bounded global market）。雖然
區域性的市場與經濟已經形成，地主國仍在契約移工身上強制施行一
系列的法律、政治、經濟規範。經由管理勞動力的跨國流動，亞洲地
主國才得以控制易穿透的地理疆界，並畫定象徵性的國族界線。

　　Roger Brubaker（1992）在比較法國與德國的移民政策研究中提醒
我們，一個國家對其成員與公民身分的定義，中介了該國遷移政策
的形構。我要進一步強調，這樣的政策制定不僅劃分了公民與外來者
之間的界線，也沿著階級、族群、性別等分類，建構了各式各樣的社
會界線。所有的亞洲地主國對白領移工的規範，都比藍領移工來得寬
鬆、友善。植基於階級偏好的政策，把外國人進行階序高低的分類，
並與移工的公民身分／國籍在階層化的世界體系的位階中有著平行的
關係。在比較亞洲各個地主國的移工政策後，我們也發現，整合外來
勞動力的模式，相當程度反映出該國的族群組成以及沿著族群界線而
構築的國族想像。

　　遷移政策中與家務移工有關的部分，則反映了一個國家如何就性
別意義來界定其成員身分。一個國家主要是將女性公民身分定義為妻

子／母親，還是勞工，決定了其歡迎家務移工的程度。女性的再生產角色，也導致地主國針對女性移工制定許多與性別相關的規定。具有生產「外族小孩」能力的女性移工，時常受到醫療之眼的控管（尤其借懷孕條款之名）。類似的性別意識形態也形塑了原生國的女性移民政策。輸出國則面臨兩難，不知該將女性移工宣傳為匯款回國的勞工英雄，亦或視她們為未來繁衍國族後代、需要「保護」的母親。

最後，國家政策對仲介業者及雇主的日常實作有很大的影響。台灣政府實施的配額管制政策，使得仲介業處於高度競爭的狀態，而被索取高額仲介費的移工，在台灣受到無法轉換的雇主的束縛，回國後又需面對借款壓力。經濟重擔加上每年更新契約的不確定性，導致逃跑外勞的人數逐年增加。台灣政府的處理方法是將監視移工行蹤的責任交管給雇主，但並未積極地剷除問題根源。事實上，雇主對移工的控管越嚴苛，移工逃跑的可能性就越大。對於移工的勞動控制，是由國家、仲介、雇主共同編織起來的管控網，結果便是強化了移工受害及被剝削的惡性循環。

第二章

誰是「外勞」？

每天傍晚的台北街頭，隨著少女的祈禱的音樂聲響起，家家戶戶拿出垃圾與廚餘，配合市政府的「垃圾不落地」政策，以維護這擁擠首都的衛生與市容。佇立人行道上等候垃圾車抵達的人群當中，你可以留意到聚集在角落的「與眾不同」的一小群人，她們的膚色較深，使用多數台灣人聽不懂的方言聊天。這些家務移工的身影鮮少在週間公開出現，丟垃圾是她們得以離開雇主家的少數機會之一。她們在這段時間裡可以與同鄉簡短地聊天、交換閱讀羅曼史小說，或使用公共電話與遠方家人傾訴。其他等著丟垃圾的當地民眾對她們的存在有著不同的反應，有些人冷漠以待，有些人好奇探看，也有些人面露嫌惡神色。

　　這幅景象栩栩如生地呈現了家務移工在台灣的雙重位置：她們負責做的是多數台灣人迴避的骯髒工作，其地位也被貶為卑賤的外族。「外籍勞工」一詞約在80年代後期正式出現，首先出現在報章有關非法打工、是否開放外國勞力輸入的議論中，隨後也成為就業服務法中的官定用語。純就字面上的意義，此辭彙應該涵蓋所有非中華民國籍的勞工，然而，其言外之意具有特定的階級與種族意涵。當我們提到「外勞」，腦中浮現的是來自東南亞「低度發展」國家、從事三D工作的勞工，而不是德國工程師、日本經理，或美語教師，如此便將特定族群類屬與特定職業類別理所當然地混為一談，更加強這些族群「天

生適合」做這些骯髒、危險又低賤的工作的印象。

　　誰是「外勞」？這個問題提醒我們不要輕率地把外籍勞工視為一個固定的人口群體，而要進一步考察「外勞」作為一個相對於台灣人與其他外國人的社會範疇，是在怎樣的族群地景、媒體論述中，被建構為一個族群他者？

　　我在導論中已提到，「種族」不是客觀存在的範疇。「外勞」的與眾不同，是以台灣公民為中心作為出發點的社會建構，是透過「種族化」（racializaiton）的過程，建構出某一族群在生物或是文化上的差異。本章也引用 Patricia Collins（1990）提出的「控制形象」（controlling images）的概念，描述主流群體（「我們」）如何透過客體化（確實如此）、二元對立（截然不同）等論述方式，賦予弱勢群體本質性（天生如此）、對立面（大相逕庭）的差異形象，藉此鞏固支配團體的優勢與弱勢群體的從屬地位。

　　誰是「外勞」？這個問題也引領我們探討移工內部的差異，特別是不同國籍別的移工如何被建構、定位成不同的勞動商品。近來，不僅在台灣，香港與新加坡等地的菲律賓家務移工人數不斷衰減，相對的是印尼移工聘僱人數的逐年攀升。我將探討「聰明刁鑽的菲傭」與「愚笨溫順的印傭」等刻板印象背後的因素，以及仲介公司如何依國籍別來建構家務移工的刻板印象，並透過招募、訓練等組織化的過程，打造「專業的僕人」。這些行銷策略不僅引導了雇主僱用上的偏好，更形塑了不同國籍的移工間的競爭關係與勞動條件上的階層差異。

新與舊的族群他者

　　仲介帶她來的〔時候，我的〕第一眼哦，妳知道我心裡，驚一下耶〔閩南語〕，心情很不好，妳知道，就好像那個針刺到，就這

樣，很不舒服耶，一看到她這樣黑漆漆的，好像山地人一樣，一看
就是會排斥她的感覺耶，心裡就刺一下說，哎喲，完蛋了、完蛋
了，怎麼一個外人黑漆漆的，一個黑人要住我們家啊，怎麼辦、怎
麼辦？而且身體上也有一個味道，很臭。那時候心裡很怕耶，心裡
很矛盾說，這個人要住我們家兩、三年，怎麼辦、怎麼辦？

　　何太太是一位四十多歲的餐廳老闆，她在訪談中直言不諱地坦承
她當初見到所僱用的印尼監護工時的感覺。許多年歲和她相當或年紀
更大的雇主，也常將東南亞移工類比於台灣原住民，冠以帶貶意的稱
呼，如「山地人」、「番仔」等。種族歧視在台灣當然不是件前所未有
的新鮮事。台灣民眾對東南亞移工的論述建構，援引採納了他們先
前用於原住民身上的種族歧視的敘事方式。要想徹底瞭解移工的種族
化，我們必須檢視族群他者的歷史建構過程，如何座落在當代台灣的
國族論述工程中。

　　台灣是一個移民社會，其人口的多數是由在不同時期從中國遷移
來台的漢人所組成。此外，台灣目前的人口中有約1.6%是南島語系
的原住民，早在漢人遷徙之前，他們就在台灣住了幾千年之久。近數
十年的工業化，破壞了原住民的維生經濟，並加速人口往都市遷移。
大部分的原住民男性是在高危險的營造業中工作，但自90年代初期
以來，這些工作機會已因外籍勞工的引入而逐漸難以取得。

　　建立在漢人／原住民差異上的台灣族群地景，其實並不像表面上
這麼一目了然，族群的界線是模糊、遊動的，受到政治協商與歷史洪
流的轉變形塑。台灣漢人並不是一個同質的群體，其中的三大族群
（福佬、客家、外省），在風俗習慣與社會經驗有若干差異，他們建立
在儒家文化上的集體認同與自我想像，乃是對立於族群他者的存在。

　　台灣原住民長久以來一直都是殖民凝視的對象。清朝文人對這些

島民的再現是將他們譬喻成非人類的、原始的、女性化的原住民男人，以及高度性慾化的「野蠻」女人（Teng 2004）。經過無數的血腥洗禮，日本殖民政府終將這些不文明的野蠻人改造成「皇民」。到了戰後時期，許多台灣原住民從山區遷移至都市。然而，跨族群的接觸並無法消弭他們長久以來的隔閡感，因而形塑了原住民民族充滿屈辱的族群認同（謝世忠 1986）。

　　漢人與原住民之間那條被許多人認為是「種族」差異的界線，其實在歷史中經歷數度穿透與移動。清朝的統治者以及後繼的日本殖民政府，曾根據原住民的政治歸順與漢化的深淺，而將其劃分為「生番」、「熟番」兩類。熟番即是所謂的「平埔族」，採納了包括語言等大部分的漢人文化，因此逐漸漢化。在日本殖民政府改變行政規定後，平埔族的身分逐漸變得不可辨識與指認。直到90年代，原住民運動者才成功地重新宣稱「平埔族」的身分認同，並受到學界與社會大眾的認可。

　　我們可以從更廣泛的認同政治脈絡，也就是台灣的不確定國家地位以及兩岸的對立關係，來檢視90年代的族群界線轉變。當時，前總統李登輝藉由提出「新台灣人」這個含括不同族群的概念，成功地創造出國族主義的新修辭。這個概念一方面消弭了次族群團體之間的隔閡，另一方面，也建立了台灣的主體認同，使其自主於政治與文化上的中國之外。經過原住民運動人士長達十年的奔走，台灣政府終在1994年，正式將台灣原住民的官方稱呼改為「原住民」。猶如Melissa Brown（2004: 21）指出的，這種國族身分的新敘事，「藉由納入原住民及肯認其文化影響及母系祖先的貢獻，而使台灣認同脫離了中國國族。」雖然台灣原住民在日常生活中仍持續遭遇到歧視與偏見，但在當代論述與國族主義的政治運動中，他們已成為「新台灣人」集體認同中的主要成分。

台灣的族群地景在90年代引入外籍勞工與外籍配偶後，逐步浮現另一幅相當不同的樣貌。一位計程車司機在接受電視記者採訪時，描述移工在週日的聚集，造成過路台灣女性的恐懼：「查某人驚死，好像看到生番逃出來（閩南語）。」[1]「生番」這個用語讓我很驚訝，對這位司機來說，似乎光是「番」這個字眼還不足以形容外籍勞工的「未開化」。在許多漢人眼中，台灣原住民已經「熟」了、「漢化」了，因此已成為「我們」的一份子，但來自「番邦」、很「生」的東南亞移工，在台灣的地位因為制度的隔閡，被定位成永遠的外來者。

換句話說，當「新台灣人」的國族主義修辭學已將「舊族群他者」（台灣原住民）融合進台灣主體認同的關鍵部分後，外籍勞工與外籍配偶繼而成為當代種族化過程中的「新族群他者」。[2]

在漢族的歷史中，「番仔」這個具貶意的詞彙也曾經與西方人連結在一起。中國古文獻中以「灰白」來嘲諷西方人的白皮膚，並且認為他們粗硬的頭髮與赤紅的鬍子是野蠻的象徵。19世紀的文獻將西方人形容為「番鬼」，以侵犯清朝領土的方式對中國構成嚴重威脅（Dikotter 1992）。在台灣，閩南話「番仔火」將火柴描述為「野蠻人之火」，精準地描繪出台灣人當時對西方文明妒恨交織的曖昧情感。隨著現代化的進程，西方人在台灣人眼中也逐漸脫離了「番鬼」的汙名。甚至，台灣在二次世界大戰後的經濟與政治發展，其實是立基在美國援助與投資之上。今天，在一般台灣人民的心目中，西方的野蠻人已升級為優越的「洋人」他者。

當代台灣的種族主義論述與恐外症（xenophobia）所指向的目標在於菲律賓、泰國等東南亞社群，鮮少對來自日本、歐洲、北美的移民產生類似的焦慮。台灣的媒體將這些白領工作、淡膚色的移工形容為「外籍人士」，但卻以「外勞」來指涉藍領的外籍移工，彷彿只有前者才具有完整的人格身分，而後者的身分卻被化約為他們的勞動表現。

這種我稱為「階層化的他者化」的社會建構過程，把東南亞「外勞」視為低劣的他者，獨立於較為普遍、中性的「外國人」範疇，後者的文化想像則是來自西方先進國家的白領外勞，雖是族群他者，卻被認為具有文化與經濟上的優越性。

處於半邊陲的台灣人，在抬頭仰望白皮膚的「優越他者」的同時，複製了殖民之眼的凝視，低頭蔑視膚色更深的「低劣他者」。

種族歧視的修辭學

台灣政府宣布開放外籍契約工的聘僱之際，警告其將帶來危險的報導與社論如排山倒海而來，例如，「門打開後，就關不上了」[3]、「旋風和野火，撲到家門前」。[4]自移工來到台灣後，台灣媒體也不斷以「社會成本」的論述來警告大眾可能的負面效應，如某篇報導所言：「為了降低成本引進外勞，卻要全民承擔高失業率、犯罪、暴動等社會治安成本」[5]。1999年9月，台灣一家工廠發生菲律賓移工與印尼移工打群架的事件，之後，媒體用軍事用語來比喻這次意外，例如以下標題：〈台灣不能淪為外勞戰場〉[6]。這些媒體論述體現了一種萌生中的「社會病理學」論述（吳挺鋒 1997）：把台灣社會或台灣家庭想像成一個乾淨、封閉的系統，東南亞的入侵者成了公共衛生漏洞的代罪羔羊，是需要小心監視與有效管理的社會問題。

台灣報紙與雜誌也常使用聳動的標題，來報導移工的傳染病個案，例如：〈寄生蟲，菲傭感染居多〉[7]、〈愛滋外勞，首傳病逝〉[8]。在媒體的凝視下，移工的衛生有問題不只是因為開發中國家的居住條件，也可能是「道德低落」的結果。東南亞移工常被懷疑兼職從事性工作或是經常使用性服務，因此是性病的高危險群。一篇報導的標題是這樣下的：〈泰勞有召妓習性，應慎防愛滋病傳播〉。[9]電子與平面

媒體幾度用偷窺鏡頭或腥羶文字，把外勞的假日集散地，描述為戶外的性愛淫窟，或是性交易的據點。一家電視台在報導移工週日在桃園火車站後的公園活動時，以「外勞打野炮，公園上演活春宮：週末激情夜，V8全都錄」[10]的聳動字眼作為標題。另外，也有某報社以「桃色風暴：外勞激情配對，公園嘿咻」的標題，描述移工在放假時間的生活和紊亂的性行為脫不了關係，[11]即便這些報導的內容根據的只是台灣民眾與仲介的說法，而沒有訪問任何移工或相關團體。

這樣的媒體再現經常引發了大眾的恐懼，害怕東南亞移工的遷入有害台灣的公共衛生。某位桃園縣議員在議會發言時表示，懷疑當地愛滋病帶原者人數的逐年上升，與移工的出現有關（桃園縣是台灣移工人數最多的行政區）。批評移工的健檢「成效不彰」的這位議員繼而指出：「外勞體檢不確實，讓已患有愛滋病者矇混到台灣，危及個人健康。」[12]一家報社刊出一位患有肺結核的家庭主婦的投書，她抱怨道，她的「作息正常」，會得到這樣的病應該是「與外勞大量引進有關」[13]。

「外勞」經常被台灣媒體與民眾視為潛在的犯罪者，他們國家的經濟弱勢，被認為導致人民在品格與生活習性上的低劣。有篇報紙報導的標題是：「為一千元，泰勞砍泰勞」，暗示移工是如此貧窮，以致於會為了小錢鑄成大禍。[14]地方新聞屢屢報導荔枝被偷採、雞禽豬隻遭竊的事件，在沒有證據的情況下，遭竊的農民往往遽下結論：「一定是外勞幹的！」[15]認為這麼便宜的東西只有外勞才會偷。

移工也常被認為缺乏「工作倫理」，這解釋了為何他們會用偷的，而非賺的。[16]例如，我訪問的一些台灣雇主表示，台灣的經濟繁榮證明了儒家道德觀的優越性。相反地，東南亞國家由於熱帶的氣候、民族的基因（「菲律賓人是海盜的後代」），以及不符當代資本主義標準的工作倫理，導致了其經濟衰敗成為無可避免的結果。

男性移工的負面形象多與搶劫、強暴、偷竊等暴力犯罪有關，而女性移工的汙名則環繞著她們的身體與性。女性移工經常被汙名化為「假打工、真賣淫」，為了逃脫貧窮不惜出賣肉體，在週日販賣性服務給男性移工。[17]女性移工也被塑造成勾引男雇主的潛在對象，其「熱帶女人」的豐滿身體與高漲性慾，可能危害雇主家庭的幸福。另一個極端的形象是，女性移工作為遭受雇主虐待與性騷擾的受害者，在媒體上也很常見。報紙上刊出的受虐女傭的圖像，經常是一張看不見臉孔的、滿佈瘀青的裸露身體。這樣的照片以及描述虐待細節的文字報導，弔詭地讓受害者成為誘惑的來源。[18]窺淫癖的媒體，凝視的是女性移工被性慾化的身體──不論她們是主動積極的性主體，或是可憐無助的受害者。

台灣曾經出現幾件外籍監護工心智不穩定而造成病人死亡的案例。[19]1999 年 11 月 3 日，台灣一家有線電視播出一卷錄影帶，內容是一個菲律賓女傭踢三個月大的嬰兒的畫面。這則新聞引發大眾對外籍保母的恐慌。警告讀者移工看護可能會故意忽視或不利小孩成長等負面意涵的文章，大量出現在報紙與雜誌版面上。雖然類似的個案也曾發生在台灣本地看護的身上，移工的個案往往受到更多注目，因為他們不只是雇主家庭的外人，更是台灣整體社會的外來者。

事實上，外勞的犯罪人口率明顯低於台灣本國人。根據警政署 2003 年的統計，嫌疑犯人數佔外勞總人口的 0.08%，本國人則是 0.7%。然而，當外勞的犯罪個案在媒體曝光時，嗜血的報導風格經常把部分與整體混為一談，把個別外勞的犯罪，延伸為該國外勞、或是全體外勞的道德缺陷。

媒體將「外勞」建構為衛生不佳、道德低落的卑賤外族，這影響了雇主如何在家中遂行勞動控制。雇主通常藉由空間隔離與生活管理等策略，來避免家庭遭受家務移工的「汙染」。有些雇主要求外籍女

傭使用的餐具必須與家人分開，或者衣服需與家人的分開洗滌。有個
雇主甚至要求移工喝不同瓶子的水，並且使用不同的浴室。其他的雇
主則試圖規訓家務移工，將他們的生活習慣「文明化」。例如，台灣
人通常在晚上洗澡，但大部分的菲律賓移工在早上淋浴，有些雇主
會認為這樣「很怪」、「反常」或「不乾淨」，因此要求移工改在晚上淋
浴。生活習慣的些微差異被詮釋為落後或反常的象徵，因此應該遵循
雇主所定義的「正常」習慣行事。

　　雇主希望家務移工不管在個人衛生或道德手腳上都「乾淨」。我
訪問的雇主們時常提及家庭財物被移工偷竊的事件，不論它們是道聽
塗說的故事，或是雇主的親身經歷。為了保護財物，雇主會讓移工遠
離貴重物品，避免給予房間鑰匙，或禁止訪客。許多雇主還會故意將
金錢或珠寶放在家裡或抽屜，以「測試」移工是否誠實。

　　在一些極端的例子中，移工被當做危險人種看待，因而有必要與
當地人隔離開來。例如，一家國小以「保護孩童安全」的理由，禁止
移工進入校園。[20]另一個控制移工的方式是標示他們的身分，使其醒
目可見。根據新聞報導，一名居民在社區會議時建議所有的移工別
上寫有「我是外勞」的名牌。[21]這個粗暴的建議並未被會議的其他人接
受，但台灣政府卻採取了另一種更細緻的監視手法：所有的契約移工
在入境時皆須捺印指紋，並需要隨時攜帶證件，以利員警的不時檢
查。在人權論述普遍於全球的當代，各國鮮少採取明顯的、種族排他
式的隔離措施，然而移工仍受制於身分登記與空間分配而受到組織性
的監視。[22]

　　甚者，外勞作為一個階級化與種族化的範疇，在台灣社會已經變
成一個脫離字面意義的譬喻（metaphor）。當我用「外勞」與「外傭」的
關鍵字在新聞資料庫中進行搜尋時，經常找到一些與移工議題完全
無關的報導。例如，一群國中代課老師陳情抱怨他們的工作，敘述的

方式是：「我們連外勞都不如！」[23]另一個例子是某電視演員在拍戲期間風吹日曬而皮膚變差，她因而被冠上「菲傭」的綽號。[24]在這些例子裡，「外勞」與「外傭」被當作一個譬喻，象徵的是台灣社會中最不被欲求的位置，不僅是底層階級（underclass）、被去除了女人味，更接近具有種族或種姓（caste）意涵的賤民。

　　Mary Douglas（1966）極有洞見地指出，純淨與骯髒的劃分，對象徵秩序的維繫非常重要。每個社會都有隔離儀式以及對人事物的分類，以防制外來的汙染與汙穢。台灣的外勞論述也完全落入這種純淨／骯髒的二元劃分。媒體將外籍工作者報導成危險的野蠻人，既貧窮又落後。同時，它們也投射出一個對純淨社會的想像，而這個社會的公共衛生、安全與道德秩序正因外來者的出現而處於危險當中。外籍工作者被投射出來的「控制形象」：野蠻人、壞人、妓女、受害者等，也許彼此之間並不連貫，甚至矛盾，但它們共同編織了一條種族化的界線，劃分出「我們」與「他們」、台灣人與落後的族群他者之間的不同。

聰明刁鑽的菲傭vs.單純溫順的印傭？

　　外籍勞工開放的前幾年，菲籍移工佔據了台灣大部分的家務勞動市場，但近來已因其他國家的競爭，而人數逐年下降。許多雇主常在仲介的建議下，不再偏好菲籍移工，而改聘印尼與越南籍移工。菲籍移工在台灣所有家務勞工的比例，從1998年的83%降到2007年的15%。印籍移工則從15%上升到2001年的70%；2003到2005年間的數量明顯下降，是因為勞委會從2002年8月凍結印尼移工的聘僱，直到2004年12月才重新開放（參見第一章）。在這樣的脈絡下，有些雇主轉僱用1999年11月才開始引進的越南移工。在最近的統計數字

中，印尼家務工的數量再度大幅領先，越南、菲律賓居次。

表一 1998～2007年在台灣的家務幫傭與監護工的國籍分佈

年度	菲律賓		印尼		越南		泰國		馬來西亞		總計
1998	44,559	（83%）	7,761	（15%）	-		1,030	（2%）	18	*	53,368
1999	42,893	（57%）	27,948	（37%）	33	*	3,912	（5%）	7	*	74,793
2000	34,772	（30%）	63,563	（60%）	2,634	（2%）	5,356	（5%）	6	*	106,331
2001	24,875	（22%）	78,678	（70%）	5,221	（5%）	4,158	（4%）	2	*	112,934
2002	21,223	（18%）	81,490	（68%）	15,263	（13%）	2,733	（2%）	2	*	120,711
2003	29,347	（24%）	47,891	（40%）	40,397	（33%）	2,901	（2%）	2	*	120,598
2004	34,446	（26%）	21,457	（16%）	71,783	（55%）	3,333	（2.5%）	2		131,067
2005	35,047	（24%）	41,906	（29%）	63,956	（44%）	3,057	（2%）	-		144,015
2006	29,107	（19%）	75,577	（49%）	46,767	（30%）	2,318	（1.5%）	-		153,785
2007	24,369	（15%）	101,619	（63%）	34,414	（21%）	1,819	（1%）	-		162,228

（資料來源：行政院勞委會統計資料庫查詢[25]，〔*百分比低於1%〕）

「菲傭聰明但刁鑽」、「印傭單純溫順」，是雇主、仲介與大眾對家務移工的普遍印象。我們應該如何解釋這些族群特色的形構，以及這兩個國家在移工聘僱人數上的消長？有些人認為，這反映兩個國家的歷史背景的差異：相對於在威權統治的過去與伊斯蘭文化影響下的印尼人，曾受美國殖民的菲律賓人，具有較強的民主理念與權利意識（Loveband 2004b）。另一個重要的因素是，這兩個國家的家務移工在教育與語言資源上的差異，決定了她們與台灣雇主的協商能力。我也將分析仲介業者的行銷論述與聘僱策略，如何突顯了兩國移工的族群差異。

教育資本與語言資本

當我與菲籍家務移工談到她們之前的工作時，許多人常在應答前深深地嘆一口氣，或回以自我解嘲的語氣。Jorita之前是菲律賓的高中老師，她說：「我在菲律賓的朋友都取笑我，他們說我以前的工具是拿筆與紙，現在拿的卻是菜刀、攪拌機與砧板。」Vanessa以前則在菲律賓的連鎖書店當經理，她說：「我有一個朋友之前在政府單位工作，但妳知道她現在（在台灣）做什麼嗎？她現在每天都在打掃廚房。我常說我以前在菲律賓是經理，而我現在卻是管家！」

菲籍和印籍的移工在平均教育程度上有明顯的差距。先前的研究已經指出，有相當比例的菲籍移工具有大專學歷並在菲律賓擔任低階白領的工作（Parreñas 2001），根據菲律賓的官方調查，有二分之一的菲律賓海外勞工具備大專畢業或肄業的學歷，另外三分之一完成了中學教育（NCRFW 1993）。這樣的教育水準和美國殖民政府在菲律賓廣設大學的歷史有關。在菲律賓的就學年齡人口層中，大學與專科的在學率超過31%，明顯高於印尼的14.6%。[26]相對於菲律賓的「人才流失」（brain drain）現象（Alegado 1992），印尼大學生尋找海外工作的比例低得多。在台灣的印尼移工的平均教育程度介於初中和高中之間。[27]

除了教育程度，菲籍移工也因其良好的英語能力（另一項美國殖民的遺產），而擁有在全球勞動市場中的相對競爭優勢。然而，語言能力不只是個人的人力資本，其市場價值為制度性的社會脈絡所決定。要瞭解英語作為一種語言資本（linguistic capital）的社會價值，我們必須考察置入菲律賓與台灣的語言環境，兩者的形塑都鑲嵌在國際化的語言場域。[28]

英語自1901年起，也就是美國從西班牙手中取得菲律賓主權的三年後，開始成為所有菲律賓公立學校的官定語言。這項政策為殖民政府所支持，理由是相信「對英語教育的知識是學習美國方式生活的

必要前提」（Bresnahan 1979: 65）。直到今天，英語的使用仍然在菲律賓的政府檔與教材當中佔了壓倒性的優勢；[29]受過教育的菲律賓人，在日常對話時經常混合馬尼拉語（Tagalog）和英語（當地人稱為Tag-lish）；專業與高教育者仍然偏好使用英語，認為方言的智識性低、不夠現代化（Sibayan 1991）。

殖民者的語言與文化遺產，弔詭地在國家獨立後，變成菲律賓人逃脫經濟困境的重要資源。比方說，台灣的工廠老闆喜歡用菲勞勝於泰勞，因為前者可以看懂進口機器與設備上的英文指示。亞洲主要城市裡的飯店與俱樂部廣泛地僱用菲籍樂手，因為他們擅長唱美國通俗歌曲，但要求的薪資比美國樂手低了許多。

雖然台灣在發展歷程中受到美國文化的相當影響，但相對於菲律賓，多數台灣人，即便是大學畢業生，口語英語也不甚流利。這樣的情形到近十多年來才有顯著的變化，英語已被普遍認知為是一種具有重要市場價值的語言資本，近年來開始舉辦的英語檢定，吸引了跨年齡層的群眾參與，制度性地呈現了此項語言資本的霸權地位。教育部已經將英語課程提早至小學開始，以改善英語教育的品質；前總統陳水扁甚至口頭建議過把英語當作第二官方語的可能；[30]為了方便招募更多以英語為母語的教師，輿論也要求政府放寬對於外籍白領的工作許可的管制。[31]

英語儼然成為台灣新生代在全球化的社會中尋求向上流動的重要工具，新一代的台灣父母因而急於投資更多的經濟資本來增強孩子的英語能力。上層階級的家庭，僱用私人家教來教小孩英文，中產階級父母則積極送孩子去上雙語幼兒園、安親班，或參與海外遊學團。僱用會說英語的大學生菲傭，也成為培養小孩語言能力的方式之一。然而，這樣的安排像是一把兩面刃：雖然可以彰顯雇主新近的階級流動，卻也可能削弱了雇主支配傭人的權威。

　　我訪問的台灣雇主和菲籍移工中，有不少人向我表示在使用英文和對方溝通時有困難。這樣的抱怨特別容易發生在高中或高中以下學歷的雇主身上，他們必須仰賴第三者的協助，像是仲介、孩子（甚至是上英文安親班的小孩），或是使用電子字典，來和菲籍移工溝通。[32]Judy為一家家庭工廠的老闆工作，雇主家只有長女會說流利的英語，但她正在加拿大讀書。Judy對我抱怨和老闆溝通的困難：「如果我有問題，我會寫一封信，然後我老闆會把信帶到工廠，那裡的秘書會說一點英文，這實在很複雜，有時候我想跟他們抱怨一些事情，他們只會說：『Sorry, I don't understand.』（抱歉，我不懂。）」

　　在台灣，英語流利的菲籍移工常被指派許多家務之外的工作，意謂她們的地位高於一位「女傭」。藥學系畢業的Claudia驕傲地告訴我，她的英語說得比老闆好，所以她被要求在一家上層階級的私人俱樂部接聽電話：

　　我的老闆是一家女性俱樂部的副總裁，她時常帶我去參加會議。
　　為什麼？妳要服務她們嗎？
　　不，她是要我去接電話，以及叫我打電話給這個人或那個人。她們那邊有很多美國人。
　　所以，她要妳去說英語！
　　對，我想是這樣沒錯。她們有比較多的錢，但我的英語說得比她們大部分的人還要好〔微笑〕。

　　台灣的菲籍家務移工也常被要求當英語家教或語文交換。我在田野期間曾在菲勞聚集的教會開授一堂中文班，班上的學生向我抱怨她們在雇主家沒有練習的機會：「我們的老闆喜歡跟我們說英文。」「他們想要練習英文！」許多雇主也要求菲籍家務移工教小孩英文，猶如

Olivia與Imelda所說的：

> 我的老闆跟我說，當他們在看我的履歷表時，老闆娘不喜歡我，
> 她說我看起來太老太醜。可是老闆說：「但是她是大學畢業耶，
> 而且是英文系的，也許她可以教我們英文。」

> 他們僱我們菲律賓人，因為想要學英文。家裡的小孩子都是唸美
> 國學校，他們從來不跟我說中文，因為想練習說英文。我知道如
> 果要請一個英文家教很貴，可是我們什麼都做，而且很便宜！

雖然僱用一個大學學歷的家務移工具有同時得到一位英文家教的
附加利益，但教育程度低的雇主，將可能因此付出溝通與管理困難等
額外代價。有些雇主在用英文向家裡的菲籍移工提出要求時，深感挫
折。淑雯是一位高中畢業、經營電器行的老闆娘，她無奈地說：

> 本地的，你要求她們，她們未必會聽你的；外勞，你要求她們，
> 她們未必懂你的意思。她會問你：「Ma'am，你說什麼？」她被搞
> 混了，而你也是，每天你都在擔心要怎樣〔以英文〕表達你的要
> 求，有時候我想，算了，我乾脆自己做好了！〔苦笑〕

這樣的語言障礙，在有些菲籍家務移工的眼裡，卻被認為是一種
有利無害的處境：因為她們的雇主無法指派太複雜的工作，如一位菲
籍受訪者所說：「如果你的雇主懂的英文不多，反而好，他們就不能
要求妳去做太多的工作。」更有些移工有意識地操弄英文作為反抗雇
主的工具。舉例來說，瑪西先前在新加坡工作了五年，然後到台灣
來，在一個經營小工廠的家庭裡工作，她描述了以下場景：

上次我老闆要我去清理他工廠的辦公室，我就說：「What ？」繼
續擦我的地板，假裝什麼事也沒聽到，然後他就不再說什麼了，
因為他不太會說英文。
但在新加坡你不可能這樣做，那邊的雇主會說英文。
還是可以啊〔帶著微妙的笑容〕，我就假裝我不懂英語！

　　菲籍移工的英語能力與白領背景，解構了台灣民眾賦予移工的落
後他者、從屬傭人的控制形象，有少數菲勞甚至會指正雇主說英文時
在發音或文法上的錯誤，讓這些雇主覺得顏面盡失。有些雇主因而轉
向改僱用被認為較為溫馴的印傭與越傭。其中之一是瑞華，一名大學
肄業的安親班經營者。瑞華先前僱用過一名菲律賓人，但認為她意見
太多、要求放假又交男朋友。瑞華後來決定改用印勞，她向我說明她
的僱用條件：

　　我們要很單純的、沒有出過國做事情的，因為有經驗，她比較會
　　知道說要怎麼偷時間啊……我們被那個菲律賓的怕到了，所以我
　　先生說要找一個不識字的、不會講、不會聽、什麼都不會的。我
　　寧可從頭開始教她，沒有一點汙染的，這樣子才好帶，就是心裡
　　打好主意了。

　　瑞華後來僱用的印尼移工，是國中畢業，而非不識字。訪談中
「不會講、不會聽」的誇大說法，指的其實是不會英文或中文。和菲
傭用英語溝通感到挫折的台灣雇主，如今在和印籍和越籍女傭的語言
互動上，確保了支配的位置。不同於菲籍移工，印尼與越南移工必須
要學習國語或台語，才有機會獲得台灣的工作，稍後將會說明，她們
在來台灣前必須在仲介處接受長達數月的訓練課程，但即使在經過訓

練課程後，移工也難以用雇主的母語來對工作內容與條件進行議價。雇主母語的優勢地位，象徵性地標示出雇傭關係中的權威，也在現實互動中迫使印籍移工不得不噤聲沈默。

語言資本的擁有與否，也影響了移工獲取資訊與社會支持的管道，也就是瑞華所說的「汙染來源」之一。說英語的菲籍移工有機會閱讀英文報紙與聆聽英文廣播節目，[33] 這些媒體的服務對象是全台灣為數不少的英文使用者與學習者，相對地，其他國家的移工只能聆聽極少數用母國語言製播的廣播節目。國語能力還不錯的印籍移工，如果在雇主的家中有機會看電視，還可以用中文取得有限的外界資訊。此外，印尼移工的社會支援也較為薄弱與有限，不像菲律賓移工能夠經由天主教教會以及隸屬的非營利組織，取得法律資訊或權益諮詢的服務。[34] 語言資源上的弱勢、資訊管道的不足，都侷限了印尼移工在台灣的培力（empowerment）空間。[35]

刻板印象與市場利基

印尼與菲律賓都是由多元族群與文化所構成的國家，但台灣的仲介業者時常將同一國家的移工，即便來自不同地區或族群，視為一個擁有同質文化的集體，進而依照國籍別，劃分不同的「產品線」來經營家務移工的勞動市場。[36] 這樣的行銷策略有三個主要目的：一、透過這樣的廣告與論述塑造其對於勞動力來源有專業瞭解的形象，藉此說服雇主媒合安排的重要性；二、經由勞動力的市場區隔提供類型化的聘僱選擇，滿足不同雇主的需求（家務、孩童或老人看護）；三、這樣的刻板印象可以說服某些類型的雇主從僱用菲勞改為僱用印勞，後者的招募提供了仲介較高的利潤與相對於母國仲介的自主性。

為了系統性地探究移工的論述建構，我們瀏覽了從 Google 上找到的 93 家仲介[37]，其中有 29 個網頁提供了以國籍為基礎的移工特徵，

並透過以下表格，對其中的論述內容加以編碼分析。[38]

表二　台灣仲介對不同國籍的移工描述

菲律賓：西化的他者 (The Westernized Other)		印尼：傳統的他者 (The Traditional Other)		越南：共產主義的他者 (The Communist Other)	
描述	次數	描述	次數	描述	次數
教育程度高	15	服從性高	15	近華人文化	17
聰明	10	單純	10	吃苦耐勞	10
易溝通	9	忠誠度高	8	溫和	8
西化程度高	8	性情溫和	8	節儉	6
活潑	8	可不放假	6	勤奮	6
自主性強	3	任勞任怨	5	受共產主義影響，不易逃跑	5
懂察言觀色	1	誠實	4	善良	4
				華語能力佳	3
				外觀討喜	1
具勞工意識	6	反應慢	2	不宜談政治	4
不好管理	6			因較無經驗需耐心溝通	4
喜歡交朋友	4			易逃跑	2
易逃跑	4				

資料來源：台灣29家仲介業的網站，2003年10月

在這些論述中，來自同一國家的移工們被同質化為享有共同特徵的集體類屬，有些簡要提到形成族群文化差異的歷史與社會脈絡，有

些甚至使用諸如「自然的」和「天生的」等詞彙，暗示種族特徵的本質性。這些種族化的控制形象，呈現出不同類型的他者化方式。菲律賓人被視為「西化的他者」（the Westernized other），描繪的形象是「樂觀、羅曼蒂克、獨立自主」[39]和「外向、自我中心、意見多、聰明，以及難管理」[40]；印尼人的典型則化身為伊斯蘭習俗中的溫順女人形象，是一種「傳統的他者」（the traditional other）：「服從、忠心、動作慢，以及生活簡單」[41]，因此，自然適合辛苦的工作，以及「不放假」的勞動條件[42]。

　　越南移工的形象建構是其中最為模糊與複雜的。一方面，越南被認為長期以來受到漢文化所影響，越南人也被認為理應具備一些與儒家文化相關的明顯特徵，像勤奮、儉僕以及容忍；根據台灣人主觀的美感標準，她們較淺的膚色被認為比菲律賓人和印尼人較深的膚色來得好看；因為以上這些預設的種族與文化的親近，仲介將這批新來移工標示為適合台灣家庭生活的好僕人。然而，另一方面，越南的政治背景則促生了一種「共產主義的他者」（the Communist other）的刻板印象。昔日被鎖在「鐵幕」裡的越南移工，被想像成在政治上是心胸狹小的，對外面的世界是無知的。有趣的是，不同的仲介論述對於在共產統治下的人民有著矛盾的想像：有的認為高壓統治應該培養出效忠的人民，所以應該不太會「逃跑」，但也有人懷疑這樣的生活背景導致越南人工於心計的個性，會增加他／她們「逃跑」的可能。

　　為了在高度競爭的市場中生存、成功，仲介業者必須有效地以明確區隔的移工形象，來讓需要專業篩選服務的雇主對他們印象深刻。[43]同樣地，台灣仲介藉由放大印籍移工與菲籍移工之間的差異，來操作種族化的刻板形象，以便利他們拓展印尼移工的市場。這樣的行銷策略背後的主要考量，在於仲介印勞可以獲取比仲介菲勞更高的利益，這一點為多數受訪仲介所承認，雖然他們不願告訴我確切的數

字。[44]其中描述地最坦白的是一位在仲介公司作翻譯的印尼華僑，他私下告訴我：「他們說菲傭比較難搞，才怪，那只是因為仲介可以從印傭身上賺到更多錢。」

仲介也挪用種族化刻板印象來自然化（naturalize）工作的安排，藉此來滿足雇主的不同需求。在加拿大，膚色較淡的女性移工通常被雇來照顧小孩和煮飯，而膚色較深的女性則被安排作家務工作（Cohen 1987）。台灣也有類似的狀況，仲介根據有關菲律賓人與印尼人的本質化論述，建議雇主指定安排不同的工作給他們，並且採取差別化的管理方式。被描述為順從、忠貞和配合度高的印勞，成為照顧老人與病患的最佳人選，而說英語的菲勞，則被認為受過較良好的教育、文明程度較高，因而較適合照顧台灣的小孩。此外，印勞常常被安排了家戶外的額外工作，我接觸到的許多印尼監護工，白天會在雇主經營的家庭工廠、餐廳、安親班、麵包店、雜貨店、小吃店、夜市攤子等地方幫忙，多數沒有領到額外薪水，或只有小額的補貼。印尼女性被塑造為駑鈍與恭順的形象，使她們成為Anne Loveband（2004a）所說的「雙重剝削」（double exploitation）的適當人選。

家務移工之間的國籍界線，不僅劃分出他們在勞力市場的區隔位置，同時也形塑了他們在地位與權利上的階層差異。外勞依國籍不同而出現薪資差別的情形在台灣並不那麼常見[45]，比較明顯的是勞動強度與條件上的差別待遇，特別是有關放假的規定。仲介公司通常告知雇主，可以要求印傭或越傭放棄她們的休假，但是不放假的規定卻是菲勞所不能接受的，因為，根據仲介的說法，菲律賓人的特徵就是精於算計與爭取權益，更重要的是，菲勞有馬尼拉經濟文化辦事處[46]與天主教教會的支持，有較多相關勞動權益的資訊與申訴管道。此外，印尼與越南家務移工的弱勢地位與次等待遇也被差別性的契約所確立。早在她們抵達台灣之前就半強迫地被要求簽訂契約，其中詳列了

她們同意不休假，或每個月只休一天；相對起來，仲介公司較少要求菲勞簽訂這樣的條款。在香港，印尼移工的薪資通常比菲籍移工低，而且放假日更少。[47]

要看到族群特色作為一種社會建構的性質，最清楚的方式就是考察其浮動、相對的構成。事實上，有關某一族群的控制形象經常是對照於不同的對象而被關係性地界定。在台灣，菲律賓人被認為是強硬好鬥，比較的族群是溫順服從的印尼人。然而，在加拿大，仲介將菲律賓人描繪成溫柔有愛心的保母，因為她們在市場上的競爭對手是加勒比海西印度群島來的移工，後者被視為強悍又野蠻的「島嶼姑娘」（island girls）（Bakan and Stasiulis 1995）。

另一個例子是印尼家務勞工在台灣仲介論述中的「服從」形象，此一形象近來已經被她們日漸增高的「逃跑」數字所解構，甚至導致台灣政府暫時凍結印尼勞力的出口。事實上，當仔細考察統計數字的消長變化時，我們可以發現，「逃跑」從來不是單一族群的家務勞工的獨特現象。菲籍移工在1996年時有最高的逃跑率（3.6%），該年印籍移工的逃跑率只有2.6%，但是到2000年時，印籍移工的逃跑率上升到2.9%，在同一時間內，菲籍移工的數字則下降到1.2%，隔年更低（0.9%）。[48]印籍移工被凍結後，來自越南的替代勞動力，一度被仲介推銷為「理想僕人」的新典範，但是很快的，就變成「危險的共產主義者」。他們的逃跑率轉而變成所有移工裡最高的，在2003底年上升到7.8%，隔年底增加到10.16%，[49]勞委會因而在2004年底宣布暫時凍結越勞的輸入。

從印籍和越籍移工逃跑數字逐年攀高的趨勢看來，此一狀況的發生實是導源於家務工作的剝削，而非任一國族特性。仲介公司和雇主利用種族化的控制形象來合理化他們對印籍和越籍移工的高壓管理，

諷刺的是，移工逃跑的結果恰好顛覆了「順從僕人」的本質化迷思。

訂做女備

在前文中，我已指出，仲介業者如何建構與傳播誇大的移工族群特徵。然而，仲介的影響力不僅止於論述層次。許多台灣的仲介業者都在移工母國設立公司（尤其是在印尼與越南），以同時降低交易成本與強化控制。或者，他們會試圖在移工母國尋找有效、長期的合作夥伴。地主國的仲介業者藉由建立一個跨國公司，將聘僱與訓練過程整合進其對移工的行銷策略中。為了快速定位菲律賓與印尼籍移工在市場中的位置，台灣的仲介業者會經由不同管道選工並建立訓練課程，以主動「改造」移工的勞動力。

印尼與菲律賓的仲介公司利用多樣的聘僱管道引入不同特質的移工。在菲律賓，集聚在馬尼拉的仲介公司不只是在鄉村尋找可能的移工人選，同時也利用報紙刊登徵人廣告，甚至在社區散發招募傳單。我在馬尼拉，前去訪問一家仲介公司的路上，附近區域的牆壁與電線桿上都貼滿了用粗體印刷、標題醒目的傳單，上面寫著：「Domestic Workers Wanted in Taiwan（尋求到台灣工作的家務勞工）。」容易接觸到這些廣告的對象，多是城市居民，或在城市裡工作的職員、秘書等低階白領，以及其他有先前海外工作經驗而熟悉招募流程的人。一般來說，這些申請者受過較多的教育，也比鄉村女性對於都市的生活型態有較多的瞭解，不需要經過太多的指引和訓練，她們就可以準備好前往一個海外家庭裡工作。

儘管如此，這樣類型的申請者普遍被印尼仲介認為是「不好」的招募對象。原則上，印尼仲介比較偏好鄉村居民而非都市人，比較傾向於透過人際關係（當地的牛頭）而非報紙廣告作為招募的機制。此外，印尼仲介偏好招募「認識的人」而非自行前來的匿名申請者，先前沒有海外工作經驗被認為是一種優點，因為這些「尚未被汙染」

的申請者比較容易被「改造」。在馬尼拉，只有幾間訓練中心提供家務服務的短期課程（歷時數周，學員只需在白天前往，不用住在那裡），學員在訓練完成後可取得一紙證書；這些訓練課程的學員，多是自願、自費參加，希望這張證書可以幫助她們取得地主國仲介或雇主的青睞。[50]在印尼，所有的工人在經過牛頭招募、仲介核可後，必須花兩到六個月住在由仲介公司經營的訓練中心裡。

換句話說，「聰明菲傭」與「溫順印傭」之間的區別，不只是個別人力資本的差異，或是仲介憑空塑造的虛幻形象，而是仲介透過具體的、選擇性的聘僱機制，從移工旅程的開始之前就確立了這樣的差異。這些形象不是隨機抽取移工樣本後，推斷而來的普遍輪廓，而是仲介基於偏見下刻意選工導致的結果。仲介特意地選擇不同類型的招募管道，來尋找其「期望」與「所欲」特質符合刻板印象的菲律賓與印尼移工。為了要和說英語、西化、教育程度高、在全球勞動市場擁有優勢的菲傭競爭，印尼籍移工被設定為「溫順僕人」的理想型，其市場利基是農村背景與語言學習等密集的訓練過程。

打造理想僕人

> 你知道印尼的工人怎麼來報到的嗎？帶一個塑膠袋，還不是手提袋喔，塑膠袋裡面放一件內衣、一件內褲、一件T恤。穿著拖鞋，身上帶2萬塊盧比，她就說：「我要去台灣。」這樣子來報到的咧，你看我把她訓練到會穿衣服，訓練到懂得衛生，會講華語，會做事，這很不容易的。

仲介陳經理在他台北的辦公室裡，口沫橫飛地對我這樣說。會談室外的電話聲似乎從來沒有停過，有十幾位員工正忙碌地處理著仲介

女傭的相關事宜。陳經理在台灣的另外三個城市也有分公司，並在印尼、越南和菲律賓成立海外分部，透過這些單位，這家公司每年引進了800名女性到台灣來做家事、帶小孩、照顧病人。在訪談過程中，陳經理毫不猶豫地將東南亞移工標示為未開化的、衛生條件堪憂的落後民族，更重要的是，他藉此說法來炫耀其公司的訓練計劃的成功，能夠奇蹟般地將許多台灣民眾眼中「不文明的他者」轉變成適合台灣家庭僱用的「專業女傭」。以下檢視仲介業者在印尼如何透過招募、訓練與再現等三個主要過程，來積極地製造「理想女傭」。

招募

　　印尼華僑Mr. Damo經營的仲介公司位於雅加達北邊的工業區，要經過一排排灰濛濛的廠房，才能看見他們老舊的辦公室。公司的訓練中心則座落在更偏遠、房租較低的城外郊區。Mr. Damo向我解釋他們的仲介公司所偏好的移工類型，以及採取的招募管道：

> 我們通常不在報上刊登廣告，這沒有用，來這裡的都只是在附近工作、然後進來問問的，他們已經有了工作，而且還沒下決定。所以廣告是沒用的，你必須用牛頭。鄉下人和這些都市人不一樣，牛頭會先跟家裡人說好幾次，否則他們會擔心自己的女兒是不是被賣掉。你需要認識的人的關係。以後，如果發生什麼事的話，他們可以去找牛頭，如果女傭逃跑了，我們也會去找牛頭。〔自己〕來找我們的人，通常都已經去過台灣了，我們不喜歡，我們會怕她逃跑，因為她可能在台灣有個男朋友。

　　牛頭，也被稱為sponsor，在印尼移工的招募過程裡扮演了很關鍵的角色。他們通常是地方上的頭人，例如村長、本地商人、甚至

是伊斯蘭教的教長（Rudnyckyi 2004: 414）。這些人有管道與人脈，可以和都市裡的仲介接軌，也熟悉地方政治，因而能加速處理移工出國所需的各項文件。牛頭在地方村落裡尋找有興趣出國的人，替她們申請準備各項文件，然後帶她們到城裡找仲介。一個移工通常付給牛頭200萬盧比（約美金250元），包括交通和其他雜支，到達之後，仲介業者會給付牛頭每一個招募人次大約60萬盧比（美金75元）到100萬盧比（美金125元）的酬庸。移工通常不需預先支付費用給仲介公司，直到海外工作開始之後，才從薪資裡扣款。

Mr. Damo的說法，指出仲介公司外包招募工作給牛頭的好處。藉由這樣的管道，仲介能夠以低成本找到沒有海外工作經驗的鄉下女孩，同時，移工的家庭對當地的牛頭有著比城市陌生人更多的信任，他們覺得把女兒交給一個同鄉帶出去接觸未知的外在世界是比較令人安心的。同樣的，仲介倚賴移工與牛頭之間的社會網絡，作為一種相互監視的機制。當一個移工從雇主家「逃跑」的時候，經由牛頭的仲介，仲介可以要求她的家人負責支付剩餘的仲介費。換言之，家庭連帶和社會網絡皆被動員為管理的機制，仲介藉此遂行對移工的監視，抑制她們尋找「非法」工作的動機。

陳先生，這位在第115頁提到的台灣仲介老闆，對我強調說，「理想的傭人」只能在某些地方才能找到，「愈窮愈好」是他在招募人力時的黃金守則。他通常會鎖定一個貧困的鄉鎮，然後透過親戚關係尋找可能的移工。缺乏經驗的女性移工依賴社會網絡來取得工作推薦，以及聘僱過程所需要的各項檔案與許可。[51]然而，這樣的社會網絡也變成了一種監督與規訓的機制。另外一名在泗水仲介公司上班的印尼華僑告訴我，他如何有意識地運用人際關係作為一種勞動控制的網絡：

我都有一個觀念在，我要找這個村莊的，我全部找這個村莊的，

愈滾愈大。每一省都這樣，互相有牽制的時候。譬如你們兩個是
姐妹，你們兩個都來台灣的，你不乖的話，妹妹丟臉，搞不好，
你們姑姑也來了，你們兩個其中一個不好，姑姑就會罵妳們，妳
要乖一點，整個村莊會有一個牽制的影響力。

　　仲介業也經由仔細揀選的過程來製造「溫順」的移工，他們傾向
於排除「個性強」或「看起來聰明」的申請者。許多仲介不喜歡已經來
過台灣工作或甚至有華人血統的應徵者，移工對於地主國文化和語言
的瞭解與掌握，照理應該可以降低雇主的訓練成本，並且轉化為工作
表現上的優勢；但是，在仲介眼裡，這些特質反而可能增加勞動控制
上的障礙與不確定性，特別是逃跑的風險。[52] 一個仲介業者解釋背後
的邏輯：「如果她們會講中文，他們就會到處問別人，與別人比較，
如果他們有了當地的人脈，他們就會逃跑。」
　　此外，以區域為基礎的刻板印象，也形塑了仲介業者對於印尼移
工的偏好。根據我對仲介的訪問，他們普遍表示喜歡招募從東爪哇和
中爪哇來的女性，這些地區的印尼女人被認為「品質比較好」，具體
地說，具有順從、工作努力、樸素單純等特質。多數仲介與訓練中心
是位於雅加達的近郊，照理說，招募西爪哇的工人的交通成本比較
低，然而，恰好因為西爪哇在地理位置上接近雅加達，當地人被認為
都市化程度較高，而較偏離「溫順僕人」的形象。西爪哇的女性被描
述為比較兇悍、懶惰而且漂亮，他們較淺的膚色也讓許多台灣女雇主
擔心會增加丈夫被引誘的機會。
　　我特別要指出的是，移工們對於種族化的形象並不是被動的接受
者，有些人刻意的配合仲介的期待來進行表演或呈現，以爭取工作的
機會。舉例來說，一些我在台灣遇見的移工告訴我，她們會對仲介隱
瞞她們先前的海外工作經驗，因為知道仲介偏好錄取沒有經驗的人；

一些西爪哇人會對仲介說謊，假裝她們是從東爪哇或中爪哇來的。
她們選擇性的揭露或偽裝與自己有關的資訊，以滿足仲介對「溫順僕
人」的想像。

訓練

　　經由牛頭招募的未來移工，在被送出國之前，必須先住到仲介的
訓練中心，經過二到六個月不等的訓練。大多數的訓練中心位於雅加
達或泗水的郊區。以我訪問的一家泗水近郊的仲介為例，訓練中心一
共包括四棟房子，其中三棟是宿舍，另一棟比較大的是上課的地點。
在那裡，總共住了450名學員，居住的空間非常擁擠，一個不到十坪
大的房間住了15到20人。仲介特別展示給我看他們新購的雙層鐵床
和床墊，以強調他們的設備符合了印尼政府對於訓練中心居住環境的
基本規定。這項政策是在2003年後才開始強制實施的，這是因為印
尼當地的移工組織申報了一些在訓練中心被虐待、營養不良，或神秘
死亡的案例後，才喚起了政府與大眾對於這個人權黑洞的關心。[53]我
在台灣遇到的大多數移工，在先前的訓練期間都被安置在不合政府規
定的居住環境裡：她們睡在地板上，每天的飲食只有白米和蔬菜，數
以百計的人必須一起洗澡，因為水的供應每天只有一到兩個小時。一
名印尼移工生動地向我描述當時駭人的生活環境，她說：「我們就像
牛、像羊，你看到他們怎麼洗牛？我們就像那樣。」

　　在我參觀的這間訓練中心裡，所有的學員都必須早上四點起床，
晚上十點就寢。從週一到週六都有課程，週日是唯一放假的日子，但
是她們不能外出，只准許有訪客。每天晚上，她們被鎖在仲介的宿舍
裡，不准外出，但常常要因為晚餐的分量不足而感到飢餓，只好等到街
上的小販拉車經過時，用繩子綁住一個裝了零錢的籃子，緩緩降下給
小販，再把回裝了宵夜的籃子吊上去。一夥女生嘻嘻哈哈跟我聊起訓

練中心的日子時，既是回味昔日情景又感慨有如「坐牢」一般的待遇。

多數移工在來到台灣之前，經過兩到三個月的訓練，但我也認識有人等待工作機會，在中心待了六個月之久。[54] 訓練課程的內容，整理如表三：

表三　印尼移工的訓練內容

課程主題	上課時數
課程介紹（心理狀況、宗教、動機與訓練、雇傭關係、衛生設備）	15
家務（鋪床、工具維護、廁所清理、吸塵器清理、拖把使用、汽車清理）	27
孩童照顧（洗澡、穿衣、餵養、餵牛奶、與學齡前孩童互動）	27
老人照顧（洗澡、餵養、餵藥、護理技巧、按摩、運動）	27
餐桌服務（餐桌禮儀、餐點準備、餐具的安排、服務的順序、餐巾的折疊）	27
烹調	24
熨燙	18
洗衣（手洗、洗衣機、乾洗）	9
電器（如何使用榨汁機、烤麵包機、微波爐、電冰箱等）	27
基本英文字彙及會話	114
基本中文字彙及會話	138
總計	453

資料來源：印尼仲介提供的訓練手冊，2003 年 8 月

訓練計劃中的簡介部分，通常包括幾個小時的道德教育，涵蓋的主題如工作倫理、生活規範等。當我詢問台灣仲介陳經理，他認為訓練內容中那個主題最重要時，他毫不猶豫的回答：「禮義廉恥。」在強調儒家式的道德原則的時候，他一方面強化了「我們華人」的種族

優越感，另一方面也彰顯出對於移工(「他／她們印尼人」)次等化、
「道德欠缺」的想像。在訪談中，陳經理強調有必要對於印尼女性的
性作控制，必須馴化她們野獸般的強性慾，而這樣的性特質在他看
來，是一種落後國家女人無可避免的脫貧策略(因為太窮只有用賣
的)。道德教育的另一個目的，在於將移工訓練成具生產力又順從的
勞工。當我在訓練中心觀察時，擔任講師的印尼華僑女性，反覆地講
類似下面的道理給在場的學員聽：「你們要努力工作、感激人家給我
們賺錢的機會，不要反抗你的老闆，不要讓自己受到不好的影響。」

訓練課程中有相當的時數是用在傳授與家務和照顧工作相關的知
識與技巧，這些課程指導的不只是如何完成家務工作，更要以「有效
率」和「理想」的方式完成。她們學習如何使用現代化的電器設備，如
洗衣機和微波爐，這些在農村生活方式中沒有或不需要的設備。透過
這些家務技巧的傳授，仲介企圖糾正移工的「技術落後」(technological
backwardness)(Cheng, 2003: 176)，並將他們導正到符應現代精神的
家庭生活方式。女性移工先前的家務經驗，尤其是照顧自己小孩的方
式，被認為是不符現代衛生習慣的落後習俗，現在必須重新學習如何
按照醫生指示的無菌方式來照顧嬰兒與孩童，以符合台灣社會追求
「科學母職」的當代趨勢。

餐桌禮儀是訓練課程的一章，教材中有圖示，標舉如何將餐具、
餐巾，以及水杯放在桌上的「正確」位置。我在印尼時，注意到電視
肥皂劇中的家庭普遍採取西式的正式進餐方式，用剔透的水晶杯喝
水、用雪白餐巾優雅地拭嘴。這樣的畫面和現實生活大相逕庭。大部
分的伊斯蘭家庭，坐在毯子上用手抓食。被納入訓練計劃中的西化餐
桌禮儀，反映出對於上層階級生活的一種特定想像，而鄉下人必須改
進她們的「文明程度」，以參與這樣的文化想像來表現出僕人的專業
性。一些印尼移工對我抱怨，訓練課程的這些部分是最沒用的，因為

她們來了台灣發現，大多數的雇主家庭，在家裡吃飯都很隨便，甚至不知道正式的西餐禮儀應該怎樣進行。

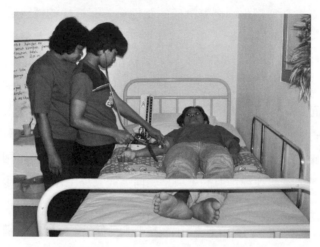

圖二　受訓移工正在練習醫療照護，作者攝

　　語言課程占據了最多的訓練時數，尤其是華語的學習。如我先前提過的，掌握台灣本土語言的能力是印尼移工與菲籍移工競爭時的主要競爭優勢。語言教學不只有其實用的功能——便利移工和不說英文的台灣雇主之間溝通，也象徵性地強化了勞雇權力關係，藉由確立家務移工從屬於雇主的語言，來鞏固雇主的文化優勢與控制。我認識的印尼移工，多認為語言課程的訓練效果有限，在有限的時間裡，她們通常只學會如何在拍給雇主看的錄影帶裡用中文自我介紹，語言的掌握還是在台灣的實作經驗中才逐漸熟練。然而，對於印尼移工來說，語言能力的培養，仍是訓練課程中最為實用的部分，也提供了她們肯定自我的來源，特別是可以藉此彰顯出她們相對於「不會說中文」或「懶得學中文」的菲籍移工的優越與勤奮。

　　Daromir Rudnyckyi（2004）觀察雅加達附近的一家訓練家務移

工的中心，並借用傅柯的概念，把訓練中心的運作稱為「僕傭的技術」（technologies of servitude），意思是說，這些訓練課程不只是在傳遞特定的技巧或是能力，而且企圖培養一種家務僕傭的態度與秉性（disposition）。他所觀察到的「僕傭的技術」包括對學員的分數評量，以及言語與身體的規訓。其中最令人驚訝的部分是，學員被指導要用跪著或者曲身、屈膝的姿勢和雇主說話。

這些被仲介定義為執行家務勞動所必需具備的能力與態度，一方面映現了仲介與雇主共用的對移工的文化想像；但另一方面，他們定義下的移工學員的「不足」與「差異」，對照的標準是中產階級現代家庭的意象，卻未必符應於實際的僱用狀況。除了餐桌禮儀為其中一個例子外，電器用品也是建構現代家庭意象的必備工具。然而，在一些家庭中，卻只有女主人才有權力使用這些省力的現代設備，例如，有些台灣雇主要求其家務移工用手洗衣服，即使家裡有洗衣機。

我們需要較長期與深度的觀察，才能評估這些訓練課程對於移工的主體規訓有怎樣的效果。姑且不論訓練的實際成效如何，這樣的訓練計劃象徵性地提供了一種家務移工的過渡儀式（rite of passage）——通過此展演性的儀式向雇主宣示，「生番」已經獲得現代化與文明化。這樣的訓練過程，也幫助仲介同時兼顧兩種對於移工勞動力的偏好：一方面，他們希望招募沒有海外或都市經驗的農村女性，提供相對順服、易控制的勞動力；另一方面，他們透過訓練計劃來向台灣雇主提供移工的保證書，擔保這些沒有經驗的農村女性已經習得相關的道德倫理、家務技巧與語言能力，得以融入台灣的現代家庭生活。訓練的過渡儀式，除了要達成對勞動力的馴化與控制，更是為了降低雇主的疑慮，象徵性地宣示這些落後、骯髒、不文明的種族他者，已經通過了現代性的品管檢定，準備好到「文明」世界的「乾淨」家庭擔任專業僕人。

展示

在參觀印尼訓練中心期間，我很訝異在如此有限的空間裡能擠進
這麼多人，卻呈現井然有序的狀況。在一間一間的教室裡，有人拿著
蒸氣熨斗在燙衣服，有人在操作洗衣機洗毛毯，有幾位用熟練的動作
在折棉被、吸地毯，有一群圍著瓦斯爐練習快炒中國菜，還有一些人
以同學為對象練習按摩，最令人印象深刻的畫面是：一整排女人抱著
洋娃娃來練習換尿布以及餵奶，她們甚至對著假嬰兒喃喃自語，雖是
背誦著標準化的育兒台詞，卻是刻意地溫柔細語。另一間大教室裡坐
滿了人，大家肢體略顯僵硬地坐在排得很整齊的課桌椅，正在看一支
有關如何操作心肺復甦術的錄影帶。我靠著門簷，試著安靜不出聲地
觀察教室裡的活動，但是一個外國人的出現無可避免地引燃了現場的
興奮與好奇，她們的注意力紛紛離開螢幕，飄向我的存在。仲介公司
的職員索性走進教室，向她們介紹我是從台灣來的客人，現場開起朵
朵微笑，學員們有默契地拍起手來，齊聲清脆的用華語說：「小姐好。」

圖三　在訓練中心的移工學員，作者攝

後來我才明白，我那天看到的其實並不是平日課程進行的實際狀況，而比較像是一場針對海外雇主和仲介的「表演」。前一晚，所有的學員都被交代有台灣客人來參觀，提醒要穿著乾淨的T恤和牛仔褲（平常上課並沒有規定穿著打扮），T恤的顏色則根據準備前往的國家來作區分：穿黃色的是要去馬來西亞、橘色是去新加坡、白色是去香港，紅色則是去台灣（仲介跟我說明，因為華人將紅色視為幸運色）。希弟，一個我在台灣認識的移工，回憶起她在訓練中心待了四個月時，國外仲介來到訓練中心選工的情形：

〔仲介說〕把東西弄好、穿上好的衣服，每天亂亂的要弄乾淨，要做快一點，要快點走路，頭髮要梳一梳，不要那個哭哭的臉，等一下他們來了，要笑笑，要跟他問安。

所以跟平常不一樣？

我們這樣很難過，他們說一定要笑，我們在那邊不〔想〕要很久，要趕快找工作、出去，等很久很難過，還要笑。

等待工作機會的未來移工，因為長時間失業與家庭分離往往已經心力交瘁，儘管如此，她們被要求要有精神抖擻地表現自己。好比穿上制服一般，她們展露標準的微笑、操演恭敬的問候，為了是要通過仲介選工的評量。在一些訓練中心裡，學員甚至不用名字稱呼，而是以號碼來稱呼。她們在制服上別戴了註明個人號碼的名牌，她們的身體是去個人化的（depersonalized），有如商品一般，只由顏色來編碼、由號碼來辨識。

事實上，家務工作是高度女性化的，私人家戶的工作場所也潛藏著性騷擾的高度風險。然而，未來的家務移工的身體，在選工時的再現方式，卻是高度地去女性化（defeminized）與去性化（desexualized）

的。在訓練中心裡，化妝是不被允許的，樸素齊耳的短髮是被指定的
造型。在印尼，長髮被普遍認為是美貌與女人味的主要元素，一些我
在台灣認識的移工，回想起她們在訓練中心的登記處被剪掉長髮的時
刻，仍然充滿感傷。有些人把她們剪下的頭髮保存起來，寄回給家
人，以兹留念或是為她們的媽媽作假髮。她們初抵台灣時的照片，多
和我認識她們時的造型判若兩人。當我要求看她們的外僑居留證時，
有些人覺得很尷尬丟臉，因為上面的照片是她們在訓練中心時照的，
有人這樣說：「不要啦，我看起來好醜喔！像男生。」這樣的髮型服
膺了純樸貧窮、缺乏時尚感的「女傭」形象，不僅具有特定的階級意
涵，也抑制了移工的女性化氣質，因為性感與美貌通常不是女雇主所
喜好的擇工條件。一言以蔽之，藉由控制女性移工的服裝、髮型與舉
止，仲介讓她們展現出了合宜的形象──去女性化的、規訓的、天生
卑微的──以實現雇主的期望。

移工之間的分化

　　菲籍移工安娜以充滿同情的語氣來描述她的印尼鄰居的工作環
境：「她不能睡覺、不能休假，還有，不准抱怨。」週日出門時，安
娜會幫忙買食物與易付卡給她行動自由受到侷限的鄰居。儘管移工之
間確有類似上述的跨國團結的時刻，但仲介業者與雇主所建構的種族
化界線，經常造成不同國籍的移工之間的敵對狀態。

　　許多菲籍家務移工在挺身爭取權利感到遲疑，因為雇主會威脅要
以印尼移工取代她們。在這樣的狀況下，菲籍家務移工常複製了種
族化的刻板印象，以確保自身相對於印尼移工的優越性。[55]她們宣稱
「那些印尼人」教育程度低、不會講英文、和男雇主調情、偷雇主的
財物，生活習慣落後，所以無法擔負現代化家戶的勞動工作。她們尤

其無法認可印尼家務移工與其他族群的男性有情感或身體關係。一位菲籍移工如此評論：

> 有些雇主認為菲律賓人交男朋友。錯了，印尼人才交男朋友。妳去過清真寺對面的那個公園嗎？印尼人和黑人、黑鬼或泰國人在一起。菲律賓女人很聰明，她們知道交男朋友很蠢。我們來這裡是要工作的，不是來玩的。

Nicole Constable（1997a）分析針對海外菲律賓人發行的雜誌中的 *Tinig Filipino* 讀者投書，發現其中許多菲律賓移工試圖召喚國族的驕傲認同，以提醒同胞在海外生活中自律的重要性。她們相信，自己肩負著道德責任，要破除香港人認為菲律賓人愛喝酒、無所事事、性泛濫等刻板印象。我在台灣的觀察中也發現，不少菲律賓女性把自己遷移的身體當作國族領土的延伸，在規訓自己與同胞「不要丟菲律賓人的臉」的同時，她們也同時把國族界線投射到其他女性移工的身體上（「我們菲律賓人不能比她們印尼人丟臉」）。菲律賓人藉由指出印尼競爭者的行為不檢點，來強化自我規訓，並以此證明菲律賓人擁有較為優秀的工作倫理與道德價值。

　　同樣地，我在印尼家務移工身上也感受到她們對菲籍移工的敵意。不少印尼人向我抱怨她們的雇主之前會讓菲籍移工每週日休假，但她們卻只能每月休個一天或兩天。或者，有些印尼移工會在無酬的情況下被指派其他額外工作，但前任的菲籍移工卻不會有任何額外工作，就算有，也會得到報酬做為補償。雖然她們對此深感不平，但少有人敢正面向雇主抱怨這種不公平的處境。當問到這些印尼移工為什麼不敢正面反抗時，她們形容自己「膽小」（*takut*），而菲律賓移工比較「勇敢」（*berani*），能對雇主與仲介業者堅持自身的權利（Loveband 2004b）。

　　雖然有些印尼移工羨慕菲籍移工的挺身而出，但其他人認為避免衝突較符合印尼社會的宗教信念與道德觀。二十五歲的印尼移工Utami強調家裡的教養方式影響了她回應台灣雇主的態度：「我習慣（這樣的行為）了，我回到印尼時也是這樣。我媽媽教我，不管別人對我們怎樣，我們要有禮貌。」其他移工則認為吞忍的態度符合伊斯蘭的教導：「我的女主人對我吼，我從不吼回去。我只是祈禱，忍受它。」

　　在許多印尼移工的眼中，菲籍家務移工是「high class」，因為她們的教育程度較高、會說英文，而且驕傲自負，沒興趣與印尼人用中文溝通。雇主的種族化論述，也影響了移工如何看待不同族群的差異。比方說，Utami如此描述雇主不公平的態度：「他們對菲律賓比較好，好像我們印尼都不好，我們印尼比較笨笨。他們說菲律賓人比較聰明、比較好、比較漂亮、皮膚比較白白，不像我們，皮膚比較黑，不漂亮。」Utami第一次見到雇主時，她的雇主甚至粗魯地對她說：「妳的皮膚那麼黑，像拖鞋（的顏色）。」Utami壓下怒氣，客氣地回答：「喔，謝謝你。」

　　除了教育程度與皮膚顏色外，英文能力也成為另一個雇主用來劃分這兩群移工的階層高低的特點。然而，Utami發展出對抗論述來駁斥雇主的這種觀點：

> 他們說菲律賓比較聰明、會講英文。可是他們不知道菲律賓的都不會講國語。我跟他們說，你請我來這邊是工作，不是來講話，對不對？如果你要請來這邊講話，請菲律賓的會講話、講英文啊。我來這邊是工作，是幫忙帶小孩、煮飯、洗衣服、掃地、拖地，我需要講英文嗎？阿公阿媽會英文嗎？

　　像菲律賓人一樣，印尼人也用道德論述來強化種族化的界線。

有些人訴諸宗教上的伊斯蘭女性保守形象,來建立自身在道德上的高人一等。她們批評西化的菲律賓移工愛喝酒、抽煙、有外遇、道德淪喪。印尼家務移工也常利用工作倫理的議題來證明自己的道德優越性。在訪談時,有些印尼移工形容自己忠心、勤奮、合作,不像菲籍移工好鬥、無情、自私、缺乏家務與照顧工作應該具備的耐心與毅力:「我不像菲律賓的,愛吵架:『我要這個、我要那個。』我不喜歡吵架,我做事,我不說話。」「我鄰居說我照顧外公比之前的菲傭好,她很粗心、粗魯。」「菲律賓比較 care about themselves〔自我中心〕,菲律賓比較漂亮、做事沒有什麼好。」「她們比較白,可是嘴巴……我們印尼是笨笨,但我們比菲律賓有禮貌。」

以上這些個別移工之間基於群體認同而產生的敵意與衝突,必須被放在更廣泛的脈絡下來理解。移工勞動市場中潛在的競爭關係,導致了不同國籍的移工間的對立;語言藩籬也成為說英語的菲籍移工與說中文的印尼移工之間的溝通障礙。第五章將會進一步探討這樣的國族界線如何體現在移工社群的空間分配上。在這些情況下,移工可能會認同仲介業者的種族論述,並藉由標示自身不同於其他移工群體的差異,而鞏固了種族化的界線。這可以說是一種「自我種族化」(self-racialization)的現象:當一個少數團體藉由複製主流的刻板印象來邊緣化其他少數團體時,將導致自身遭受同樣的種族化的規範控制。

階層化的他者

誰是「外勞」? 要回答這個問題,本章的分析可用「階層化的他者化」的概念來總結。我再一次強調,必須用關係性的架構來理解人們如何建構種族化的界線,「外勞」的主體位置的建構也與其他外國族群息息相關。

「外勞」不是一般、中立的「外國人」，而是被視為低劣一等的族群他者。上一章我們已經看到，國家政策如何以階層化的制度劃分不同種類的外籍工作者：台灣以嚴苛的排外規範與種族標籤來對待東南亞的勞力工人，但張開雙手歡迎白領的外國工作者來當鄰居，甚至歸化公民。這一章繼續檢視種族化的論述面向，尤其是大眾媒體如何將「外勞」再現為衛生不佳、道德低落、具犯罪傾向的落後他者，截然不同於來自經濟富裕「上國」的「外籍人士」、「優越他者」。只有在這樣的脈絡下，我們才能瞭解「菲律賓女傭」在台灣的獨特主體位置，她們被指派的英文家教額外工作，既彰顯了台灣新富雇主的社會地位流動，也挑戰了說不好英文的雇主的權威。

當代台灣的種族主義論述，既是新的，也是舊的。台灣漢人長期以來歧視台灣原住民的種族主義敘事，被挪用套到東南亞移工身上。當舊的族群他者已被整合成為「新台灣人」的國族認同的一部分，東南亞移工成了新的族群他者。這樣的種族化過程有兩個不同的面向：一方面，「外勞」被社會建構為一個「次等他者」的集體範疇，淡化內部差異而混為一談；另一方面，移工之中又根據國籍區分成不同的次類屬，如菲勞、印勞、泰勞，彼此的文化差異被放大、視為不變的本質，以此強化了國族界線的區隔。[56]

仲介對移工的行銷策略與招募訓練，也在建構「外勞」的過程中扮演重要的角色。仲介不是單純、隨機地招募勞動力，而是積極地打造、有組織地規訓符合市場需求的勞動主體。仲介業者將印尼女性宣傳為典型的「理想女傭」，勝過西化的菲律賓移工。這些種族化的刻板印象也體現在移工的聘僱與訓練過程中。經由選擇性的招募管道，仲介業者刻意尋找被認為「溫馴」、滿足「傳統他者」形象的年輕農村女性，並再經由規訓性的課程，來「現代化」這些鄉下女孩。透過這種象徵性的過渡儀式，仲介宣稱已生產出準備好遠渡重洋、出國工作的「專業僕人」。

第三章

女人何苦為難女人？

一幅台北市小學在放學時刻的常見景象：下課鐘聲仍迴響在空中，興奮的小學生已魚貫跑出校門。幾個調皮的男孩嘲弄著另一位害羞的小男生：「王小明，你的菲傭在等你喔！」男孩一臉尷尬，低頭玩著手中的掌上型遊樂機，快步向前走，一、兩步之遙的菲律賓移工在背後緊緊跟隨。另一個小女孩則高興地跑向另一個菲籍保母的懷抱。她們手牽手走在回家的路上，就像街頭上其他的母親牽著女兒一般，只不過兩人是用英語嘰嘰喳喳談著今天上課的趣事。

　　母親與保母的身影模糊重疊，甚至誤認的情形也不少見。一位台灣女雇主對我描述了一個讓她覺得有些好笑又尷尬的遭遇：「我家菲傭的膚色比較白。她每星期有兩天晚上帶我兒子去上電腦班，她就坐在後面等上課結束，課上了已經有兩、三個月以後，有一天，老師走過去跟她說話，叫她：『王太太……』，她聽不懂〔中文〕啊，所以靜靜坐在哪裡沒有回答，然後老師才明白，原來她是個女傭，而不是媽媽！」

　　女主人與女傭、母親與保母之間的區別，其實頗為隱晦幽微。一個提供的是無酬的「愛的勞動」，另一個從事契約規範下的薪資工作，但是她們同樣在維持一個家庭的日常生活秩序、照顧其中成員的身心健康。兩人之間也產生某種形式的分工。即便多數的家務工作已被外包給移工，不少女雇主仍保留一些家務親力而為，也有許多雇主不願將照顧小孩這件事假手她人。

　　本章將檢視為什麼台灣女性僱用家務移工，而這種僱用關係又如
何影響她們的家庭關係與性別認同？我試圖探討下列問題：女雇主如
何劃分與家務移工之間的界線，以維持自身在婦職上的「優越」階級
與族群地位？她們如何重新界定家務勞動的意義、區分不同類型的家
務勞動，以社會文化認可為「適當」的方式來安排她們與替身之間的
分工？她們如何避免因為另一個女人在家庭中的類似角色，而導致誤
認、混淆，乃至於威脅、取代她們在家庭中的地位？

　　「畫界工作」牽涉到的不只是女傭與女雇主之間兩個女人的關
係，還包括經由女主人的丈夫、孩子、與婆婆為中介的三組三角關
係。家務移工的涉入導致了既有家庭關係的變化、斷裂、重組，且讓
我們從中檢視台灣的婚姻、母職與孝道的社會機制與文化價值的意義
與運作。

跟父權討價還價

　　台灣女雇主為何僱用家務移工？本節探討她們在僱用的決策過程
中衡量折衷哪些不同的考量。我歸納出主要的三類目的：尋找在家的
托兒照顧、協助「家（裡的）事」的全天候幫手，以及外包服侍公婆的
孝媳責任。這些中產階級女性僱用女性移工來外包家務勞動時，不僅
希望購買到順從的勞動力、廉價便利的服務，也在尋求她們身為母
親、妻子和媳婦等女性角色與責任的代理人。換句話說，她們希望透
過家務外包，來「跟父權討價還價」（Kandiyoti 1991）。

尋找隨侍聽話的保母

　　阿蘇是個三十多歲的廣告公司行銷研究員，她與同為廣告人的先
生，育有一個兩歲大的女兒。阿蘇像多數與她同齡的台灣女人一樣，

婚後選擇繼續工作，一方面是為了追求她個人的職業生涯，另一方面是需要兩份薪水才能夠支付台北市的高額房貸。阿蘇懷孕之後，就開始考量未來孩子的照顧安排，交給長輩帶的方式對他們來說並不可能，因為先生的父母不住在台北，阿蘇的父母身體也不好。幾番考慮下，她決定要僱用一名外籍保母。由於近年來勞委會對於家庭幫傭的配額嚴格管制，許多雇主跟阿蘇一樣，是借用父母的名義，以監護工的資格提出申請，但實際擔任的工作為家務與照顧小孩。

　　儘管外籍保母提供的便利，她對於這樣的安排仍然有著安全上的顧慮。阿蘇告訴我：「我聽過有人請菲傭，跟他們住三年了，後來出國玩把小孩子交給菲傭，回來以後兩個人都不見了，小孩子找也找不到喔。」她吸了口氣，皺著眉頭說：「所以我有時候就會想，會不會哪天我回家小孩子就不見了。」

　　阿蘇也想過要請一個「自己人」來照顧小孩，但當她拜訪過幾個本地的保母之後，她覺得，請一個外籍幫傭全天候住在家裡，即使有心理上的擔慮，仍是一個最為方便的安排：「我會緊張啊，可是又能怎麼樣，因為我不想去找本地奶媽，早晚要接送，我們上下班生活不固定，沒有辦法……我們雙薪家庭送小孩來本來就是很無奈，怎麼能配合這樣的規定，太不 flexible，而且我覺得，小孩不是一個商品，你訂得那麼死，好像也沒什麼愛心。」

　　許多台灣的雙薪家庭，如同阿蘇和她先生，僱用女性移工替代自己來照顧小孩。然而，由婆婆等長輩分擔孩童照顧的方式，隨著核心家庭的增加以及代間關係的變化而逐漸降低了普遍性。根據官方統計的歷年資料，學齡前的兒童，在家由母親或其他家人照顧的比例明顯的下降，而經由非家人的個人以及機構來安排托兒育嬰的比例則持續升高。[1]

　　對雇主而言，能夠提供在家服務是外籍照顧者的主要優點。雙薪

父母不必每天要在約定的時間去只提供日間照顧的本地保母家或托兒
所接送孩子，如同前引阿蘇的說法，這樣的僵化時間表，父母不僅覺
得不方便，而且認為這不是一種「愛」小孩的表現。相反地，在家的
托育照顧被認為能提供孩子比較舒適、安全而體貼的照顧。與其把孩
子放在一個機構或別人家裡，母親們也覺得孩子在自己家被照顧，她
們比較能夠掌握狀況，同時，在家的照顧服務，較為接近傳統的母職
形式，因而被認為是職業婦女較好的替代者。

　　此外，對雇主來說，家務移工比台灣保母「聽話」，也易於控
制。美莉是一個三十六歲的經理人，她向我說明了為什麼要請一個菲
傭來代替先前的本地照顧者：「那個保母主觀性太強，她就是不接受
父母的任何command，她覺得她才是專業的。」本地的保母，多半是
具養育自身孩子經驗的中年婦女，因此建立了基於經驗與長者身分而
來的權威。年輕的雇主基於華人順從長輩的傳統，常常覺得很難去挑
戰保母的意見。現年三十三歲，個性靦腆、從事研究工作的雯真，向
我解釋為什麼移工比本地保母更符合她的需要：「本地保母很多把我
當孩子一樣地跟我說話，我很難對她們提出要求，而且，她們也不會
聽妳的，她們有很多自己的意見。」

　　也有不少台灣雇主僱用移工以爭取相對於父系延伸家庭的自主
空間。傳統上，台灣婆婆在她兒子的育兒過程裡，扮演了重要的角
色：她監督她的媳婦，而且在媳婦沒把工作做好時，干預媳婦的工作
（Wolf 1970）。在當今的台灣社會，如果媳婦在外工作，由婆婆來照
顧孫子是件很普遍的事，這種安排尤其常見於三代同堂或婆婆住得不
遠的情況。

　　珊琳和她先生兩人都是三十多歲的專業白領，在美國取得商學碩
士後，在台北的市場調查顧問公司上班。珊琳坐完月子回到職場後，
一開始由她的婆婆照顧新生兒，夫妻兩人每天早上把孩子送去父母的

家，並在下班後把孩子接回來。雖然婆婆沒有主動開口，他們仍每個月支付1萬5000元給婆婆。這樣的安排，雖然使珊琳不必擔心把孩子交給一個陌生人，卻強化了婆媳之間的緊張關係：

> 她帶那時候我們每天都有爭執。
>
> *什麼樣的爭執？*
>
> 也不是爭執，她就是不高興，臉色很難看，我們去要抱小孩走也不是，要留下來也不是，要走她會說：你們抱了小孩就走喔；要留下來她說：「我那麼辛苦，又帶小孩又煮飯給你吃！」她對兒子不會這樣啦，對媳婦就會。

珊琳婆婆的怨懟不只是因為照顧新生兒的疲累，也出自於一種剝奪感。她覺得自己犧牲了舒適的退休生活，來維持她兒子的家庭，而這本來應該是她媳婦的責任。後來，珊琳請了一名外籍幫傭來照顧女兒，她決定花錢來避免這種情緒上的糾結，與婆婆的緊張關係。

訪談對象中也有其他年輕的母親聘請移工，是為了保有他們身為父母的自主權以及避免和長輩之間的衝突。例如，安安，一個三十出頭的證券營業員，分住的婆婆本來主動提出要幫忙帶小孩（婆婆說：「自己做就好了，幹嘛花錢。」），安安還是決定把兩歲的女兒交給外籍監護工而不是她婆婆：

> 雖然說三代同堂其樂融融，可是會有很多意見衝突的地方，那菲傭我們可以控制，可是你總不能控制父母親吧，到時候照顧小孩上有不同的意見，你還是要聽老人家的，那就沒有自己的空間。

當這些家庭選擇僱用移工來照顧小孩時，他們的主要考量在於勞

動力的服從與可控制性。本地保母透過年資或證照來建立其專業的宣稱，在高品質保母供不應求的市場中可以透過自由流動來平衡與雇主的權力關係；而婆婆的權威更是在傳統的文化價值與親族網絡約制下，不容媳婦輕易挑戰，相對而言，外籍勞工在台灣政府制度規約下的不自由與弱勢位置（見第一章），給予雇主充分的支配空間，並以低廉的薪資提供全天候的居家服務，讓移工成為較為接近居家母職的代理人。

家事／家裡的事

　　藉由聘請家務移工，女性雇主不只解決了孩童照顧的棘手問題，也緩和了她們家事工作上的負擔。美國的社會學研究發現，中產雙薪家庭為了實踐婚姻中的平等伴侶關係，往往必須請人來打掃或做家事，而這樣的工作者多半是低薪的少數族裔或移民，透過這樣的折衷方式，女主人方能夠迴避了當她們要求丈夫更平等地參與家務時，所引發的緊張與衝突。[2]同樣的情形，也出現在很多台灣的中產階級雙薪家庭裡。

　　余先生是一個四十歲的經理階級，他太太是個秘書，兩人育有兩個上小學的小孩。他認為，家務雇傭對他們家庭的秩序與夫妻關係的和諧扮演了不可或缺的角色。余先生談到他們在等待新移工到來的那兩個月空窗期：「女傭走了之後，我們的生活充滿了緊張與混亂。那對我們來說真是一段痛苦的日子。我和妻子常因要如何分配家務，像是今天誰要接送小孩等而起爭執。」他笑著下結論：「這就是為什麼我跟朋友說，用菲傭會上癮。」

　　一些多來自都會區的年輕、中產階級、雙薪家庭的台灣男性，雖然認同家務工作應由夫妻雙方共同分擔，[3]然而他們仍苦於工作之餘要負荷家事。移工勞動力對他們來說，提供了一個方便、經濟的方式

來外包「新好男人」的責任。

　　前面提到的珊琳，跟先生都是擁有碩士學位的財務顧問，兩人發揮商學院的管理精神，明確協議家務由雙方共同分擔，太太煮飯、先生洗碗洗衣服。珊琳首先提議聘僱一名菲傭來照顧小孩兼家務，先生原本不贊成，因為「覺得家裡有一個人怪怪的，沒辦法在家穿內褲」，珊琳聳聳肩說：「好啊，那你自己要辛苦我也沒辦法。」後來有一天，珊琳催促先生去陽台晾衣服，他不情願地走出去，稍後抱著洗衣籃進來，幽幽地說：「這種日子我不要再過了！我們僱個菲傭吧。」

　　我訪談的七名主婦型雇主中，其中有五位家境闊綽，她們丈夫的職業多是企業主、律師或醫生。對主婦型的雇主來說，請一個外傭的目的，主要是為了家務工作。她們的家戶多半坪數寬敞，對於環境清潔也有較一般為高的要求，因此，家戶清潔工作在這些家庭是比較繁重的。這些女主人希望透過家務移工的聘僱，讓她們能夠專心照顧孩子(比較「精神」層次的家務勞動)，或是去參加慈善團體或社區活動。

　　五十多歲的劉太太是位有四個孩子的母親，她從台灣一間頂尖大學畢業、取得商學位後隨即結婚，在她的律師丈夫稟持「養家是男性責任」的傳統觀念下，她從未從事過任何一份有薪工作。劉太太僱用家庭幫傭已有超過二十五年的歷史了，先是僱用本地的歐巴桑，後轉僱用外籍女傭。她解釋為什麼要花錢僱用家庭幫傭的原因：

> 我不覺得一定要僱用別人來幫忙，但我先生喜歡家裡有個女傭。他喜歡家裡很乾淨的感覺……，但照顧小孩還是自己來比較好。我僱用女傭只是要她們來做家事。這對家庭主婦很重要啊，這樣她們才不會被家事綁住，也才有足夠的時間做家外面的事。

　　三十多歲的心怡是另一個例子，她擁有大學學歷，先生是公立醫院的醫師。在生完第一個小孩之後，她辭去了營養師的工作，專職在家帶小孩。雖然她相信全職母親是對孩子較好的安排，但她逐漸被繁瑣的家務和千篇一律的生活弄得筋疲力竭。當她懷了第二個孩子時，她開始請菲傭，隨著家裡有了幫手，她開始享受一些屬於自己的光陰，重拾她大學時對手工藝及繪畫的興趣。我們坐在她家的客廳，牆上掛滿了心怡最近完成的版畫作品，她談到自己如何估量家務僱用的成本與效益：「有些人會覺得我很奢侈，其實我們是勒著褲袋在請菲傭的。可是我覺得滿值得的，因為我可以有多一點自己的時間來運用，這樣比較對得起自己，也對得起小孩（笑）。」

　　在僅依靠她丈夫身為公立醫院內科醫師的薪水下，心怡的家庭薪資在支付房貸以及兩個小孩的養育費用（包括中產階級小孩必上的昂貴雙語幼稚園）後，並未剩下太多餘裕。僱用一個家庭幫傭固然幫她減輕了家務的負擔，卻增加了財務壓力以及社會苛責。從婆婆以及其他人的反應中，心怡感受到別人經常對她投以批評的眼光，一個對家庭收入沒有貢獻的中產階級家庭主婦，去請一個人在家裡幫忙似乎是缺乏正當性的。她告訴我：「我的婆婆一直覺得我沒有工作還請菲傭『怪怪的』，她的形容詞是這樣，我當然知道她是什麼意思。」她嘆了一口氣後繼續說：「她就覺得我只是懶惰，我不應該去請個女傭。」

　　訪談之際，心怡也開始考慮自己是否應該開始去找個有薪工作。事實上，很多女人的就業狀況是浮動的，她們經常從全職的家務工作轉換成兼職或全職工作，或是相反方向的移動，[4]在這樣的有酬與無酬的工作軌道上，她們嘗試在家戶經濟、孩童照顧和個人福祉之間找到一個理想的平衡。

　　茉莉，一個四十歲的旅行社業務員，回憶她如何考慮在家庭主婦與有薪工作者這兩種角色中做選擇：

當初我本來跟我先生說我不要做了，因為我的收入不穩定，那這樣算來不划算，所以我就說傭人不要請了。我先生就反對，他說我個性外向，每天在家裡待不住，而且他要求的比較高，他沒有辦法要求我，可是他可以要求傭人。所以他寧願花錢，他說這是「換工」，我的薪水等於是拿來付她的薪水，可是這樣我不會跟社會脫節。

心怡或茉莉對全職家庭主婦生活的感受，和Ann Oakley（1974）三十年前對於英國家庭主婦的描繪沒有太大的差別：千篇一律、無聊、孤立、疏離。相對於無酬的家務勞動，有薪的辦公室工作被認為是沒那麼無聊、較有組織並有報酬收益。不只一位受訪的家務移工雇主作出類似的觀察：「坐在辦公室裡一整天，很輕鬆啊；家務事和照顧小孩累多了。」「照顧小孩很痛苦；上班是我逃避的方法。」對心怡這樣的家庭主婦，或是茉莉這樣「換工」的上班族，聘請家務移工幫助她們逃脫了家務全天候的桎梏。

家事，或者，家裡的事，對於家庭經營的店舖或企業的老闆，即所謂的「頭家娘」，有著不同的定義範圍。台灣的傳統店家或小型家庭企業，工作時間經常長達十二個小時，他們的店家和住家在地理上多是重疊或是相近的。我訪談的鞋店、電器行、安親班的經營者，她們的店或公司，通常與她們的住家位在同一棟樓或是同一條巷子。如此一來，她們可以看著小孩在店裡作功課，或是在中午時間回家用餐或休息，可以較方便地整合家庭生活和工作。這樣的頭家娘，通常對請人來幫忙有迫切的需要，而她們需要的「家事」協助，也通常是涵括生產以及再生產性的工作，凡是「家裡的事」通通得做。

淑文是一個四十歲、三個孩子的媽，她的丈夫管理一家保全仲介公司，她自己則獨立經營一家小小的電氣行。當我打電話跟她預約訪

問時，她親切地說：「你就來我店裡找我啊，反正我都在，我們每天從早上十點開到晚上九點。」座落在台北縣夜市裡的這家電器行只有一個小小的店面，附有一個小小的廁所，後面則座落了一間塞滿存貨的倉庫。淑文在懷了第三個孩子時，申請了一個菲傭；她頭兩個孩子都是請本地的保母帶，可是她沒想到申請的過程比她預期的長得多，等到菲傭到台灣的時候，孩子已經三個月大了。

淑文形容菲傭還沒來、但孩子已經誕生的這三個月的情形：「好像是夢魘一樣，現在想起來會怕，會顫抖，不知道是怎麼熬過來的，那時候還因為太操勞急性盲腸炎住院，」她指著我們身旁的一個小桌子，「那時候也是每天來店裡，娃娃抱著就睡在這個桌子。」

在頭家娘每天的行程中，工作和家庭是沒有空間與時間的界線的，她們在安排家務移工的工作時，也同樣是公私不分，雖然這樣做是不合法的。通常她們白天在店裡幫忙、打掃環境、準備中餐、或提供其他服務，到了晚上，他們在家裡仍然持續工作，尤其當母親忙於生意無暇照顧孩子的時候。她們通常不會得到額外的報酬，最多是領到小額加薪或是禮物。固然，公私不分的勞動型態是頭家娘雇主自己的生活狀態，也是她們迫切需要的幫助，然而，這明顯違反了法令的規定，也造成了對移工的進一步剝削。

外包孝道

張太太是個快六十歲的退休中學老師，她和同是老師的先生，在台北有一棟普通的三房公寓。張先生的母親在她丈夫過世之後，從外地搬來和他同住，張先生和張太太後來租下了對面的公寓給母親，這樣的居住空間，一方面能實踐三代同堂的傳統居住模式，同時能夠容許她們的兩個成年女兒以及他們自己足夠的房間和隱私。

在漢人社會的文化傳統中，家庭成員、財產繼承，以及權威分配

都是根據父傳子的親族軸線。女兒在嫁入以她丈夫的父親為首的家庭後，被原生家庭視為「潑出去的水」。媳婦在夫家的地位與福祉，很大程度取決於她是否生了兒子來傳承嗣氏。如同大家耳熟能詳的諺語：「養兒防老」，最長的已婚兒子有義務與他年邁的父母同住並照顧他們；把父母送到養老院被汙名化為子孫不孝、不負責任的行為。當今的台灣社會中，父母自己住的比例已逐漸提高，但孝道的意識形態仍然影響深遠（參見第一章第62頁的統計數據）。

　　然而，在年邁雙親與兒子同居的大家庭中，實際的照顧工作，大部分是由媳婦在從事。以張家為例，張先生為母親提供的照顧，主要是經濟上的安全，他的妻子才是實際孝親勞動的執行者。兩年前，張太太說服她丈夫請一個菲傭來照顧他日趨虛弱的八十歲母親，然後，張太太便將她過去的任務，如準備餐點、洗澡、換尿布、陪伴及個人照顧交給菲傭。在訪談中，張太太反覆再三地表達她對於孝道規範以及傳統媳婦角色的質疑，即使我沒有主動提出相關的問題，她也深深擔心我（以及別人）會指責她僱用一個人來照顧婆婆缺乏道德上的正當性：

　　你不要覺得我好像很不孝順，過去一、二十年都是我在照顧，那現在請個菲傭才多少錢對不對？你想想看，從四十幾歲，你就要媳婦來處理你的事情，到最後八十歲，還要媳婦來服侍你，這樣對女人怎麼公平？我們服侍婆婆四十年，還是不能出頭天〔笑〕，台灣就是這樣，孝變成一個大帽子扣在你頭上，說這樣才有家庭的、人倫的溫暖，怎樣才能當一個好媳婦，可是你要當好媳婦就沒有自己了！家變成一個枷鎖，綁著你。年輕的時候帶小孩很辛苦，老了以後還要帶老人，你說女人有沒有自己的日子？我現在已經是六十歲的人了，還要跟你這樣磨下去，我還有幾年可以活？

　　張太太指出了從屬於家庭權威的傳統女性角色（「作個好媳婦」、「服侍婆婆」）與追求個人自主及成就自我（「作自己」）的衝突。劉仲冬（1998: 148）提到中國社會中照護行為的傳統觀念，是下對上的服侍病人（serving）與上對下的照料病人（supervising），而沒有西方社會中較為平等的照顧（caring）觀念。中國家庭的典型照顧者形象，是居於從屬位置的女性家庭成員，像是服侍丈夫的妻子，以及侍奉公婆的媳婦。媳婦之所以擔任主要的照顧者與「賢妻良母」的女性氣質規範有密切的關連，未能克盡婦職將導致壞女人與不孝的社會污名。

　　為了逃避服侍婆婆的全職責任，從學校退休後，張太太找了一個編教科書的兼差工作。她自我解嘲地說：「我七月一號退休，第二天就去上班，一天都不想待在家裡，就是不要，那我賺的錢就剛好拿來付菲傭。」雖然張太太是從自己兼職工作的薪水中拿錢來請另一個女人作為她的孝道代理人，但請人這件事卻同時遭到她婆婆和先生的反對：

她常常講菲傭的壞話啊，就是希望不要請了，這樣她可以住到這邊來。
你先生呢？當初也不贊成？
那當然啊，第一點要花錢，第二點這樣好像不是一家人一樣，他就不是標準的孝子，媽媽要跟著他就是因為他是一個孝子……

　　婆婆認為一個非家庭成員的照顧者的介入，會破壞她和兒子家庭的連帶。兒子則擔心這樣的聘僱會破壞家庭團結的形象以及他孝子的名聲，這兩種看法都呼應了在台灣社會根深柢固的三代同堂的意識形態迷思（胡幼慧 1995）。然而，這樣一種「快樂大家庭」的浪漫迷思，是靠媳婦的無酬家務勞動所勉力撐持的。張太太充滿怨懟地談到她和先生之間不平等的孝親勞動分工：

他是傳統的大男人〔搖頭〕，什麼奶爸、參加小孩懇親會，那要到你們這一代的男人才會去做。所以呢，雖然妳也跟他一起工作，可是照顧孩子是女人的事，孝順婆婆是女人的事，所以我的心理很不平衡，我也是受過教育的人，我不能接受這樣的事情，你要當孝子，應該是你去孝順你媽媽，不是我來孝順你媽媽，對不對？我的父母生我養我很辛苦，應該是我去孝順我父母，你的媽媽是你們七個人的媽媽，不要丟在這裡都不管，只要媳婦來照顧。

張太太購買市場上的勞動力來外包她服侍婆婆的媳婦責任。要特別注意的是，這裡外包的其實是先生的孝親勞動，如同另一位女性受訪者所言：「很多丈夫都說，現在的女人比從前幸運多了，因為她們有菲傭幫忙，可是，拜託，你的妻子照顧的是誰？她照顧的是你的媽媽耶！」

這裡展現了一個我稱之為「**孝親照顧的轉包鏈**」的社會機制，包含相扣連的兩個環節：第一環是把孝道責任從兒子轉到媳婦身上的「**性別轉包**」，第二環則是將實際照顧工作從媳婦的肩膀移轉到非家庭成員的監護工（仍多為女性）的「**市場轉包**」。

媳婦僱用移工來協商婆媳關係，除了直接地外包孝親勞動，也有人是藉此避免代間衝突。有一些台灣丈夫，大部分屬於比較年輕的世代，也同意分擔一些家務，卻遭到自己母親的反對。當我問秀雲，一個四十出頭的房地產仲介，她老公是否幫忙作家事，她的回答是：

還好，他會做，因為他有潔癖，有一次他看不得髒他就自己拖地，那次好像家裡傭人休假還是幹嘛，他媽媽來我們家看到愣住了，想說兒子在我家裡翹二郎腿什麼都不做的，竟然在這裡拖妳的地板，我就趕快說你不要做了我來做。

這個例子讓我們看到的不只是兩代的女人對於婚姻觀念的分野，而且展現了婆媳之間環繞著一個男人（兒子／丈夫）的潛在競爭關係：原生家庭和新組的小家庭，被區隔為這兩個女人所分別統轄的不同領域（被婆婆標示為「我的家」相對於「妳的地板」）。在婆婆的眼裡，兒子協助媳婦的家務是一個他從屬於妻子的指標，伴隨而來的，則是他與母親、延伸家庭之間連帶的弱化。[5]

有些媳婦便採取僱用家務移工的方式，來避免和同住的婆婆在家務分工上產生衝突。例如艾美，三十多歲的上班族，婚後與跟婆婆同住，女兒出生後開始聘僱外傭，除了照顧小孩的功能，她發現家務幫手的出現可以讓她迴避掉家事分工中所蘊含的多重地雷（植基於婆媳、夫妻等權力關係）：

> 我在想將來我女兒結婚，我也要幫她請一個菲傭，這樣可以減少很多婆媳問題，真的，像煮飯打掃這種問題，你不可能讓婆婆做，可是自己一個人做又很不甘願，她也不會讓兒子來做對不對？

有些女性雇主更積極地運用家務移工的聘僱作為抗拒三代同居的策略。小莉，三十六歲，專科畢業，生兒子前從事的是全職的護士工作。兒子出生後，她婆婆自願從南部搬到台北來當他們的居家保母，但是小莉拒絕這個提議，堅持要找一個外籍監護工，小莉解釋了後來的情形：

> 我婆婆很厲害，她說妳公公說請菲傭不好，她不會說是自己覺得不好。我婆婆就是想跟她兒子住，後來我發現她也不是真的愛孫子，她是愛兒子！

那妳先生是什麼立場？

我先生當然是希望太太跟媽媽住在一起啊，他永遠當小baby，回來也不用做事情。你知道我婆婆多噁心，每天八點半就睡覺，可是我先生十點多回來，她就跳起來熱菜給他吃，還叫我：「小莉，你不要跟他聊天，他明天還要上班很辛苦。」這是我家耶！這都變成後來吵架的導火線。

小莉的婆婆有技巧地轉了一個彎來表達她的不贊成，她編造公公（延伸家庭中的父親權威）的反對意見來向媳婦施壓。在另外一次訪談中，我聽過一個更加戲劇性的故事，有一個獨自住在鄉下的婆婆，每次拜訪她住在台北的兒子的家，就會把外傭的行李丟出去來表達她對僱用這個外人的反對，她認為如果沒有菲傭，兒子夫妻就應該會邀請她同住，並請她照顧孫子。這些婆婆的剝奪感，並不是因為她們的孫子被外籍保母「搶走」，而是因為雇傭關係切斷了她們原本可以和兒子家庭同住的連帶。在本章稍後，我會仔細討論婆婆的焦慮以及媳婦的因應之道。

女主人為何吹毛求疵？

許多家務移工告訴我，和男雇主相比，她們的女主人，較為「吹毛求疵」、「嚴厲」。為什麼女主人會如此吹毛求疵？當我對受訪的台灣女主人提出這樣的疑問時，她們許多人不諱言地表示，自己的確是家裡主要的勞動管理者，對移工的工作表現有較多的要求，相較之下，先生則顯得較不在乎或持不介入的態度。碧蘭是個四十出頭的職業母親，她解釋了為何對待移工的態度會出現性別差異：

他們不care啊，因為對他來說永遠是有help，本來也不是他在做，所以，對他來說沒有差別。請人的時候我也是辦好了才跟他說，他也不在意，因為事不關他嘛，幫的也是我的忙。進來一個人，他也無動於衷，也不會排斥，對人家也很禮遇。

就如碧蘭指出的，女主人對家務移工的表現要求得比較高，是因為她們必須對移工所做的負起責任。有些台灣丈夫甚至認為僱用一個外籍家務移工是他們送給妻子的一項「禮物」，一種藉由外包妻子的第二班工作以表示丈夫「貼心」的表現。當我問心怡──前面提到的醫生娘──她丈夫是否分擔一些家事，她語帶嘲諷地回答：「我老公？不做，完全不做，沒請人的時候也是一樣。他唯一做的一件事情就是幫我僱菲傭啊。有時我會抱怨，他就說那我僱菲傭來幹嘛，一個月花我兩萬塊耶。」

雖然女性雇主現在被提升至「母親－管理者」的地位，她們仍必須對於所僱用的家務勞工的表現要負起相當的責任。在「賢妻良母」的文化霸權意識形態支配下，女主人自己也常將家事與孩童照顧視為女性主要的社會責任。

麗雲是個四十多歲的房地產經紀人，穿著時髦、短髮俐落，她形容自己「是那種愛孩子愛瘋了、母性很堅強的人」。因此，當她晚上因商業應酬無法在家陪小孩時，其堅強的母性便引發十足的罪惡感，於是，她決定僱用一名移工來分擔照顧的工作。當我問麗雲她的丈夫對於此僱用提議做何反應時，她覺得這個問題根本不是問題：

他？反正是我付錢，OK，沒問題。一直都是我在付薪水，因為我覺得這是我該做的事情，我要出去上班，這是我應該付的……真的，你不要看我這樣，我其實是很保守的人，所以我就覺得不

好意思，帶孩子是我的事，我的responsibility，我沒辦法兼顧，我就應該自己賺錢來養這女傭。

很多台灣女人自掏腰包付家務移工的薪資是因為她們覺得「這本來應該是我的工作」。這種「母親的罪惡感」是一種內化的社會責難。許多雇主都隱約擔心自己會被指控為「壞母親」——因為她們把孩子留給被社會汙名化為「不夠衛生」和「不夠文明的」的外籍勞工——而覺得有必要去為自己的僱用安排作辯護。前面提到的廣告人阿蘇回憶道：

我剛請菲傭的時候，人家都跟我講一些壞菲傭的故事，什麼小孩子被菲傭傳染AIDS，被菲傭從陽台丟下來之類的，後來，我聽到更多本地奶媽不好的例子。我覺得人都有一種變態的心理，他們心裡想請又不敢請，就會說唉喲，這樣小孩會不會這樣，家裡有一個人會不會很怪，他們根本不了解，就是很膚淺不成熟，不是在關心你嘛。

女性雇主也可能從先生與父親那裡經歷更直接的譴責與壓力。在心怡的個案中，當他們僱用的第一個菲傭「逃跑」時，她丈夫責怪心怡是個失敗的「管理者」，連個菲傭都看不住。另一個雇主，玉梅，回娘家看父母的時候，常常會把小孩和菲傭一起帶去。有時候她和她媽媽會在廚房裡指導該名菲傭如何烹調，但很多時間，她們只是坐在客廳裡聊天而讓菲傭一個人在廚房裡工作，她爸爸就會抱怨說：「她〔菲傭〕的菜怎麼會煮得好呢？妳們女人為什麼不待在廚房？」

玉梅父親的話點出了某些家庭空間（廚房）與家務勞動（煮飯），被定義為女人專屬與負責的場域，不論你是女傭還是女雇主。雖然年輕一代的台灣女性，擁抱職業婦女的「現代」女性形象，她們仍然無

法完全擺脫傳統父權「賢妻良母」的牌坊陰影。家務勞動的社會責任並沒有從女人的肩膀上移開，不論她們是否真的實際從事日常的勞動工作。

從以上的討論，我們已經看到了家務僱用關係的一個重要特點：家務移工的角色其實就是女主人的替身，但她們是「影子勞動者」（shadow laborers），對僱主家庭生活的貢獻被隱而不見。[6]**家務移工的「影子工作」是女性雇主完成母職與家務角色時密不可分的一部分。**職業母親僱用服從的外籍勞工來扮演居家母職的代理人，現代媳婦購買廉價的勞動力來擔任婆婆的孝親看護，家庭主婦差遣全天候的服務來維護一個清潔有秩序的家庭。由於家務勞動的社會意義對於女性之認同扮演著關鍵性的影響，從女性雇主的角度看來，家務勞工的僱用涉及的不只是單純地購買勞動服務，她們對替身的要求不是固定工時與特定工作內容的規範所能涵蓋，她們期待的是雇工能夠成功地代理她們完成母親、媳婦、太太的女性家庭責任。

僱用家務幫傭的女主人想要擁有一個有能力的替身，但也同時希望這個替身乖乖待在外圍，不會侵犯到女主人的妻子與母親地位。下文中，我將探討當另一個女人進入台灣雇主的家庭生活時產生怎樣的影響。女雇主對於家務勞工可能影響到她們的婚姻與親子關係而焦慮不已，因此試圖藉由階序差異來確保妻子與女傭之間、母親與保母之間的階層化界線。在這樣的三角關係中感到焦慮的不只是年輕的母親，還有她們的婆婆，她們曾經是全職的家庭主婦，孝順的道德牌坊不再能夠確保子孫與媳婦對她們的奉養，如今更因另一個女人的進駐而威脅到她們在家務領域中的主導角色。

不做家事的女人，人見人厭？

我曾經讀到一篇台灣報紙家庭版的文章，其標題大言不慚地寫著：「不做家事的女人人見人厭」，內容鄭重地警告僱用外傭的台灣女性，不論妳在職場上有多成功，也不應該放棄做家事，那是基本的「女人的工作」，否則先生小孩都會對妳產生負面的看法。[7] 面對社會對她們背離了傳統家庭分工型態的指責，僱用菲傭的女性必須重新定義並協商家務的社會意義：她們嘗試區辨有哪些部分的家務勞動是社會允許可轉由市場仲介的，而無損於她們作為「好太太」、「好媽媽」的形象。

女性雇主通常將例行的清理工作交給傭人，但將連繫家庭成員情感的工作留給自己負責，最明顯的就是三餐的準備烹調。先前的社會學研究已經指出，這項家務工作涉及的不只是買菜和烹煮，也包括「建構家庭」的情緒工作，奠基於對於家庭成員的口味偏好和營養需求的重視與了解（DeVault 1991）。烹煮食物也涉及對於料理的文化知識，而這對一個外籍移工來說，有其困難之處。這些因素都強化了「老婆／媽媽煮的飯」的社會象徵意義（明顯地體現在醬油等料理廣告中），很多台灣女性雇主因而把準備丈夫和孩子的餐點，視為她們表達對家人情感的機會。

有些女性雇主天天料理三餐，而有些雇主只有在丈夫或孩子要求時，才洗手做羹湯。先前提過的電氣行老闆淑文，描述了她如何在僱用菲傭之後，仍覺得應該或想要為她的丈夫準備餐點：

> 昨天我忙得要死，回家去他〔先生〕跟我說：我肚子餓ㄟ，你沒有買吃的回來喔？我說煮水餃好不好，〔他說〕好！煮三十個！我雖然很累了可是我還是去煮水餃給他吃。

不是你們家菲傭煮？

平常都是她在弄，可是她那時候正在做別的事，我也不想要她停下來幫我煮三十個水餃，而且，平常我都不弄東西給我先生吃，昨天他這樣講，我就想好，我去弄給他吃。

有些女性雇主，即使丈夫沒有要求，她們也主動去為先生準備「愛的餐點」，因為擔心自己在家庭中的位置可能會被家務移工所取代。一位菲籍家務移工唱做俱佳跟我說了一個她的女雇主爭著和她準備早點的精采故事：

幾天前有個早上，男老闆醒來了，我問他：「Sir, would you like some coffee?（先生，你要喝咖啡嗎？）」〔甜美有禮貌的語氣〕，他說，OK〔模仿老闆對鏡梳頭，一眼都沒有看她、冷淡的回答著〕，然後呢我就煮咖啡、切了一片蛋糕，老闆娘就跟我到廚房來，很兇的說：「Don't make coffee for my husband! Let him do it himself.（不要替我先生泡咖啡，讓他自己弄！）」我說：「OK, Ma'am.（好的，太太。）」第二天早上，我說：「Sir, good morning.（先生早。）」然後我走到廚房去，假裝沒事的樣子，先生又來了〔模仿他梳頭髮，沒有正眼看她〕：「Lucy, make coffee for me!（Lucy，幫我泡咖啡！）」老闆娘聽到了，馬上從床上爬起來，她的頭髮還是亂七八糟，她的眼睛還是腫腫的，可是你知道嗎，她立刻衝進廚房，煮咖啡、切蛋糕、放在桌子上！

在缺乏安全感的驅使下，這些女性雇主不知不覺地將她們與家務工作者的關係轉變成為一場在烹調技巧、美貌和其他「好太太」必備條件上的競爭，而丈夫則成為這場競賽裡的裁判（不論他們是否認知

到或實際參與這樣的角色）。我認識的許多年輕菲籍移工，都感受到女性雇主對她們的敵意與隱約的競爭態度。下面是其中的兩個例子：

> 我的老闆娘不喜歡我化妝，有一次我們全家出門，她看見我塗了一點口紅，我們已經坐在車子裡頭了喔，可是你知道嗎？她居然跑進房子裡去擦口紅！

> 太太總是跟我說她先生不喜歡吃我煮的菜，我煮的東西不好吃……可是先生會到廚房來跟我說他很喜歡，她是在嫉妒。
> 為什麼？
> 她覺得 insecure 吧，我猜。

「妻子的嫉妒」在家務移工的閒談之間，是常常聽到的八卦情節，同鄉朋友們也經常斷定有些移工被中途解雇遣返，是肇因於女性雇主的忌妒。二十多歲、五官膚色接近華人的 Maya 告訴我，男主人曾因對她友善而引發了夫妻之間的緊張關係：

> 有一次先生問我我生日是哪一天，然後他說，喔，那是下個禮拜，我們應該慶祝一下。太太就說，我會買蛋糕。可是下禮拜的時候先生買了蛋糕，太太就很生氣，說：「你幹麼去買這個？我說過我會買啊。」然後他們就大吵一架，害我連蛋糕都沒有吃到〔笑〕。又有一次，太太出國出差，先生、小孩還有我去野餐，等到太太回來的時候發現了這件事，她好生氣，所以我就不再跟先生說話了，我只有在太太不在家的時候才跟他說話。

在我的訪談中，有許多菲籍移工會常跟我提到「善妒的老闆娘」

的故事，但會主動提到此個人問題的雇主少之又少，而且她們大多數人都用假設的語氣來談論這個可能情形，或是以其他家庭的經驗為例。比方說，先生是企業總裁、年紀約四十多歲的家庭主婦張太太，引用別人的經驗跟我說明僱用家庭幫傭如何造成了婚姻的潛在威脅：

> 住在家裡的女傭最大的問題就是她和家裡其他男人之間的關係。妳對這個要很小心，就很像引狼入室一樣，會威脅到妳的婚姻，不管妳找的是本地的還是外國來的女傭，都一樣。丈夫把查某嫻「『撿』起來做某」〔閩南語〕一大堆。我同學請的那個〔台灣〕保母就很騷奶……阿公抱小孩的時候，她就跟著抱過去，因為身體很豐滿嘛……後來就跟他爸爸偷來暗去，結果竟然要把財產過繼給她，他父親就是日本式的那種大男人，後來還說，我印象很深喔，你們女人書讀那麼高，女人最基本的，要按怎妝，要按怎取悅男人都不知道，怎麼生存。

「丈夫把女傭撿起來做妾」的這種描述，指出了被兩極化的女性特質：受過高等教育的妻子是貞潔而去性（desexualized）的，截然不同於懂得「妝扮」以及「取悅男人」的風騷女傭。「風騷女傭」的形象更容易被連結到來自東南亞的外籍移工。四十多歲的護士何宜，跟我提到另一個故事：

> 我有一個遠房親戚，他先生曾經有個外遇。那我們就覺得很奇怪，這個女主人為什麼不請個菲傭，因為我覺得菲傭對她來講真的很方便，因為她有請歐巴桑，然後小孩又放在保母家，然後兩個又常常會出國嘛對不對，因為實際上她請個菲傭真的很好，可是呢她就是不要，後來我是聽我一個親戚講說，她是怕男主人跟她的

菲傭這樣子啦，那我先生就說，那也實在是眼光太低了吧，水準
不夠高……

「我的眼光沒那麼低」是許多台灣丈夫用來安慰妻子、降低她們
對外傭的擔慮的表達方式。一方面，外籍女傭被認為是「不夠文明
化」以及「落後的」，因此沒有足夠的社會條件與文化資本和台灣妻子
競爭。但另一方面，這些「熱帶女人」的種族化形象又在女主人的腦
海中徘徊不去：她們豐滿的身軀會讓男主人抵擋不了誘惑，而且具有
主動誘惑男人的天性。和其他國籍的家務移工相比，菲律賓女傭尤其
容易被貼上與性有關的標籤，因為西方社會常基於該國的性產業與
「郵購新娘」的印象，而將她們汙名化為因為愛錢而不惜犧牲道德的
女人，會以性來交換金錢或移民的機會。[8]

台灣媒體也不時渲染臆測女性移工在台灣賣淫或性生活開放混亂
的傳說（見第二章）。報章雜誌上不時出現聳動的標題，像是〈外傭毀
了我的家〉[9]來報導先生與外傭外遇的故事，更強化了台灣妻子的焦
慮。宛如是一個快四十歲的公務員，先生經營一家便利商店，他們僱
用一名菲籍移工幫忙帶小孩，偶爾去店裡幫忙。宛如用迂迴的方式提
到了她對於菲傭與丈夫之間關係的焦慮：

你會不會擔心先生跟菲傭會怎麼樣？
會啊會啊，其實那都是多餘的啦，但是女孩子心很小，都會想到
那些有的沒有的事情，因為報導看太多，有一陣子真的好多好可
怕喔…
真的喔？都怎麼樣的報導？
通常啊，就是女主人不在家啊，那就剩男主人跟菲傭兩個人在家
啊，所以就發生什麼有的沒有的事情啊，對啊，然後或是男主人

對菲傭做了什麼不好的動作啊，就有這種事情發生，以前啦，以前有一陣子啦…

那妳那時候擔心，要怎麼辦？

沒有，其實也沒有特別，只是說我們盡量不要讓他們兩個待在家裡，不要說小孩也不在，就先生跟菲傭兩個待在家裡，盡量不要，其實這種機會也很少啦，只是偶爾晚上帶個小孩出去逛街還怎麼樣，她不去，那先生也不跟妳去的時候，妳就要考慮一下ㄟ這兩個……

那時候妳怎麼辦？妳會跟妳先生明講喔…

不會啊，不會，最後他還是沒去，那我偶爾會打個電話回來問問看有什麼事情〔笑〕，對啊對啊，防人之心也不可無啊……

在訪談中，宛如重覆著像是「那些有的沒有的事」和「只是以前、有一陣子」的句子，來淡化她的擔慮以避免聽起來像個對自己沒信心、跟女傭計較的「愚婦」。然而，她的語調與後來的說明都呈現出她對此事的具體擔心，不論是過去還是現在。

男主人也常與家務移工保持距離，尤其是女主人在場的時候。許多受訪者解釋，身為「大男人」的他們若主動與女傭談話會覺得很尷尬，除了害怕妻子誤解外，他們認為家務乃女人之事，不足以掛齒，也是原因之一。

女性移工也常自發性地減少與男主人的接觸，以緩和女主人的焦慮或避免被性騷擾。標示女傭與女主人之間的地位差異，是家務移工表演順從的一部分。在工作時，她們會避免清涼暴露的穿著，並用寬鬆的衣服讓身體「去性化」、失去曲線，以讓自己不同於「一家之母」。她們也會避免與男主人目光交會，甚至不與其微笑或談話。此外，她們也會技巧性地讚美女主人的外貌與時尚品味。

　　另一組類似的三角關係發生在女性雇主、家務移工與雇主小孩之間。男性雇主可以主動減少和女性移工的接觸，但是孩子無可避免地會和外籍保母之間發展出情感上的連帶，因為後者本來就是扮演著代理母親的角色，因而，女性雇主面臨更強的焦慮，並採取更積極的方式來維持母親與保母之間的界線。

階層化的母職勞動

　　照顧小孩不只是一種體力勞動，也是一種「愛的勞動」。雇主除了希望家務移工可以看顧孩子、幫忙沐浴、餵食、托育等，也期望她們能將愛、感情與承諾投注在孩子身上。有些台灣女雇主會跟我抱怨外籍女傭提供的孩童照顧品質不佳。美莉如此描述她的菲籍女傭：「她照顧小孩的方式就是餵她、看著她、哄她睡覺……真的就只是滿足一些基本需求而已。不像我們，我們會希望孩子能夠成長、我們會想跟她玩、我們會想成為她生命中的一部分。她並不享受或了解這個過程，她不會付出太多，你知道的，愛。」

　　美莉不滿她的菲籍女傭提供給孩子的愛太少，但若她的女傭投注了過多的愛，那麼，美莉將可能陷入嫉妒、被剝奪等的情緒中。母親雇主面對一種情緒上的兩難困境：她們希望保母愛她們的小孩，這樣才能減輕她們把孩子留給其他人因而遭受未克盡母職等批評時的焦慮；然而，如果孩子和保母發展出深刻的情感連帶，甚至將保母誤認為母親，她們又會因此憂心忡忡。

　　在日常的生活實作中，母親雇主的解決之道是發展出階層化的母職勞動分工。換言之，**她們如何能讓保母成為母職的夥伴（partners），但確保她們的角色只限於母職中的一部分（part），而無取代母親之虞？**

　　全職且家境富裕的家庭主婦較能輕易化解這樣的擔慮與母職分工
的問題，因為她們有充裕時間可以陪伴小孩，僱用移工的目的本來就
只是為了把家中的雜務轉包出去，以讓她們專心陪伴照顧小孩。在這
樣的分工下，女雇主可以將家務移工的角色界定為「傭人」，而保有
她自己不同於女傭的「母親」地位。這種地位區辨對家中其他人而言
也是必要的。一位在有錢人家當女傭的菲律賓家務移工告訴我：「我
的女主人對我說，有次我在陪小孩玩時，她的婆婆跑去告訴她：『為
什麼要讓Theresa和你的孩子那麼親近？她只是個女傭，我絕不會讓
我的女傭靠近我的小孩。』」

　　和家庭主婦不同，職業婦女僱用家務移工的主要目的便是照顧小
孩，上述家務／托兒的分工方式勢不可行。於是，**有些母親藉由區辨
母職工作中的「卑微」與「精神」面向，來進行育兒的分工**，藉由創造
出階層化的象徵秩序，來突顯家中母親的重要以及保母的次要性，同
時無損她們身為女主人的規範或家的社會意義。[10]

　　「精神層面的母職」是那些母親認為可用來確認自身地位，以及
強化與孩子間的情感連帶的家務工作。[11]換尿布，整理小孩混亂的玩
具房等與骯髒及失序畫上等號的工作，時常是母親避之唯恐不及因而
會指派給女傭的任務。教育及幫助孩子社會化的家務工作，像是唸故
事書給孩子聽、幫忙孩子做學校功課等，則多屬母親的責任，很少被
指派給家務移工，因為人們認為她們的文化「不適合」或「不夠格」完
成這些工作。

　　幫小孩洗澡，以及和孩子們同睡，是另外兩項我訪問的台灣媽媽
經常保留給自己的母職工作，因為這些工作涉及與孩子的親密身體接
觸，被認為是建立親子連帶的重要情境。對家中有學齡期兒童的父母
來說，接送小孩上下學也是一種可以彰顯其情感價值與象徵意義的日
常儀式。昭如是一位近四十歲的律師，雖然工作繁重，但她仍堅持每

天下午親自接送兩位小孩放學。她寧願將工作帶回家，也不願犧牲與孩子共處的珍貴時光：

> 我每天接送她們放學。就我的觀點來看，這只要花二十分鐘，但小孩子的感受會完全不同。對啊，二十分鐘，回到家後，我就讓女傭照顧她們……之前是由一位菲律賓女傭接送，但有次我的女兒對我說：「媽媽，妳只來接過我兩次。」我就想，哇，我必須親自接送，我必須找時間陪伴她們。

母親與保母之間在母職勞動的階層化分工方式，除了工作內容上的分工，還可能是**母職風格**上的區隔。人類學家Margery Wolf（1972）如此描述她在60年代的台灣觀察到的親職風格：父母相信他們若像是子女的朋友，他們便不能「教」孩子，因此，父母，尤其是父親，在孩子稍微長大後，就在身體上和情緒上都和孩子維持較疏遠的態度，主要的育兒原則是「管教」，因為台灣的父母相信，讓子女養成父母所期待的行為的唯一方式，就是嚴厲地懲罰不符父母期望的行為。

然而，台灣新一輩的年輕父母逐漸發展出與他們的成長方式截然不同的親職風格。在台灣生育率日漸下降的影響下，一個家庭的平均小孩數目只有一、兩個，少數的孩子，成為父母與祖父母的掌上寶。[12]台灣家庭平均收入的上升，也允許當代的中產階級父母有能力為他們的孩子購買昂貴的玩具、國外旅遊，以及各式各樣的教育課程。此外，體罰小孩已經變成法律禁止，也是社會不完全贊同的教養方式。新手父母不只從他們的雙親身上，也經由兒童專家所寫成的育兒手冊中來尋找指引，而這些書有許多是由英語世界翻譯引進的。

當代台灣的親職風格，正逐漸朝向美國社會學者Sharon Hays（1996）所謂「強度母職」（intensive mothering）的概念，認為孩子的養

育該是以孩子為中心、專家導引、高度情感貫注、密集勞務投入、以及花費大筆支出。同時，親職的傳統概念，也就是強調紀律與管教的原則，也仍然影響著當代台灣父母育兒的風格方式。

　　猶如我在第二章提及的，大部分的台灣雇主都較偏好菲籍而非印尼女傭來照顧他們的小孩。菲籍女傭除了教育程度高之外，她們也常被許多台灣雇主形容在照顧小孩時是「很有愛心」並「充滿感情」的。這種形象背後蘊含著一種強調本質性差異的種族化論述——把菲律賓女人視為「天生傾向」或「文化上適合」於照顧勞務工作。相對於用愛心陪伴小孩的保母，台灣雇主成了「道德化的母親」，她們是負責對孩子施與道德教育的權威角色。同樣的，這樣的分工蘊含了一種種族化與他者化的刻板印象，外籍保母被認為不夠文明，無法有效地培養台灣孩童的道德發展。

　　有一位受訪的台灣母親如此描述了她家裡的階層化的母職分工：「小孩知道他們可以去找 *ya-ya*（菲律賓人稱保母的方式），媽媽是比較嚴格的，會訓人打人的。」對有些台灣母親來說，這樣的分工並不會挑戰她們作為母親的地位，反而有助於將母職中建立身體或情緒親密性的工作移轉給保母，他們因此可以維持疏離的形象，以有效地執行對孩子的管教。芳萍就是這樣的一個例子，四十歲的她有兩個上小學與國中的孩子，也是一家鞋店的老闆：

> 我妹妹就常常開我玩笑說，我看你們出去，她比你還像媽媽，小孩抱她比抱你還親。我說沒關係，我最怕小孩來抱我，連牽手我都不要，我才不會不平衡，小孩不要黏著媽媽比較好，這樣他們會比較有家教。

當孩子比較偏愛「愛心陪伴的保母」勝於「道德管教的母親」時，

有些台灣母親開始感到憂心，就像一位雇主描述的：「菲傭什麼都順著她（女兒），所以小孩被她寵壞了，反而覺得我們對她不好。」為了確立她們身為母親的象徵性地位，有些台灣雇主覺得有必要向她們的孩子用口語或肢體的方式表現出多於保母所提供的感情。雖然宛如在忙碌的工作中沒有太多時間陪伴自己的兩個小孩，她試圖用明顯的方式對孩子表達出具體的愛，並且希望從孩子身上得到清楚的回應，以安慰自己的孩子仍然愛她勝於菲傭：

> 因為我本身真的很忙，然後我有時候，我在跟小孩子講話的時候我有跟他們講，我很愛你們，我真的很愛你怎樣怎樣跟他們講，讓他們也能感受我對他們的愛，那他們也會講說他們愛我，可是有時候當我不在家的時候，我那個老大都會跟我講，媽媽，妹妹都說她比較愛Fila，她都會說她比較愛菲傭。
> *老大說老二講的？*
> 對，他說，你不在的時候妹妹都這麼講，然後他都說，妹妹跟你講的是騙你的，妹妹都不愛你，她只愛Fila……
> *那妳聽到心裡是什麼感覺啊？*
> 當然是心裡有點不太舒坦啊，因為怎麼會她愛Fila，而且我不太相信這個事，我就再回去問我們那個妹妹，可是妹妹她喔她真的是很鬼精靈，你問她的時候她死不承認說她愛她，然後我就故意當著菲傭面前講，你比較愛誰……然後妹妹就說哎唷，都愛啦，都愛。

在有些家戶中，「嚴厲的母親」與「關愛的保母」之間的母職勞動分工可能會產生翻轉。有些女雇主偏好當一個溫暖、充滿愛的母親，因此把嚴厲、紀律分明的角色分派給家務移工扮演。以下兩位女性雇

主便將「愛心的母親」角色留給自己，但要女傭對小孩扮黑臉：

> 我太寵我家小孩了，沒辦法對他們太嚴厲。像晚上回去小孩鬧啊不
> 睡覺，我哄不來，我就故意走到旁邊去讓阿姨來指導他們睡覺，那
> 他們就乖乖的睡覺了，這就是意外的收穫啊，雖然她是很兇很嚴厲
> 的，可是結果是正面的就也無妨。她可以去扮黑臉，小孩一鬧我就
> 說我讓阿姨來帶你，我不管你了，那他們都很害怕〔笑〕。

> 母親通常都讓女傭做比較難的工作，我所謂的「難」指的是當那個
> 壞人。你知道的，小孩有時吵起來時是很恐怖的，他們不聽你說
> 話，也不要任何你給的東西。我看過幾個母親面對這種情況時，
> 是選擇不要涉入，然後讓菲傭來處理。所以菲傭成了壞人，母親
> 則可以與孩子保持比較好的關係。

除了透過勞動內容、母職風格的區分，有的雇主也藉由母職的**時間區段**，來和保母維持了階層化的分工。當父母僱用的是住在家外面的保母時，可以藉由保母的離開來標示出親子時間的開端（Macdonald 1998），但僱用居家同住的移工時，雇主無法為保母的「下班」畫出一條清楚的界線。有些雇主特別交代他們的移工，當他們下班回到家裡之後，父母便會「接手」照顧孩子的責任。雇主也試著善加利用週日，移工出外休息的時段，來加強和孩子的感情聯繫。

此外，台灣母親也藉由強調外籍移工在台灣的短暫居留身分，來區辨她們的代理母職與自己的永久母職。由於台灣政府早期規定，外籍勞工在台工作的年限不得超過三年[13]，儘管許多雇主抱怨這項政策增加他們在訓練與招募上的額外成本，我驚訝地發現，也有些母親認為此一規定對親子關係有正面的效益。因為必須不斷地換保母，小孩

不會對特定的保母有長期的情感連結，相對的便強化了父母與孩子之間的主要連帶。

護士媽媽何宜，就對她和孩子之間的母職連帶非常有信心，不認為那會被外籍保母的介入所挑戰，原因在於她們只是短暫地居留在台灣與她的家庭：

> 有一次我帶我孩子一起去上課，上那個課是親子互動，然後菲傭也跟我們一起去，那時候我小孩就說要坐在她的身上，不要坐在我身上，其他媽媽就說，你會不會很怕她跟你小孩比較好啊，我說沒關係，他小時候以前每次都叫菲傭媽媽，大了以後就會分清楚…她只是我們生活裡面一個短暫的一個過客……她只能待三年嘛……那怎麼樣畢竟你還是媽媽啊，對不對，我覺得畢竟是親骨肉，親情絕對跑不掉。

好幾位接受訪問的母親，都用「血濃於水」的說法，來向我（以及她們自己）保證，她們的母親地位絕不會被外籍保母所取代；她們將父母與孩子的連帶視為天生的，並且為共享的文化和語言所鞏固。前面提到，有些台灣母親對她們的孩子把外籍保母稱做「媽媽」感到困擾，她們並努力地確保孩子能夠在措辭上與心智上將媽媽與保母之間劃出一條清楚的界線。

Jessica的四歲兒子有時會喊菲傭「媽媽」，但Jessica不會因此產生困擾，她對於自己的親子連帶，以及自己高於菲傭的階層地位，有充分的信心：「沒關係，我很清楚知道我在他心裡的地位是不會動搖的，沒有人可以代替我mother的角色。這只是過程，小孩有奶就是娘嘛，他六個月的時候也只認奶奶啊，等他大了要用心對待你的小孩不是那麼難的，因為他們還有語言的gap，等大了他們對母親的定義會變。」

像Jessica這樣的母親是用種族化的族群差異敘事，來強化母親與保母間的標示界線。她們以「**族群化的母職**」（ethnicized motherhood）來突顯母職勞動中，一些基於共有文化與語言因此是母親專屬的要素。唸書與說故事給孩子聽是重要的例子。想要贏得孩子的愛的昭如，堅持保有睡前唸故事書給小孩聽的儀式，因為「這是一件阿姨做不來的事」。她說：「只有我可以當他們的朋友，我可以跟他們溝通。這是其他女人做不來的。」

在某些極端的例子裡，有些母親還會將母職「種族化」。印尼女傭Rocha告訴我，她雇主的三歲小孩很黏她，母親很生氣，就對小孩說：「你又不像Rocha阿姨，她是不一樣的。她的皮膚顏色和我們不同。」這個母親藉由種族修辭學來標示自身「根本上」的母親地位，是短暫過客的外國替身母親無法動搖的。

婆婆也焦慮

有些台灣女性雇主經歷了一場「革命」，才獲得她們的婆婆對於聘請家務移工一事的贊同。畢竟，大多數老一輩的台灣女人，在她們媳婦這個年紀的時候，是全職的家庭主婦與母親；如今，這些在外工作的現代媳婦們，必須向婆婆保證，她們並不是不負責任的母親，或是懶惰的妻子。宛如和先生小孩住在公婆家的頂樓，當她聘請的菲傭抵達時，她立刻帶她去見她婆婆，當我問宛如為何要這麼做，她說：

> 唉呀，一來總是得讓婆婆知道一下，妳不能什麼都不讓婆婆知道，這樣不太好，因為我覺得說，妳請這個幫傭進來幫你做事情，妳不是來家裡當少奶奶，因為一開始我婆婆會有那樣的誤會

妳知道嗎。一開始她會這樣問，唉呀，她會覺得說，什麼事都有
人幫你做好好的，妳都沒有事啦，唉呀，妳真好命啊。

　　儘管僱用了一個家務移工，有些女性雇主仍然盡量多少做一些
家事，為的是確保其「賢妻良母」的形象，以避免婆婆的負面批評。
Rowena，一個菲籍家務移工，深切體會到她雇主在這方面的掙扎，
這名女雇主成功地經營了一家社區咖啡店，但是在同住的父系大家庭
裡卻只是一個人微言輕的媳婦。Rowena 充滿同情地跟我描述：

> 我的雇主白天的時候工作很辛苦，但是她晚上回家以後還是要做
> 很多工作！我實在不明白，如果我是她我一定不會這樣的！如果
> 你已經工作了一整天，你回家以後應該要好好休息啊⋯⋯當我跟
> 她抱怨我的工作太多的時候，她很抱歉地跟我說她無能為力，她
> 嫁到別人的家庭，她要做什麼事情都需要阿媽的允許。

　　許多反對僱用家務移工的婆婆，心裡隱藏著害怕被外人「取代」
的恐懼。佩琪和她先生，兩個人都是四十多歲，共同擁有並管理一家
生產和研發電腦零件的公司。在艱困的創業期間，先生的母親從鄉下
搬來與他們一起住在台北，幫助他們養育三個孫子。五年前，佩琪和
先生決定要請一個菲傭來家裡幫忙，以減輕她婆婆的工作份量，好專
心照顧小孩，然而，佩琪的婆婆對此安排不但不感到高興，反而焦慮
不已。佩琪這樣描述：

> 第一次菲傭進來的時候，她〔婆婆〕很難過很難過，整天一直都
> 覺得我們剝奪了她工作的權利，真的，很痛苦很痛苦，她覺得你
> 是不是不要她了⋯⋯

她為什麼覺得工作是一個「權利」？

因為她……生了七個孩子，從小把我們帶大，她覺得照顧孩子
就是她的權利，整理家務也是她的……除了義務之外，也是她
可以發揮的地方，她的價值觀就是在這個地方，她看到孩子就
很快樂，覺得有那個滿足感，我們說：「今仔日這個有夠好食！
〔閩南語〕」她就很高興，因為她沒有辦法出去工作，博取很多的
讚賞，能讓她有成就感的就是這個家庭。所以剛進來的時候，她
很不快樂，我們一直跟她溝通，說是覺得她太辛苦，要帶孩子要
打掃煮飯洗衣服什麼都是她在做，這個人進來就是要代替你的工
作，你真的不要有那樣的感覺。我們一直跟她溝通，後來決定
好，留一項工作給她做，就是煮飯〔笑〕。

佩琪的婆婆終其一生都是全職的家庭主婦，家務勞動是她的主要
專長與技能，也是她認同自己的基礎。她將佩琪聘請菲傭的舉動，理
解為是對她的家管技巧的懷疑，以及抹滅了她對這個家庭的貢獻。她
也擔心佩琪和她的丈夫「是不是不要她了」，深恐在她的工作被移轉
給移工後，他們想把「沒有用的老媽子」趕出去。這種焦慮不只是個
人之事，它其實是同一世代的婆婆們所共同面對的一個結構問題。三
代同堂的社會規範已逐漸式微，孩子也不再保證一定會孝順父母。在
這樣的脈絡下，父母「努力讓自己成為可靠的資源，藉此確保地位安
全無虞」（Gallin 1994: 138）。[14]

通常，當比她更為「專業」的家務移工侵入了過去被認為是她的
地盤時，婆婆感到被威脅，因而對家務移工衍生敵對的態度。再者，
老一輩的台灣人多數都不太能講英文，語言的屏障更加深了婆婆「無
法控制」菲籍移工的感覺。前面提到在外商銀行工作的Jessica，同住
的婆婆便對於菲傭的進駐感到非常不安：「她覺得很失落，因為她的

生活沒有目標了，她所有的工作都被菲傭搶去做了，而且菲傭做得比她還好……對她來說，每件事現在她都不能控制了，她甚至不能控制菲傭，因為她不會說英文！」

像Jessica這樣的媳婦，請了家務移工後，雖然避免了做家務上的體力勞動，但是要負起額外的情緒勞動，來緩和她婆婆的緊張與焦慮。女性雇主所採取的一種常見的策略，就是透過象徵動作來確保婆婆的權威，例如，他們刻意讓婆婆把薪水拿給外籍監護工，即便錢實際上是年輕夫妻付的。

此外，許多媳婦會藉由操弄翻譯，來解消婆婆與菲籍移工之間的緊張。Jessica的婆婆對於菲傭的存在感到非常焦慮，會搶著跟菲傭洗衣服做家事（這也使得該移工非常焦慮，深恐她的工作機會也會被威脅到），甚至試著贏過菲傭在家務勞動上的表現，特別是烹調這件工作，象徵著她在文化上的優勢以及情感上的投入。有一天，婆婆費心為家人做了一份非家常的餐點，Jessica詮釋了這個動作背後的訊息：

> 有一次我婆婆做了一個韭菜盒子，我嫁到她們家這麼多年都沒有吃過，她就是故意要表演的…。
> *表演給誰看？*
> 菲傭看啊，因為她要告訴她，你要搶我的飯碗沒有那麼容易的，這是我的territory，我會做很多事情你不會，所以你不要以為你輕易就可以取代我，我是沒有人可以取代的，我覺得這是一個宣示的意義。

Jessica經常利用翻譯的機會來緩和婆婆與移工之間的緊張關係，平日她在菲傭面前淡化婆婆的不滿與批評，在這一天，她藉著誇大菲傭對婆婆烹飪技巧的讚美，來確立了婆婆與傭人之間的階層化區分：

我看得出這層意義，那言語翻譯中我就想辦法加糖加鹽。菲傭說
很好吃，奶奶可以去外面開餐廳，我就抓住這個機會趕快說，媽
媽，菲傭說中國菜在你的手裡兩三下變成這樣子，你可以媲美大
飯店的師傅。奶奶就高興得花枝招展，馬上就再做一個熱騰騰的
韭菜盒子給菲傭吃！

　　婆婆害怕的家庭地位的喪失並不是件小事，事實上，媳婦與婆婆
在家庭中地位的消長，深刻地影響了許多不同世代的台灣女性的生活
品質。在1905年的台灣，二十到二十四歲的年輕女性有著遠較於其他
國家同年齡女性高的自殺率，佐證了漢人社會中，年輕媳婦的從屬地
位與抑鬱生活（Wolf 1975），然而，胡幼慧比較1984年的統計卻發現，
年老女性的自殺趨勢大為攀升，而年輕女性的自殺率則明顯地下降了
（Hu 1995）。年老女性的自殺率提高，相當部分源於她們的家庭地位
和經濟安全的下降，台灣社會中性別關係與代間關係的轉變，不但未
能帶給她們解放賦權反而是威脅到她們的老年福祉。在年輕的時候，
這一代的女性被要求為家庭的幸福與先生的事業犧牲自己，她們等著
要享受老年時的安穩舒適，如俗諺說的「媳婦熬成婆」。然而，在熬過
作媳婦的艱苦日子之後，她們不復享有以前婆婆所擁有的權威地位。
　　面對在職場尋求自我實踐以及擁有經濟獨立自主的現代媳婦，婆
婆反而必須付出她們的「婆職」勞力（胡幼慧1995: 82）來提高自己的
地位，並藉此交換經濟上的無虞與社會支持。在這樣的文化與社會脈
絡中，婆婆們認為家務移工的聘僱，不只可能取代了她們在家務工作
上的角色，也可能威脅到她們的生存。[15]她們的焦慮指出了不同世代
的台灣女性與母職／婆職相關聯的社會位置與認同的轉變，女人對於
家庭的犧牲奉獻曾經在昔日得到光榮的掌聲，卻不能確保她們在年老
垂暮之際的安全與福祉。

媳婦熬成雇主婆

台灣女人藉由僱用另一個女人作為代理人，而得以與父權討價還價，避免在柴米油鹽的家務上與丈夫天天開打兩性戰爭，緩和她們在職場與育兒之間蠟燭兩頭燒的困境，或是減輕身為媳婦必須侍奉婆婆的孝親勞動。在某個程度上，家務僱用的確把性別不平等轉化為階級不平等（Wrigley 1995: 142）。然而，**性別不平等從未因為階級不平等的取代而消失，女性雇主仍然面臨好太太、好媽媽與好媳婦的性別規範與社會壓力。**

家務勞動的社會意義與婦職的文化建構密不可分，而家務僱用的關係確立了女主人和女傭之間兩極化的女性氣質的建構。我要強調的是，女人之間的社會區隔並不因為勞雇的結構位置就穩固地存在著，在日常家庭生活中，女主人必須持續透過具體的行動，來確認與其家務勞工之間階層化的差異。女雇主頻頻思量哪些家務責任較適合轉包給市場代理人，而不至於傷害她們在家庭中的地位，又符合社會觀感；她們希望外籍保母可以付出愛的勞動，成為稱職的代理母親，然而又不至於凌駕她們在孩子心目中的地位。

當女雇主試圖在女傭與女主人之間刻畫一條涇渭分明的界線時，她們同時參與了階級與族群差異的想像。害怕丈夫與女傭暗通款曲的女主人，在女性移工身上貼上具有「原始誘惑」威脅的標籤，認為她們高性慾、低道德。她們也將移工保母歸類為「感情豐沛但文化落後」的照顧者，因而沒有資格和「氣質高貴的女主人」和「道德管訓的母親」相比。

正因為我們的社會持續視務勞動為女性的責任，導致女性雇主常將家務移工視為「她自己較為卑微的部分的延伸，而非一個具有自主性的勞工」（Rollins 1985: 183）。女主人轉包至家務移工身上的不只

是工作，還有社會加諸在女性之上的家務勞動期望；她們希望市場代
理人可以協助完成自己的妻子、母親與孝媳責任。基此，她們常提出
不合理的、超過工作契約的要求，而忽視了移工的工作表現並不是
「愛的勞動」，她們的有薪工作不是被情感承諾與家庭責任所規範。

　　諷刺的是，這樣的情節有如「媳婦熬成婆」的翻版，她們與家務
移工的關係，正與她們所試圖掙脫的壓迫性的婆媳關係極為相似。升
級為管理者的女雇主，不知不覺地複製了對另一個女人的宰制與剝削
關係。

第四章

跨越國界與性別藩籬

Suna 和我坐在她臥室的地板上聊天，兩個人都穿著她在台北夜市買的碎花睡衣。一週前，她剛從台北飛回印尼，重返東爪哇的家鄉村落。我問她，在台北住了三年後再回到家鄉感覺如何？她搖搖頭，開始抱怨：「路太泥濘，很難走。家裡很暗，不夠亮。」

她用眼神指著沒有天花板的木頭屋頂，斑駁老舊的屋樑下孤懸著一只微亮燈泡。她繼續碎碎唸：「我晚上不能出去，八點以前要回家，不然爸爸會生氣。我鄰居會說：『這女生不乖』。爸爸不准我穿在台灣買的衣服〔指無袖 T 恤和緊身牛仔褲〕。在台灣不一樣。星期天我可以跟朋友出去玩，晚上十點再回家。」

她最後提到的一件事尤其讓我驚訝：「這裡的東西很貴。」「怎麼會？」我睜大眼睛，不敢相信她的數學這麼差。Suna 看出我的不解，清脆地笑著說：「在台灣賺錢比較多。在這裡，沒有賺錢。」

二十七歲的 Suna 來台灣打工前，先在雅加達的工廠工作六年，其中一個工廠替美商製作芭比娃娃。她小心翼翼地從家中櫃子拿出當時在工廠買的娃娃，興奮地說：「我做衣服會喔，這個全都會做喔。」我問她：「你小時候有玩這個嗎？」她緩緩梳理著芭比略略退色的金髮：「沒有，這個很貴，不可以。」當時的她，每天踩著縫紉機，看著川流不止的生產線上，一個又一個金髮碧眼的塑膠美女。她帶著好奇與羨慕的心情想著：是怎樣的小孩在玩這些漂亮的娃娃呢？那裡的

人都是金頭髮嗎？

　　1997年的金融風暴重創印尼經濟，工廠倒閉、幣值縮水，Suna 失去工作回到家鄉。鄰居跟Suna說：「要不要去台灣？台灣很多錢 啊。」在仲介下線（sponsor）的說服下，她們一同前往雅加達，在仲介 公司度過四個月的訓練，才等到台灣的工作。Suna怕保守的爸爸反 對，離家時不敢提去台灣，只說要到雅加達找工作。出發去台灣的前 夕，她打電話告訴家裡，爸爸生氣地吼著：「妳回來回來，不要去那 邊，妳女孩子不可以出去啊，不要出去！」

　　Suna邊跟我聊天，邊替她的手機充電。那是她在台北買的一支最 新款諾基亞手機，價格是她半個月的台灣薪水。還在台灣打工的印尼 朋友不時傳簡訊跟她抱怨工作的困難或無聊。這也是她的戀愛熱線， 在馬來西亞工作的男友每天打電話給她。Suna當初在翻閱一本專為印 尼海外移工出版的雜誌時，從眾多交友廣告裡看中了她男友的相片。 透過遠洋電纜，她撥通他的手機號碼，一場遠距戀愛於焉展開。經過 一年的遠距戀愛（電話、簡訊、網路）後，他們開始討論要不要等他 回來印尼後結婚，儘管兩人至今未曾親身謀面。

　　電力、柏油路、西式衣著、芭比娃娃、手機，這些象徵都會生活 風格、西方現代性的標記，替出國工作的旅程燃起了炫麗的煙花，即 便移工們所需穿越的是一條充滿孤單、歧視、艱困的黑暗通道。

　　本章探討為什麼女性移工要赴海外工作。大部分的菲律賓與印尼 移工都是自己決定出國，有些甚至不顧丈夫或父母的反對。她們的遷 移，並不是推力（國內的貧窮）與拉力（國外的財富）作用下的必然結 果。促使她們決定到海外工作的是種種錯綜複雜的因素，包括經濟 壓力、家庭失和、在家鄉沒有生活目標及選擇權力等。然而，我們 也不能把女性移工單純視為人口販運的受害者、或是跨國人力仲介

的商品。她們透過能動性（agency）的施展，以及意義的改寫，來對抗身處的結構限制。她們的海外旅程可以說是一場「穿越國界的賭博」（Aguilar 1999）；為了滿足個人慾望、實現自我改造，她們面對的風險與機會一樣大。這些女人離鄉工作，不僅為了賺取金錢報酬，她們也想到海外探索自主空間、逃脫家庭束縛，以及尋求一張探訪全球現代性的門票。

　　本章也同時檢視，家務移工如何與父權討價還價，特別是針對婚姻與母職這兩個彰顯再生產勞動力的性別分工的主要機制（Tung 1999）。性別與遷移的文獻中長期辯論著以下議題：**遷移是否能對女性造成培力的效果？程度如何，又能持續多久？**[1]我發現，在跨國遷移的脈絡下，女性化的家務勞動（指把家務看成女人專屬的工作）能解放女性，但也同時維護了性別從屬關係。女性移工在國外照顧他人家庭的同時，面臨履行自己妻子及母親角色的困難。已婚的女性移工成了養家者，但付出的代價是與故鄉的丈夫與小孩別離。單身的女性移工則對原生家庭中履行女兒的孝親責任，卻難以建立自己的家庭。

經濟誘因的再思考

　　當我問及：「為什麼你會想要出國工作？」十位移工中有九位毫不遲疑地回以相同的答案：「賺錢啊！回國沒有工作！」經濟誘因無疑是大部分勞工跨國移動的主要驅力。印尼和菲律賓當地皆面臨工作機會短缺及失業率過高的問題。菲律賓的失業排名自80年代始不斷竄升（Abella 1993），2004年4月的失業率更高達百13.7%[2]。印尼的失業率在1997年的金融風暴以前是4.7%，但在2001年急速爬升到8.1%，[3]女性失業率更偏高（Nayyar 1997: 18）。

　　Trina在菲律賓家鄉內格羅省（Negros）完成高中學業後搬到馬尼拉，已陸續在幾家工廠工作過。菲律賓不穩定的經濟以及當地工廠的不時倒閉，促使她向海外尋找較為穩定且收入較高的工作：「每兩、三年工廠就會倒閉。在下一個〔工廠〕開始前幾個月我們沒有工作。這樣怎麼生活？所以在我二十八歲時到新加坡應徵工作。」

　　解僱和失業的情形不只發生在菲律賓的藍領階級，同樣也改變了中產階級的命運。Rosario是一個大學畢業、四十多歲、兩個孩子的媽，當我問她先前在菲律賓的職業，她神色尷尬且語帶遲疑地回答：「我很不好意思說……我以前在銀行工作。我在那裡工作了十二年。每個月的薪水只有3000披索（當時約120美元），生活還過得去。但是七年前銀行倒了。當你來自一個破產的公司很難再找到新工作。所以我沒有選擇。我必須到國外工作。」

　　「那裡沒有工作」的陳述不但指向移工母國攀升的失業率；也意指那裡沒有「好」工作提供足夠且穩定的薪水。在菲律賓，中產階級的地位不再保證一個安全、舒適的生活。自80年代中期經濟自由化後，披索的貶值已造成實質薪資的大幅降低（Basch et al. 1994）。相較於都會區持高不下的生活費用，家庭收入的減少造成收支無法平衡，就算是中產階級的家庭也面臨同樣的困境，這些因素添增了海外工作的吸引力。

　　許多移工決定出國工作更是為了孩子的未來，而非急迫的經濟需求，在鄉間務農或捕魚的印尼母親尤其如此。例如，今年三十一歲、有兩個孩子留在爪哇鄉村幫忙丈夫捕魚的Naya，如此解釋她決定到海外工作的原因：「我很怕出國，〔我聽說〕有些人遇到不好的老闆、被打。但是我想，我還年輕，再過幾年我就老了，所以我必須現在多賺一些錢。我想替孩子存錢，讓他們上大學。我想讓他們多讀一點書，這樣我就不用再擔心了。」

　　人們常常把勞動力的跨國遷移理解為一種推拉力量下的交互作用，一邊是貧窮輸出國的推力，另一邊是與富裕輸入國透過高薪資形成的拉力。固然，大部分的移工敘事中，經濟誘因是她們出國工作的主要動機。但是，地主國與母國之間的薪資落差只是形塑出國決定的一項必要（necessary）而非充分（sufficient）的條件（Massey et al. 1998: 175）。推拉理論的有效性已經受到許多近來學者的批評（如Sassen 1988）。最明顯的經驗例證是，印尼跟菲律賓都不是亞洲最窮的國家，但它們提供了亞洲最大量的移工勞動力來源。統計數字顯示，菲律賓移工的大宗不是來自貧鄉僻壤，而是經濟發展程度相對較高的城市及都會邊緣地區。[4]這些事實都證明，在金錢壓力和經濟貧困之外，還有其他中介因素影響了移工的決定。這些中介因素包括了母國社會對成就、探索等概念的建構，以及在後殖民、全球化的脈絡中所形塑的對於現代性的想像。

海外生活的文化想像

　　「是的，你需要一個假期，一個難得的好假期讓你進入世界，你曾經有過這樣的夢想，而我們可以快速地讓它實現。」當我在馬尼拉看到這個雜誌廣告時，我目瞪口呆。該廣告是用來招募菲律賓女性去日本做酒店公主、舞者、歌者，通稱為「娛樂員」（entertainer）。這類職業通常被聯想為性工作，返鄉的娛樂員也經常被當地人貼上賣淫的污名，然而這樣的海外工作機會卻在廣告中被染上浪漫的玫瑰色彩，冠名為「夢想假期」。

圖四　菲律賓雜誌的仲介廣告

　　當我到印尼拜訪一位移工時，她很開心見到我，但嘴裡嘟嚷著
說：「你們台灣人出國玩，我們印尼人出國工作。」對那些除非出國
工作否則就沒有機會飛往海外的人來說，跨國移工的生涯散發出冒
險和探索的光暈。三十出頭的Eka來台灣當家庭幫傭，這位印尼單身
女性，早在二十來歲時就去南韓工廠工作。當時，第一次出國的她
非常興奮：「我想去體驗一切！我想去坐飛機，我不是想賺錢。我想
看雪，所以選韓國。」她聊到十年前第一次坐飛機的興奮時，記憶猶
新。她語氣激動、眼睛閃著光芒地說：「我非常非常高興──我可以
飛耶！」

　　許多女性移工將海外旅程視為一場到先進國家與現代社會的探險，可以享受物質的豐裕與性的解放。三十多歲、單身的菲律賓移工Claudia擁有藥學系大學學位，在一場焦點團體座談中，她明確地指出讓她決定到海外工作的不只是經濟的誘因：

> 我想在台灣工作的人還可以得到其他的……怎麼說……補償。如果你在菲律賓，你只是一個母親、一個平凡的家庭主婦。每週日到disco、有自己的手機，這些事永遠不可能發生！〔其他人笑〕沒錯，就是這樣！每週日都吃麥當勞？開玩笑，你在菲律賓可以這樣做嗎？〔其他人搖頭〕這就是不同了。我們戴珠寶、穿短裙，你在菲律賓不可能這樣穿的！在我家鄉，人們很保守，如果我穿這樣〔的衣服〕大家都會盯著我看！我們想要待在國外就是因為有這些補償。

　　對其他出國工作的人的羨慕或者好奇，也是她們決定當移工的原因：「很多人都出過國了，所以我也想要試看看。」不管出國工作最後是否符合她們先前的期望，這趟探索旅程都得以讓她們覺得自己與眾不同。某週日在教堂，Johna提到她的雇主要去美國受訓兩個月，他們正在考慮是要帶她一起去，或讓她回菲律賓渡假。菲律賓同鄉Adora聽到了馬上熱心地提出建議：

> 不要回菲律賓啦！你應該和他們去美國！
> *但是如果她去美國，她可能只是整天待在家裡……*
> 沒關係啊！只要你到了美國機場，你就算去了美國！然後你在家裡可以打電話告訴別人你在美國！〔轉頭向我解釋〕因為菲律賓人很少有機會出國，所以可以出國是一件很光榮的事！

那到台灣呢？也覺得很光榮嗎？

*是啊，一樣的。這就是為什麼我喜歡在這裡照相。然後你可以告
訴別人你出過國，不是嘴巴說說而是有照片為證！所以Johna，
記得在洛杉磯的機場拍照！*

　　每週日，在中正紀念堂等觀光景點，或甚至是百貨公司門口，總
有許多移工，特別是女性移工，正在擺姿勢照相。這些照片選擇性地
記錄下她們在台灣的生活：尋常的工作生活（站在街頭等垃圾車或是
醫院陪伴病人），不是她們留影的重點，鏡頭下凍結的影像，多是在
週日做時髦打扮，如同快樂觀光客般地在雄偉的現代建築（如101大
樓）、異國情調的觀光景點（如中正紀念堂）前留影。

　　當我納悶移工們為什麼這樣勤於在台灣拍照，她們笑著回答：
「為了回憶！為了讓我的愛人看見我白皙的皮膚。」她們對於淺膚
色的渴望，象徵了對於優越的她者──都會的、中產階級的女性特
質──的想望，作為對立面的深膚色則具現了被貶抑的農業生活、勞
動階級的女性形象。林秀麗（2000: 43-4）訪問的一位菲律賓女性移工
指出，她的表姊當初就是以「皮膚會變白」以及「看起來會比較年輕」
等附加好處，說服她到台灣工作。對東南亞的女性移工而言，白淺膚
色和異國生活一樣，象徵了她們對物質富裕、都會現代性的渴望認同。

　　我在離馬尼拉三小時車程的小鎮上訪問到Rocita。她曾在台灣工
作一年，但雇主未續約。在付完仲介費及債務利息後，她幾乎是空手
而還。她的丈夫曾在帛琉做非法的建築工人，發生職業災害後負腳傷
回國。她的女兒最近到台灣的工廠工作，賺取全家的收入。在我們的
訪談結束後，我告訴Rocita我想拍她的照片。她點頭說好，然後逕自
走向她表姊的房子，那是她表姐利用出國工作收入重新粉刷過的混凝
土屋。我問她，「為什麼不在你自己的房子前照相？」她不好意思地

說：「我的房子？太簡陋了！下次我女兒寄錢回來蓋一個新房子後，我再讓你照！」

圖五　一位移工的重新粉刷過的房子（相片右半邊），
與鄰居的舊屋形成強烈的對比。作者攝於東爪哇

　　海外探索的夢深植Rocita的家族歷史中，有成員移居比台灣更遠的地方。Rocita的爸爸因早年加入美國海軍服務而取得美國公民身分，現住在加州[5]。藉由女兒在台灣工作的匯款，Rocita和她的家人希望能夠達成全家取得美國公民身分、在美國團聚的夢想。她笑著告訴我，「我們沒錢付去美國的機票，所以我們必須先出國工作好賺到機票錢！」

　　Rocita的家人們雖各自前往不同的目的地，但都在尋找一種更好的生活。有些故事的結局美好，有些殘酷，但這種出國尋求更好生活的夢想深植於菲律賓的文化及歷史脈絡。人類學家Raul Pertierra（1992）研究北呂宋島的伊洛卡諾省（Ilocano，菲律賓自本世紀開始向外遷移勞動力的主要來源地）對「好生活」（*naragsak a panagbiag*）的文

化建構，他發現，移民的主要誘因並非追求立即的經濟報酬，而是為了維持某種生活品質，包括一些難以量化的好處，像是聲望、探險、實現夢想等。當地人把外移（out-migration）浪漫化為對夢土的追求，而視本地為落後、不眷戀的居住地。

如此的文化建構亦受到菲律賓的學校教材的影響。高等教育在菲律賓相當普遍，這是受惠於20世紀初美國殖民政府有系統的建立普遍的學校教育。然而，承繼於殖民者的教材，不免隱含了脫離本土脈絡的文化偏見。根據James Young（1980）在伊洛卡諾地區的研究，地方的課程內容多對於維生經濟的農業工作與生活型態給予不高的評價，而偏好培訓有關工業都市經濟生活的管理和技術。如此培育出的學生多傾向離開地方村落，嚮往都市、乃至於國外的富裕生活。對許多菲律賓人來說，美國的生活，在殖民的歷史光暈下，尤其閃耀著耀眼的迷人光芒。

藉由電子媒體孕育而生的全球流行文化，是另一種形塑移工如何想像全球現代性的機制。台灣的流行音樂工業在亞洲市場的影響力尤其強大。舉例來說，F4這個流行音樂團體，雖然唱的是中文歌，但在亞洲各地都吸引了大批觀眾與粉絲。第一張專輯全球共賣出350萬張，這在盜版猖獗的亞洲是一項驚人的紀錄（Seno 2003）。2003年F4在馬尼拉舉辦的演唱會，最貴票價高達美金200元，甚至連菲律賓總統艾若育都親自接見這個男孩團體。我到印尼爪哇做田野時，從雅加達的百貨公司到小村鎮的市場，滿目所及皆是F4的海報、T恤、以及由他們主演的偶像劇盜版DVD。

我在台灣遇到的印尼移工也常開玩笑說她們是來看偶像的。電視節目中的再現形塑了她們來之前對台灣的想像內容：「我在電視上看到台灣，看起來好美。」她們從台灣回去後，朋友和鄰居也會問：「你在台灣有看到F4嗎？」這個歌唱團體和他們主演的電視

劇具現了 Appadurai（1996）所說的「全球化的媒體地景」（globalized mediascape），影響了印尼觀眾對特定的容貌與生活風格的渴望，以及關於美與舒適等標準的文化建構。[6]在這樣的文化脈絡下，遷移不只意謂收入的提高，更成為一種對全球現代性的朝聖旅程。

　　簡言之，殖民歷史與全球化的大眾媒體建構出一種對「理想生活」的文化想像，這種想像鋪陳出菲律賓與印尼移工出國工作的決定。媒體與市場的力量已經在全世界助長了消費主義的發展，也持續滋養人們對新商品與新景觀的無止境的渴求（Appadurai 1996: 40）。相較於務農生活、與傳統規約的村落，海外工作提供了女性移工一個體驗她們所想像與欲求的「現代性」的機會，意謂著能夠消費更多的物質商品、保持白皙的皮膚，以及享受世界人（metropolitan）的生活風格。

從持家到養家

　　三十多歲的 Naomi，總是穿著 Levis 牛仔褲與白色 T 恤，看起來非常年輕，如果她沒說，我根本猜不到她已有個二歲的兒子。Naomi 過去在菲律賓八打雁省（Batangas）地區和先生一起在市場開肉舖，離馬尼拉有三小時車程。肉舖的生意還過得去，但如果將兒子未來的教育費用考慮進去，家裡的收入就顯得捉襟見肘，於是 Naomi 決定到國外工作。這是一個由她完全做主的決定：「我決定〔出國〕，我先生說好，他會和父母一起照顧兒子。反正我年輕的時候，一直都想到國外工作。」Naomi 十八歲便休學結婚，她把出國工作當做一個遲來的探索世界的機會，「我想去看看不同的世界，因為以前我從來沒有機會去看看不同的事物。你知道，我太早結婚了，現在我可以做很多我在菲律賓不能做的事。」

　　在我的研究中，40%的菲律賓移工（包括 Naomi）都已結婚，有

丈夫與小孩（58人佔22人），而且很多人在菲律賓是全職的家庭主婦
（包括已婚及分居者，33人佔14人）。她們代表的是典型的菲律賓家
庭：一位男性的養家者加上一位女性的家庭主婦，女性負責操持家務
和照顧孩子（Go 1993），銘刻上西班牙與美國殖民政權等文化印記的
父權家庭關係，至今仍深具影響力（Illo 1995）。

弔詭的現實是，規範家務勞動之性別分工的父權邏輯，一方面限
制女性參與當地勞動市場的機會，但另一方面卻保留了菲律賓女人在
全球勞力市場下的席位，她們甚至比丈夫有更多機會得到海外的工
作。在我的研究中，大多數的菲律賓家庭有著相似的遷移模式：在
80年代，丈夫離開家中的妻兒到中東工作；在90年代則變成妻子到
國外工作，而丈夫和小孩留在菲律賓。如此的轉變是因為波斯灣戰爭
爆發後，中東地區以男性為主的建築和製造工作大量減少，相對地，
其他地主國對於家務勞工的需求卻不減反增（Tarcoll 1996）。

Roland Tolentino（1996: 58）曾經這樣描述菲律賓家務移工的生活
轉變：「從家庭領域中的無酬勞動，轉變成國際空間裡的有酬勞動。」
當這些女性從家庭主婦變成家務勞工，她們其實是在不同的場景裡擔
負相似的責任。她們的家務勞動在以往的私領域裡只能得到情感、道
德層面上的補償，但到了海外市場卻可獲得金錢上的報酬。Anamaria
在菲律賓是一個全職的家庭主婦，她的丈夫曾在台灣工作，等到他約
滿回家時，Anamaria堅定地告訴他說：「現在換我了，我要去台灣，
我要體驗台灣。」當我問到過去當家庭主婦比起現在替台灣家庭打
掃、煮飯有何異同時，她回答：「在這裡工作和我在菲律賓家裡做的
沒什麼不同，」接著淘氣地笑說，「但我在這裡可以領到薪水！」

與雇主同住的家務移工中，許多確實承受雇主無止盡的要求以及
冗長的工時，但是，對那些在菲律賓擁有全職工作的女性來說，有薪
的家務工作可能要比她們之前在家中的雙班制生活來得輕鬆。以前在

菲律賓負責管理一家書店的Vanessa描述：

> 在菲律賓的時候，我每天累得要命。一大早就起床，煮飯、洗
> 衣。小孩放學回家時，我還在辦公室，他們可以把我早上煮的菜
> 熱來吃。這裡〔台灣的工作〕很輕鬆。下午我做完工作後可以休
> 息一下，可以像這樣〔兩腳交疊翹在桌上〕看HBO。所以，看看我
> 〔指著自己的身體〕，我這半年已經胖了十磅！

和許多女性移工一樣，Vanessa隻身來台，和丈夫與孩子分隔兩
地。她們的遷移模式和常見的男性遷移模式不同。在傳統的遷移路徑
中，由於丈夫擁有較多家庭的權威地位以及接近移工的人際網絡，這
些因素有利於男人先啟程到國外工作，而後妻子與子女再尾隨而來。
在台灣與其他亞洲國家，女性移工則必須單獨出國工作，因為契約客
工的僱用模式禁止在地主國永久居留以及申請家人前來團聚。這樣的
一種女性化的遷移模式，使出國工作的家庭主婦的地位，從原本的無
酬持家者轉變成有薪的家務移工，並在跨國家庭生活中扮演主要的養
家者。

女性移工的跨國家務勞動不僅提供她們經濟報酬，同時也幫助她
們得到解放的機會。有些已婚女性在未與丈夫商量的情況下就決定出
國工作，她們緊緊抓住出國工作的機會，利用它來拓展生活視野、達
到經濟獨立，以及挑戰女性在家庭中的傳統角色。在某次的焦點團體
討論中，我問移工參與者為什麼決定到海外工作，一位菲律賓大姐回
答：「為了暫時休掉我的丈夫！」全場聽了哄然大笑，人人點頭如搗
蒜。

根據Rhacel Parreñas（2001: 64）的研究，對許多女性來說，出國
工作不只是一種維持家庭生計的策略，也是一種「幫助女性自家庭重

擔中解脫的隱微策略。」已婚的女性移工出國幫傭，不僅可逃避故鄉中無酬的家務重擔，也能藉由市場薪資達到經濟獨立。近五十歲的Jenny之前在菲律賓是家庭主婦，她覺得出國工作讓她更有力量，不用在經濟上依賴丈夫：「我想賺屬於自己的錢。以前我只能從先生那拿錢，現在我想擁有自己的錢，這樣我就可以買任何我想要的東西。我可以給孩子零用錢、可以在外面吃飯，那是我的興趣。」

　　有些印尼移工到海外工作是為了逃避不幸福的媒妁之婚，國外生活的解放與自由，讓她們得以脫離家鄉與父母的限制。二十五歲的印尼移工Utami在新加坡工作過四年，回家後在家庭壓力下嫁給了同村的一名男子；她媽媽擔心她變得太老會嫁不掉（她那時才二十歲）而逼她結婚。經過一年只是履行義務的婚姻生活後，Utami決定到台灣工作。她在台灣工作的三年期間內，沒有打過一通電話或寫任何一封信給她先生，Utami說：「我一點都不喜歡他，我嫁他只是因為我媽媽。」她在台灣曾和一位泰國移工談戀愛。隨著台灣契約即將中止，她開始煩惱回家後的狀況，是否能夠在丈夫不反對的狀況下順利離婚，擔心他巴望著她在台灣工作存下來的錢。

　　女性移工跨越疆界出國工作的同時，也跨越了傳統的性別界線。在我的研究中，只有一些印尼移工出國前是全職的家庭主婦。許多已婚女性會在孩子長大後，在家裡的農場幫忙先生工作，或者做些臨時工，像是市場小販或收銀員。然而，男性是養家者的觀念仍深植在印尼社會裡。一個丈夫會反對妻子到海外工作，除了因為她未扮演好預設的家務角色外，更因為這意謂著他未盡養家的責任。Tiwi是一位三十四歲的印尼母親，離開家到台灣做看護。Tiwi的丈夫是農夫，她描述丈夫知道她要出國工作的反應：

　　當別人問我先生我在哪裡時，他只淡淡地回說：「我老婆走了。」

他不喜歡我出去工作，他希望我待在家裡，照顧孩子和家人。
他跟我說，「妳要去就去，隨便妳！」但他心裡的想法其實相反。
他說：「如果我叫妳別去，妳會跟我要很多錢，但是我沒有錢。」
如果別人問他老婆在哪裡，而他回答：「去賺錢了。」他會覺得丟
臉。〔別人會想〕「怎麼變成是你妻子賺錢？你賺不到錢嗎？」

菲律賓人用「houseband」或「huswife」（「家庭主夫」）等詞彙來嘲弄
那些待在家裡料理家務的移工丈夫。他們常因公開做一些被認定是女
人家該做的事而成為揶揄的目標。Alicia Pingol（2001: 41）的研究中曾
描繪一位菲律賓的家庭主夫在清掃庭院時，一些路過的女學生嘲笑
他：「你會長出胸部喔！」然而，性別角色的結構變遷，並不保證「顧
家」的丈夫會從此接掌家務責任。為了保持陽剛形象，有些丈夫會另
覓工作以逃避出國工作的妻子移交的家務負擔（Parreñas 2005）。[7]女性
移工常抱怨丈夫很少做家事，而且做得很糟，尤其不會處理家計，有
些不用再養家的丈夫甚至開始酗酒或沉溺賭博。此外，女性移工心中
還有另一個擔憂，就像我與三位菲律賓移工的以下對話所呈現：

Helen：你記得Lisa嗎？她回家度假後又回來了。她抓到丈夫有
　　　　小老婆〔每個人都嘆氣〕。
Claudia：許多家庭裡，只要夫妻中其中一方出國工作就會有麻煩，
　　　　　因為出國工作的妻子會寄很多錢給丈夫，每天都像是他
　　　　　的生日。然後丈夫有了情婦，妻子在國外也跟別人有了
　　　　　關係，因為他們都寂寞。
Olivia：如果妻子不在，丈夫會覺得自己很悲慘，他會認為自己
　　　　賺得比妻子少，所以就去找另一個女人！

　　菲律賓的媒體發明了「沙烏地症候群」（Saudi Syndrome）這個新詞，來描述在中東工作的男性菲律賓移工心中「縈繞不去」的恐懼：他們害怕待在家裡的妻子不守貞潔。[8]丈夫在家中的缺席讓他們無法再控制妻子的性欲，並有礙下一代的生育，因此，男性海外移工放假回家時常會迫使妻子懷孕，作為一種控制手段（Margold 1995）。把丈夫留在故鄉的女性移工也懷有類似的擔憂，尤其因為女性移工的先生發生外遇的可能性，被認為更大於男性移工的太太。用Claudia和Olivia的話來說，一個家庭主夫會覺得自己「不如別的男人」與「悲慘」，因為妻子成為養家者這件事危及了他的男子氣慨。最糟的是，丈夫的不忠常會繁衍出婚外子女，瓜分家中有限的經濟資源，撫養小老婆家庭的費用有時甚至來自女性移工從海外寄回的匯款。

圖六　東爪哇村一位女性移工的丈夫正在照顧小孩，作者攝

　　我在菲律賓鄉下認識了Linda和她的丈夫。先生之前在香港當建築工人，但回家後失業至今，Linda隨後到台灣做了兩年家庭幫傭。我遇見他們的時候，大部分的家庭收入都是Linda賺的，除了先前出國工作的積蓄，她也在街角擺了個小吃攤。由於三個小孩昂貴的私立學校學費，Linda的積蓄變得越來越薄，在不久的未來，夫妻之中必須有一個人再度出國工作。當我問Linda未來有何計劃，她話中充滿著不確定且遲疑的語氣：

> 我不知道，他〔丈夫〕叫我待在家裡，繼續賣 *halo-halo*（街頭小販賣的碎冰甜點）。他說他想要去工作，因為菲律賓男人想要當男子漢〔笑〕。我喜歡台灣的生活，因為有很多錢。我的老闆跟我說，你先生很幸運，因為你包辦所有的事。我把所有的錢寄回家養家，也養了我先生四個月！〔我在家裡做的〕工作和台灣一樣，燙衣、煮飯，〔但是〕有很多錢！這裡？沒有！但是我可以跟孩子在一起，這是最好的。
>
> *誰照顧你孩子呢？*
>
> 我先生！他說同時當個父親跟母親很困難，這是他為什麼不想再一個人留在家的原因。我問小孩，「你們希望我再出國工作嗎？」他們說：「不，不要你去，爸爸去。」我先生不喜歡我去台灣，他說養家不是你的責任，是我的。他覺得很丟臉。
>
> *所以你不會再出國工作了？*
>
> 如果我先生找不到工作，我一樣會被逼著再次離開。

　　許多移民家庭的研究發現，女性移工對性別地位與男性優勢的翻轉，時常只是暫時或局部的（Espiritu 2002; George 2000）。此外，女性移工的「收穫」通常也伴隨著壓力與衝突。Linda的先生想出國工作的

原因，除了想尋回理想的男性養家者形象之外，也為了逃避承擔被看成女人家的事的撫育責任，正如他所抱怨的「同時當個父親與母親很困難」，但是像Linda一樣的女性移工卻沒有其他的選擇，必須兼顧雙重的親職。離家別子的緊張情緒以及「被逼著再次離開」的經濟壓力折磨著她們。跨越國家疆界與性別界線的女性移工雖可能因此達到獨立與解放，但在家務與母職的道德領域中，她們仍承受污名與罪惡感的重擔。

單親重擔與婚姻枷鎖

Olivia才三十出頭，卻已是三個孩子的媽。她上過兩年大學，但因財務困難而休學。十八歲時，她跟著姊姊一起到沙烏地阿拉伯做家庭幫傭。當她放假回菲律賓時，認識了她的先生。當她再回到沙烏地阿拉伯時卻發現已懷孕（在馬可仕時期的菲律賓，避孕工具的取得管道非常有限），於是辭掉工作並回國結婚。她談到當時的決定時後悔不已：「我想保住我的小孩，但我不想和他結婚。我本來想要自己養小孩，但我媽媽哭著說假如我不結婚會有損我的名聲。但看看現在的我，究竟是什麼損毀了我的名聲？」

Olivia待在家裡當了八年的全職家庭主婦後，她當業務員的丈夫為了另一個女人離開她。菲律賓的法律不容許離婚，所以Olivia退而其次想要申請合法的分居，但在菲律賓，合法分居只有在遭受身體暴力或通姦等前提下才被允許，而分居後的雙方也不能再婚。[9]再者，申請合法分居所費不貲，官僚程序又龐雜，大部分的人因此只能訴諸非正式的分居或甚至不告而別（Chant and McIlwaine 1995: 14）。Olivia渴望正式結束這段婚姻：

我已經好幾年沒看到他了，但法律上他卻還是我的丈夫，這實在
不公平。我們菲律賓採用了美國所有的法律卻不包括離婚這一
項。我姊姊說，也許我應該去加拿大工作，然後取得那裡的公民
權，這樣我就能和我的丈夫離婚了。

身為單親媽媽是逼迫女性移工出國工作的另一個主要推力。在本
研究58名菲律賓受訪者當中，有3位寡婦，還有11位在丈夫外遇後
成為單親媽媽。如同大部分的菲律賓家庭的女性戶長，Olivia未獲得
丈夫的任何財務資助，這是她決定再次出國工作的原因：「我的丈夫
沒有給小孩一毛錢！所以我必須再度出國工作賺錢！一個女人在菲
律賓很難找到工作，但卻很容易在國外找到工作。你可以當幫傭、
看護。」

Olivia所說的「一個女人在菲律賓很難找到工作」，係由於菲律賓
的勞力市場呈現職業分佈上的性別區隔，以及男女不等的薪資差異。
在「女性持家」（female domesticity）的意識形態之下，女性被認為是天
生適於照顧兒童及家務，因而限制了她們的有酬勞動參與。女性在勞
動市場中通常受限於類似「妻子及母親角色」的範疇，例如農園的家
務工作及護理、教育等專業工作。[10]

也有其他女性出國工作是為了躲避丈夫的家庭暴力、冷漠，或
是外遇。[11]印尼女性通常很早就結婚，[12]離婚在當地也並不少見。[13]
在我的研究中，35名印尼受訪者中有13名離婚。其中一名是個回教
徒，她在十七歲就結了婚，生下女兒前，她在雅加達的一間工廠工
作，也曾在新加坡當了兩年家庭幫傭。在快三十歲時，她發現先生和
一個鄰居外遇而決定再次出國工作。離婚所帶來的心碎和丟臉，讓她
決定逃離家鄉的醜聞，到台灣工作：

> 如果留在印尼，我每天都會很難過。看著我的丈夫和另一個女人
> 〔嘆氣〕……，那真的很痛苦，所以我到台灣。我想賺很多錢，這
> 樣我丈夫才會感到……，也許他知道我有錢後心情會不好，……
> 嗯，他的〔新〕老婆是漂亮，但沒錢。我想賺錢，沒有老公沒關
> 係，但我想過好日子。

　　海外工作的收入讓失婚的女性移工對自己重拾信心，更實際的好
處是，它替單親媽媽及小孩提供經濟保障。Rokayah是來自東爪哇鄉
村的另一名離了婚的女性移工。她十六歲時藉由父母安排嫁給了一個
軍人，十八歲生下一個男孩。她的先生有賭癮，而且經常棄家庭於不
顧。Rokayah於是到雅加達當了兩年保母，每個月只能回家看兒子兩
次。她在快三十歲時到台灣工作，一樣是做保母，但賺的錢是她在雅
加達的五倍。我問她有沒有考慮再婚，她堅決地搖著頭，「如果我再
婚但老公不好，我兒子會很可憐。我想賺錢，這樣他才能上學。我不
想要孩子長大後沒知識」。

　　為了供應孩子的教育費用，尤其是昂貴的私立學校和大學學費，
母親移工付出的代價是無法親身陪著孩子一起成長。來自菲律賓的
Molina流著眼淚告訴我：「有時候我會在晚上哭。我會想，我正在照
顧別人的小孩，那誰來照顧我的小孩呢？這麼多年來，我都不在他們
身邊。他們總是問我，媽媽，妳為什麼總是不在？我說，我雖然不
在，但這是為了你的未來。」

　　當女性移工照顧別人的孩子時，誰來照顧她們的？許多人請祖
母、阿姨、姐妹，或其他女性親屬來當保母，也有些是丈夫辭掉工
作，成為全職的家管。[14]此外，有不少的女性移工尋找非家庭成員來
當孩子的保母。有些女性移工認為，若是請親戚幫忙，她們會礙於情
面而無法要求或批評其工作表現，所以找個幫傭反而是比較好的安

排。再者，移工同樣要提供財務回饋給親戚，請親戚照顧未必比雇個鄉下來的女傭便宜。

　　Molina和我遇到的其他許多移工母親一樣，都主動熱情地拿出孩子的相片給我看（通常放在她們的隨身皮夾裡），也鉅細靡遺地告訴我關於她們孩子的點點滴滴，即使她們鮮少參與相片中那些具有紀念性的活動：地方舞會、選美比賽、畢業典禮、生日派對等。移工媽媽藉著這些方式向外人展現她們的「母性可見度」（maternal visibility）（Garey 1999: 20）。相對地，我在台灣遇到不少作父親的移工，當我問起他們的孩子時，他們經常不記得孩子當時的年齡，有些不但不覺得尷尬，反而強調他們在國外工作所得到的相對報酬。舉例來說，有位移工父親在想不起孩子的年齡後，不以為意地說：「因為我已經好多年沒回去了……，我不想回去，在國外有較多的錢與自由。」

　　母親移工是社會定義下的主要照顧者，所以容易因為未陪伴在孩子身邊而招受社會批評，認為她們遺棄或忽略孩子。類似批評可能來自親戚、丈夫，或甚至自己的小孩。以Rokayah為例，她的前夫即運用類似的社會責難來破壞她的名譽，以贏取兒子的心。在她結束台灣契約後，我去爪哇拜訪她，言談間我驚訝地發現她返鄉已經一個月，卻還沒機會看到與外婆同住在加里曼丹（Kalimantan）的兒子。Rokayah傷心地對我說：「我的兒子不想跟我講話。我前夫告訴他我在台灣有男朋友、做壞事。我兒子對我很生氣〔啜泣〕……，我怎麼可能在台灣做壞事呢？我所有的時間都在工作，都在為了他存錢！」

　　對非法延期居留的移工來說，由於她們在台期間都無法回去看家人，離家別子的痛苦以及害怕被取代的恐懼更為深刻。Evelyn是一位四十多歲的菲律賓單親媽媽，自五年前從雇主處「逃跑」後，一直在做鐘點計酬的清潔工作。她在移工社群中非常活躍，她的慷慨與熱心，使她廣受朋友歡迎。然而，她在最近被診斷出腦部有腫塊，但沒

有醫療保險可以支付治療的費用。她被迫減少工作量，匯回菲律賓給兩個孩子的錢也因而少了許多。

Evelyn變成無證移工後，再也沒有回家看過孩子。我要去菲律賓做田野前，她很興奮地跟我說：「也許你可以在那裡跟我的小孩碰面。」但我在馬尼拉的那段期間並未接到來自Evelyn孩子的任何訊息。有一晚，將近半夜，我接到Evelyn從台灣打來的電話，電話裡的她很沮喪，啜泣地說：「我孩子都沒打電話給妳，對不對？妳知道今天是什麼日子嗎？是母親節！他們根本不記得今天，也不記得我的生日！我很難過，所以我打電話到菲律賓給妳。我不會再寄給他們任何錢了，我要看看他們沒錢時會不會想到我。」

在我們先前的訪談中，Evelyn曾如此談到她的孩子：

> 我很難過我的孩子不再跟我說話了。這個孩子……，我讓她去唸大學，但現在，她跑去結婚而且已經有一個兒子了……
> 她多大？
> 二十歲，她從沒跟我說她交了男朋友，從來沒說過！
> 為什麼他們不再跟妳說話了？他們生妳的氣還是？
> 我不知道……，我為了他們犧牲我的人生！我從來沒跟男人亂來。我也需要人陪伴啊，但我從來不去想那些。我只想著家人，我不想他們變得跟我一樣。我的婚姻很痛苦，但我的孩子並不了解我。有時候我沒有工作，我沒有錢給房東。有時候我餓肚子，沒有飯吃……，我從來沒有要他們幫忙。

Evelyn對於孩子懷疑她在國外是在滿足個人的享受而深感受傷，她替自己辯護的方式是再三強調她的貞潔（「我從來沒跟男人亂來」）以及利他式的母愛（「我為他們犧牲我的人生」）。雖然Evelyn努力讓

自己像個「烈女母親」（martyr mom）——在海外為了孩子受苦，並因遠離孩子而悲傷（Parreñas 2005）——但經年累月的分離動搖了孩子對母愛的信念，她的病也導致她無法再固定匯款，用物質資源來克盡母職。

移工母親透過許多不同的方式實踐跨國母職：她們延伸母職的定義，說服自己與別人，當個養家者就是她們實踐母職的最佳途徑（Hondagneu-Sotelo and Avila 1997）。她們常寄信、打電話或傳簡訊給小孩，並以大筆匯款和昂貴禮物鞏固和孩子間的情感連帶（Parreñas 2001）。此外，移工母親也會試著以虛擬存在的方式維持每天的家務再生產，我將這種情況命名為「**跨國持家**」（transnational homemaking）。

移工母親常寄一大箱禮物回家，菲律賓人稱之為balikbayan boxes。箱子裡通常裝了來自工作國度的紀念品、雇主不要的舊衣和玩具，以及肥皂、乳液、零食等物品。有一次，我陪Tiwi海運一盒又大又重的包裹回印尼。她的朋友在我面前嘲弄Tiwi是個「不理性」的送禮者：「妳知道她在箱子裡放什麼嗎？她放了洗髮精、牙膏，甚至還放了好幾包Qoo果汁。」Tiwi反駁：「我是想讓女兒嚐嚐台灣牌子的果汁。」其實，那是Tiwi的雇主的小孩最喜歡的果汁品牌。離家多年的Tiwi，沒有機會親手為女兒烹調食物，也難以確知女兒喜歡的飲食口味，藉由資本主義的品牌商品的郵寄，她希望能與家人分享她海外生活的異國元素，並補償自己無法親自陪著女兒成長的遺憾。

事實上，很多移工寄回家的雜貨在故鄉也買得到。根據Deirdre McKay（2004）在菲律賓的實地考察和計算，從海外寄包裹回家所需的花費，比寄錢回去在當地市場買同樣的物品還要貴。雖然這種實物給付的匯兌方式不符合經濟效益，但對移工母親來說，這卻是一種家務勞動的象徵展演。McKay注意到，會寄包裹回家的大部分是女性移

工，她們在決定要寄什麼東西回家時，其實是在進行某種跨國雜貨採買（transnational grocery shopping），雖然她們人不在故鄉家人的身旁，仍可藉此行為履行她們作為妻子、母親的身分。

除了跨國雜貨採購外，移工母親也透過其他方式來扮演跨國持家者的角色。例如，有些移工母親為家人安排設計每周菜單，每天用簡訊叫小孩起床，或是每天晚上睡前用簡訊寄給孩子一則聖經的話語（Parreñas 2005）。她們也可以越洋監控丈夫與孩子的生活與支出。在台灣工作的菲律賓移工 Trinada 雖然不在孩子們身邊（一個讀高中，另兩個讀大學），但仍嘗試監視他們的日常花費：

> OCW（overseas contract workers，海外契約工）的孩子經常這樣：他們有錢，然後懷孕、嗑藥。他們的朋友會說：「你媽媽是海外契約工，你一定很有錢，所以要他們付這付那的。」我要我的孩子將所有花費的收據寄給我，這樣他們就不會浪費錢了。
> *所有花費的收據？*
> 是的，所有花費，包括買蛋、看電影、買書，所有的花費。

雖然移工母親無法親身參與家庭生活的細節，或親力而為地操持家務，但她們能以跨國流動的商品、禮物、資訊和訊息來管理日常例行的家務再生產。跨國持家的實作幫助她們扮演精神性持家者以及遠距離養家者的角色，並藉此穿透國界，重新建構「家」（home）與「家庭」（family）的界線。

我們跟女主人差不多

移工母親延伸母職定義以及合理化她們與家庭分離的另一種論

述,是突顯自己與女主人之間的相似點。Juliet是一位離開子女到台灣工作的菲律賓移工,當我問她在國外工作有什麼感覺,她淡淡地回道:「還好啦。很多女人都在外工作,我們就像我們的女主人一樣。」她認同的是一種現代的職業婦女形象,這不只描述了她的銀行經理女主人,也適用於她自己跨國移工的身分。藉由這樣的類比,移工母親強調自己和其他離開孩子去賺取市場薪資的女性一樣,唯一的差異是,她們必須跨越國族疆界到更遠的地方工作。

前章已說明,女雇主的結構位置使她們必須和市場代理人一起競爭妻子與母親等地位。女性家務移工也經常把自己跟女主人拿來相比較。由於她們近身觀察雇主的家庭生活,得以取得不少內線知識,她們藉由這些資訊來評估女雇主的表現,同時也投射自己所想望的理想女性特質。藉著將自己和女雇主放在同一平台上比較,女性移工讓女傭和女主人之間的界線變得模糊、彈性、似可穿透。

我在菲律賓也有女傭

我常從一些菲律賓家務移工身上聽到類似的說法,其中尤以高學歷、曾從事白領工作的比例最高。她們模糊女傭與女主人的界線,以此緩和自己因地位向下流動而產生的個人焦慮。一位菲律賓移工Trina如此定義她跟女主人之間的相似性:「我老闆以前是個空中小姐,空中小姐就像女傭,這是為什麼她能了解我的工作。」雖然Trina不瞭解跨越公私領域的勞動再生產在歷史上的連續性具有什麼社會學意涵(Glenn 1992),但她拒絕將自己的工作視為低賤的,並認為她的地位和擔任空服員的女主人相去不遠。

有些移工認為自己和台灣女主人地位相近,因為她們在母國也僱用女傭,可說是「遠方遙控的雇主」。一些我訪問的菲律賓移工會以驕傲或不好意思的口吻說:「你知道嗎?我在菲律賓有一個女傭!」

Christina是其中一位。她擁有大學學歷，之前在菲律賓是個老師，她在台灣工作時，聘用了一個鄉下移民來照顧她在馬尼拉的小孩。儘管她們從事的是類似的工作，Christina在自己與家鄉女傭之間畫清界線，強調她們在文化資本、階層地位上的差異。她這樣告訴我：「我姐嘲笑我說，妳有一個女傭在菲律賓，可是妳自己在台灣就是個女傭！我說這是不一樣的，她們是沒受過教育的，並不是每個人都可以在國外工作，妳必須很認真、很有決心。」

對海外的家務移工而言，身為家鄉女傭的「女主人」代表她們的地位比鄰居高，而且也提供一種心理補償，緩和她們在海外工作所受的痛苦。Parreñas（2001）訪問的在羅馬工作的菲律賓女傭，在異地寂寞生活與辛苦工作之際，安慰自己等到賺夠錢回家鄉後，每天只要翹著二郎腿，可以僱用好幾個當地女傭來伺候自己與家人。「換我當老闆娘」除了是一種對未來的想像或願景，也是許多移工當前跨國生活中的具體圖像。這些女性移工享有曖昧與矛盾的階級位置，她們既是海外的女傭，也是遠方的雇主。

Rhacel Parreñas（2001: 72）認為，她們這種不上不下的地位，是多層的「再生產勞動的國際分工」（international division of reproductive labor）的中間介面：當她們替富裕國家的中上階級女性照顧小孩以賺取高薪時，同時也把自身的家務勞動和照顧責任移轉給母國的貧窮婦女。母國的家務幫傭位居這個多層結構中的最底層，擁有的經濟與文化資本最少。她們可能因為教育程度有限或存款不足而無法出國工作，其勞動條件與薪資所得也與海外幫傭有明顯的差距。

1999年我在菲律賓的一個小鎮，遇到一個從事家務工作的菲律賓女人，她的月薪只有菲幣500元（相當於當年的美金17元）。當我問她是否想過出國工作，她以破破的英文回答我：「Me? No money!」長期以來，家務服務是菲律賓女性的主要有薪工作之一，在1975年

有五分之一以上的女性受僱於家務服務（Eviota 1992: 88）。在主要城市，女傭或保母的平均月薪大約是菲幣1500到2000元（約美金30到40元），在其他鄉鎮薪資更低。家境優渥的菲律賓家庭主婦通常僱用數個賦予專職的家務勞工，除了寄宿在家中的「*ya-ya*」和「*helper*」（家務幫手）[15]，許多另外以寄宿或日工的方式僱用廚子、司機、洗衣婦。

　　多數的當地家務勞工來自外省的農村地區，都市裡的家務工作提供他們逃離家鄉的貧窮並參與城市中產階級生活的一條途徑。在馬尼拉，我遇見好幾位來自菲律賓中部的維薩亞群島（Visaya）的年輕女孩，正在等待被安置到僱主家幫傭。比起我在台灣認識的「菲傭」，她們由於長期從事農事工作，膚色明顯地較為黝黑，也較難用英文溝通。當我問到為什麼會想要離家來幫傭，一位不到四十歲、小學畢業、已經生了八個小孩的媽媽告訴我在外省務農生活的財務困難，然後，她眼神發亮地說：「而且，我想看看馬尼拉的生活！」

我不想當這樣的妻子與母親

　　通常，女性家務移工對沒有從事有薪工作的女主人有較多的批評。一位移工受訪者不屑地說：「她們除了監視我之外，不用做任何事。」在她們的眼裡，這些家庭主婦雇主既未負起女性照顧家庭的責任，也不具備職業婦女的理想形象。女性移工認為她們的家庭主婦雇主懶惰、挑剔：「她很晚起床。她看報、看電視、去俱樂部，然後監視我！」有些移工憐憫家庭主婦在經濟上的不獨立：「她必須向先生要錢，而她先生會檢查每一筆支出。她不能隨心所欲地用錢，有時候她甚至要向我借錢！」女性移工嚴加批評家庭主婦雇主的同時，也意在證明自己身為職業婦女是一個相對理想的生命選擇，不僅合乎勤奮倫理，且能確保經濟無虞。

　　還沒有成家的女性移工則認為家庭主婦雇主是自己的壞榜樣。

Jovita是一位單身的菲律賓移工，她告訴我：「我不想變成像我老闆一樣。她跟我說：『妳煮東西給我先生吃，我要出去打麻將！』這樣不好，她不煮飯給她先生吃，也不照顧小孩。我不想當這樣的妻子。我會想要準備一份溫馨、好吃的晚餐等我先生下班回家。」Jovita批評女主人未扮演好家庭角色的同時，也同時浪漫地想像自己未來會是位符合傳統理想的家庭主婦和母親。雖然實際上，要扮演好全職妻子跟母親的角色，對她來說也不是一件容易的事。

此外，幫傭移工也常批評雇主在養育孩子上的疏忽以及不合格。[16]她們批評台灣雇主將事業看得比孩子重要：「他們的父母都太忙了，沒有時間跟孩子說話。」她們也認為某些台灣父母太過懶惰與自私。Rutchelle是位三十多歲、有兩個孩子的菲律賓母親，在台灣當家庭幫傭已超過兩年。我常在星期天的教堂裡看到她帶著兩個台灣孩子，一個五歲的小女孩跟一個四歲的小男孩，旁邊沒有台灣父母的陪伴。我原以為他們的父母忙於工作而無法照顧小孩，但Rutchelle糾正我說：「不是這樣，他們的父母都在家裡，但孩子比較想跟我在一起。」我問小名叫做Tommy的男孩，爸爸媽媽在幹嘛。他回答：「他們在睡覺，媽咪昨晚喝酒。」Rutchelle搖著頭評論道：「我真不知道他們為什麼要睡那麼多。」

比起那些「不負責任的父母」，有些女性移工驕傲或興奮地告訴我，她們所照顧的台灣小孩跟她們有更親密的關係。一位菲律賓移工告訴我，她照顧的孩子在她契約屆滿時對她說：「我們不想待在這裡〔台灣〕，我們想跟你一起去菲律賓。」雖然和女雇主同樣離開孩子去工作，但移工母親會以雇主的小孩較喜歡她們而非親身母親的事實，來證明與確認自己的母職能力。

隨著移工母親與故鄉孩子之間關係的日漸疏遠，她們往往在替代母職的工作中尋找情感上的補償。這種「移情母職」（diverted mothering）的狀況（Wong 1994），往往導致女性移工陷入情感上的兩難困境。她們既要跟女主人確保，自己這個代理母親不會動搖親身母親的地位，在工作上謹守母親與保母之間的界線；然而，如果她們與朝夕相處的雇主小孩之間的情感連帶顯得稍縱即逝，她們也不免感到難過或受傷。

　　我觀察到的一個田野經驗生動地呈現出移工所面臨的情感困境。帶著雇主小孩上教堂的Rutchelle，意識到她的女主人因目睹自己的孩子對外籍保母產生情感依賴而心生嫉妒，Rutchelle於是設法安撫這位母親：「我跟她說這沒關係，我只是個打掃的人。我只是暫時待在這裡。小孩以前不是也有兩個菲傭嗎，但他們很快把她們忘記了。Helen是我前面的菲傭，我老闆拿她的相片給他〔Tommy〕看，他已經認不出來了。」

　　我於是跟Tommy確認：「誰是Helen？」

　　男孩眨著無辜的黑眼珠，搖頭表示不知道。

　　我開玩笑地對他說：「喔，Helen如果知道你忘記她了，一定很難過」

　　聽到我這樣說，Rutchelle把男孩緊緊抱進懷裡，信心十足地說：「但是他會永遠記得我！」

乖女兒與老處女

　　許多研究只關注移工母親而忽略了另一群同樣重要的團體：單身女性移工。本研究中有將近40%的菲律賓移工受訪者是單身（58名中佔了22名）。年紀較輕的印尼移工還是單身的比例更加明顯。以本研究來說，有60%的印尼移工是單身（35名中佔了21名），她們大部分都只有二十來歲。已婚女性移工認為出國可以幫助她們掙脫家庭束縛，而單身女性移工也有類似的看法，她們認為這是一個可以讓她們

逃離父權社會對未婚女兒的控制的機會。有大學學歷的Jovita曾在馬尼拉當過秘書。二十四歲時,她為了到國外探險以及尋求自由,決定離家到台灣工作:

> 當我決定出國工作的時候,我的爸爸媽媽都不知道,一直到了離開前一刻,我才告訴他們。他們知道以後也不能怎樣,因為手續都辦好了。他們很擔心,因為我沒有在別人家工作的經驗,他們也擔心我會碰到什麼樣的老闆……之前我從來沒想過出國。我在鄉下出生,做過最遠的工作是在馬尼拉。我只想要離家遠遠的,你知道,就像其他單身女性一樣期待自由。但是現在〔苦笑〕,只有週日我才有自由!

就像Jovita說的,住在雇主家中的幫傭移工能夠享有的自由其實很有限。儘管如此,出國工作仍可幫助單身女性經濟獨立、脫離父母管束。在印尼,媒妁之婚仍很常見,當地父母也常為了保護家庭名聲而催促女兒早點結婚(Jones 2002)。有些年輕的印尼女孩遠渡重洋,是為了拖延婚姻以及抵擋父母的壓力。Nani是個二十六歲的巽他人(Sundanese),在西爪哇的一個農村家庭長大。她對務農完全沒興趣,於是在高中畢業後跑到雅加達當女服務生。二十歲時,她成為在沙烏地阿拉伯工作的家庭幫傭,而不是變成一個農夫的妻子。她回憶那時家人對此的爭吵:

> 我爸還有我媽說:「你不能去阿拉伯。」我說:「別擔心,無論發生什麼事,阿拉都會看顧我。」每一天,我都跟我父母吵:「我可以去阿拉伯嗎?我可以去阿拉伯嗎?」他們說:「不要去阿拉伯,去結婚。」我不想這麼早就結婚,我會受苦!我看到很多人

不到二十歲就結婚，然後離婚。我不想那樣。

Nani告訴她父母，到海外工作：「我是賺錢給你們，不是給我自己！」單身女性由於還未成家，所以通常會出自於對父母的孝順而匯錢回家。就我的觀察，印尼單身女性通常只匯一些錢回家給父母，並把大部分的錢存下來替日後結婚、成家做準備。[17]相對起來，未婚且是家中長女的菲律賓移工則擔負著大家庭的沈重財務壓力。

學者描述菲律賓的家庭為「核心家庭的居住形式但具有延伸家庭的功能」（Chant and McIlwaine 1995）。雖然經歷都市化及工業化後，核心家庭已成為菲律賓的主要家戶類型，但延伸家庭的親族關係在菲律賓仍然具有重要的經濟共享與社會連繫的功能。親人間互助與互惠的文化價值——馬尼拉語（Tagalog）稱之為「靈魂的債」（*utang na loob*），意指家人之間終生的債務——仍根深蒂固，不論家庭成員因遷移而造成的地理距離有多遙遠（Chant and McIlwaine 1995: 15）。大家庭的成員期待已成年的單身女兒提供財務協助，最常見的形式是由她們資助年幼弟妹的教育（Medina 1991）。

Mercy是位二十出頭的單身菲律賓女性，念了一年大學後，輟學到海外工作。她的父母生了十二個女兒與兩個兒子，其中的八個女兒分別在不同時期到國外工作，並輪流匯錢回家資助年幼弟妹的學費。Mercy敘述她如何開始出國工作：「我姐姐打電話給我，問我要不要到新加坡工作。我說好呀，因為我想幫忙家裡。我姐姐說，『別擔心，我們有五個姐姐在這裡工作。』」每個月Mercy幾乎把所有的薪資都匯回家，毫無抱怨。她認為這是在分擔家裡的責任：「我姐姐越來越老了，她開始需要替自己存一點錢。我姐姐以前賺錢幫助我讀書，現在該是我幫忙其他更小的妹妹上大學的時候了。我們彼此有約定，現在輪到我了。」

以Mercy的例子來說，決定到海外工作是一種家庭策略，意謂負

責任的女兒為了大家庭的集體利益而做出貢獻與犧牲，並以此彰顯她們的道德價值。但是，對其他移工來說，匯錢給父母和其他家人未必是光榮的責任，反倒可能是項永無止盡的義務。

　　某個週日我碰到Jovita，她剛接到家人的來信，表情卻很沮喪，一點都不開心。Jovita最好的朋友Amy拍拍她的肩膀說：「嗯，他們一定是寫信跟妳要更多的錢吧。」Jovita無奈地說，「我媽媽和我姐姐妹妹，她們總要我寄更多的錢。她們問我為什麼不把所有的錢寄回家。我已經一個月寄一萬塊錢台幣回家了！我得替自己存一點錢。」長長的一聲嘆息後，她說：「我告訴自己，做完這份合約就不要做了，因為我已經老了、累了！」

　　除了家人的壓力外，台灣工作約滿後所面臨的不確定未來，也讓Jovita心煩，她懷疑自己能否接受菲律賓的低薪工作。另一位菲律賓移工Nora也有類似的擔憂。Nora雖然從一間很好的菲律賓大學畢業，但很難在當地找到符合條件的工作：「我不太容易找到工作，因為我太老了，而且我的教育程度也太高。」當我進一步追問時，她解釋女性在當地勞動市場中所面臨的年齡歧視：

> 在菲律賓找工作時，他們不喜歡女人太老。他們想要二十一歲的女性，漂亮、會笑，還有那要怎麼說，「普通」（ordinary）……〔當Nora三十歲時從新加坡回國找工作時〕，他們跟我說：「喔，你從這間大學畢業？」然後接著說：「對不起，我們只能給你兩千披索。」

　　Nora每個月都匯一半的薪資給母親和姐妹們（她的父親很早就去世了），其他親戚要買東西或裝潢家裡時，她也會不時寄錢給他們。現在，她正負責最小的妹妹的大學學費以及其他支出。我問她會不會鼓勵妹妹出國工作時，她說不會，並解釋說，她是為了不讓妹妹忍受

出國工作的痛苦才資助妹妹：

> 在國外工作的生活太苦了……我瞭解我妹妹，她不會煮飯，不會
> 做任何家事。
> *她想出國嗎？*
> 她想，但我告訴她：「如果妳在那裡有工作，有家庭，〔待在那
> 裡〕我可以幫妳買所有妳需要的東西。」我才買了一台機車給
> 她。我跟她說：「不要出國工作，太辛苦了。」

　　這些替原生家庭扛起財務重擔的單身女兒，覺得自己別無選擇，
只能繼續在海外工作。同時，她們也擔心自己的婚姻因此被拖延、
耽誤。Rosemary告訴我她一個單身朋友Manny的故事。快三十歲的
Manny受雇來照顧一個新生嬰兒。她的台灣雇主夫婦忙於跨越兩岸的
事業，因此，大部分時間只有Manny在家陪著小嬰兒。Rosemary描述
後來發生在Manny身上的事：

> 他們〔雇主〕非常信任她。她過得很快樂，因為她也很愛這個小
> 孩，就像她自己的小孩一樣。當那個媽媽回家時，小嬰兒因為不
> 喜歡她〔媽媽〕而哭了。Manny的合約很快就到期了，雇主跟她
> 說：「我們希望妳永遠待在這裡。」Manny說不要：「如果我永遠
> 留在這裡，我要怎麼結婚？怎麼有我自己的小孩？」

　　Manny的話點出單身女性移工所面臨的衝突：「照顧你家，如何
成我家？」當她們協助照顧雇主家庭時，自己便難以建立或維護自己
的家庭。在菲律賓，女性的單身地位通常伴隨著「老處女」的社會污
名；馬尼拉話的「老處女」（*matandang dalaga*）一詞，其字面意義為「不

完全的女性特質」（Hollnsteiner 1981）。雖然菲律賓移工可能被貼上「老處女」的污名標籤，有些人仍傾向保持單身，因為她們自知出國工作的生活和傳統的家庭概念格格不入。自三十歲起，Fey已經在國外工作十一年了。她提到自己的婚姻觀以及對未來的計畫：

> 我看到有些朋友離開家庭和小孩到國外工作，我覺得這樣不好。如果你一個人，沒有負擔困擾，所以我說單身比較好。我想工作到我不能做的那一天，也許一直工作到六十歲吧。我會存一些錢，然後回菲律賓，我已經在那買了一棟房子。

也有菲律賓移工基於更基進的原因拒絕進入婚姻。三十八歲的Trina在新加坡和台灣已經工作超過十年了。她家中有十二個女兒、兩個兒子，其中八個女兒分別在不同時期出國工作。我問Trina想結婚嗎？她搖著頭，堅定地說：

> 不需要〔結婚〕，我現在可以養家了。我看到結婚後的姐姐，我不需要那樣的生活。她待在家、白白浪費讀了那麼多年的書。她先生在國外工作，她必須煮飯、洗衣、做所有事情！我不想結婚，因為結婚後妳只能待在家裡、為先生煮飯！就像個女傭一樣！我是個女傭，我知道是怎麼回事！所以，何必要結婚？

Trina一針見血地點出無酬家務勞動和家務工作兩者間的連續性。她認為，家庭主婦只是女傭的無酬版本，社會地位類似，所以她寧願選擇現在單身有薪的家務工作者身分，享受經濟獨立與個人自由。她用在國外工作存的錢買了一塊馬尼拉市郊的地，而且和同樣單身的姐姐及表姐妹一起投資開了一家社區小雜貨店。這些女性透過延

伸親屬網絡創造一個互助社群，而非選擇進入傳統的異性戀核心家庭。但也有其他女性家務移工採取截然不同的策略來面對婚姻的壓力，她們尋找跨國婚姻來逃離老處女的困境。

從外籍女傭變成外籍新娘

在一次週日彌撒後，我在教堂後院看到一些菲律賓移工在偷偷傳閱一張廣告單，她們左遮右掩地試著躲開神父和修女的目光。這張廣告單有個大膽的標題：「亞洲的甜心：美國男人和歐洲男人都想寫信給妳」。廣告單的第一段話是這樣：

> 我們的國際筆友俱樂部提供妳和美國及歐洲男性交往的機會。這些男性的工作好、房子好、教育程度高。但在他們的生活裡，少了一些東西……。他們正在尋找一位忠實、敏感又有愛心的伴侶；一位可以和他分享傳統家庭與婚姻價值的人。他們正在尋找一個可以互相尊重和欣賞的人。他們正在尋找妳。

這個國際筆友俱樂部和許多其他類似的仲介機構一樣，都將據點設在香港，一個擁有超過15萬家務移工的城市。跨國婚姻在菲律賓歷史已久，主要是源於美國軍隊在菲律賓長達一世紀的駐紮（Enloe 1989）。殖民歷史和白人至上的意識形態持續形塑了當代菲律賓人對美、愛與慾望的觀點（Constable 2003a）。現代科技，尤其是手機和網路的進步，更助長了跨國戀愛的蓬勃發展。最受菲律賓女性歡迎的跨國婚姻終點站是美國、澳洲、德國和英國（Eviota 1992）。近來，日本和台灣等較富裕的亞洲國家，也開始衍生對外籍新娘的需求。有愈來愈多的台灣男性到中國大陸、越南、印尼和菲律賓等國家尋找未來可

能的伴侶。

　　既有研究已澄清一個廣為流行的迷思，即認為大多數的菲律賓新娘都出身貧窮，或是來自馬尼拉或天使城（Angeles City，美國克拉克空軍基地所在）的性感酒吧女郎。Fadzilah Cooke（1986）訪問一百多位嫁至澳洲的菲律賓女性，發現半數以上的人過去從事的是專業或行政工作，教書和護士是最常見的兩種職業。這樣的社會人口背景，其實和出國工作的菲律賓移工非常近似。

　　海外工作的經驗與跨國婚姻的軌跡具有親近性，其實並不令人驚訝，除了因為移工得以親身接觸外國文化與生活方式，出國工作也提供女性移工遇見外國人的機會，以及就近取得婚姻仲介服務的管道。此外，在國外工作許久的她們回國後，經常發現自己很難再適應家鄉的生活方式與物質條件。這種格格不入（displacement）的感受可能驅使她們想要藉由移民遠離家鄉。許多人申請去加拿大等可以允許移工永久居留的國家工作；另一條歸化他國的捷徑則是嫁給外國筆友或工作國的當地人。

　　國際筆友服務是菲律賓移工最常用來尋找未來外籍丈夫的媒介，Luisa便藉此方法結識了來自美國與歐洲的八名男性筆友。Luisa常給我看他們寄來的相片、信件以及錄音帶，其中一位是住在德州的非裔美籍男性，Luisa這樣描述他：「他長得醜，但他是唯一一個認真想結婚的人。我不介意他是黑人，我只介意他綠不綠（意指他是否有綠卡）！」Imelda是Lusia最好的朋友，也和一些男性國際筆友來往。雖然她已經申請去加拿大工作，但Imelda很擔心她的高中學歷會讓她不夠資格成為加拿大公民。她告訴我：「如果我想拿到加拿大的居留權，我就必須去上學（大學）！太難了，嫁給一個筆友比較容易。」

　　另一條比較不受歡迎的跨國婚姻路徑，是透過個人網絡嫁給台灣

男人。大部分的菲律賓移工認為，嫁給西方筆友的地位比嫁給亞洲男人的地位高。在她們眼中，委身嫁給亞洲男人的，要不是教育程度低的菲律賓女人，只能依賴商業仲介找到外籍新郎，就是印尼或越南移工，因為她們不會說英文或無法適應西方生活方式。然而，嫁給工作國的當地人，也可以幫助移工脫離那些針對非公民所設計的工作與居留限制。Fey的姐姐在80年代時拿觀光簽證在台灣當家庭幫傭，透過另一位菲律賓新娘的介紹，她嫁給一位幾乎大她二十歲的台灣鰥夫。Fey如此評論她姐姐的婚姻：

> Fey：這個男人告訴我姐姐，如果妳嫁給我，妳可以待久一點。我反對這個婚姻，我說：「妳不知道他是怎樣的人！」但我姐姐想嫁給他，因為她想待在台灣。
>
> 作者：他們的婚姻怎樣？
>
> Fey：不好！他管住所有的錢。他有政府〔榮民〕津貼，但他只給她一點點零用錢，所以我姐姐必須做兼職〔清潔工〕。現在他在醫院裡，我姐姐在照顧他。他和前妻生了三個小孩，他們很少來看他，但是這個爸爸讓這三個小孩管他的存款。我姐姐看不懂也不會寫中文，所以他的小孩把錢都拿走了！現在，如果他死了，我姐姐就什麼都沒有了！
>
> Helen〔無意間聽到〕：真是浪費愛！
>
> Fey〔搖搖手〕：不，這不是愛，只是互相幫忙！（This is not love, just help!）

根據當前的主流看法，婚姻應建立在愛情的基礎上，這樣的社會迷思讓為了尋求遷移機會而結婚的外籍新娘遭受非議。儘管婚姻的現代定義是由浪漫愛、親密關係，和雙方的自由選擇所組成，[18]但婚姻

機制向來具有經濟互賴與社會交換的功能，牽涉的不只是小倆口，而是兩個家庭／家族；這對權貴階級以及社會資源有限的人來說，尤其如此，他們的婚姻常「不只是愛，而是互相幫忙」。菲律賓社會傳統上認為，婚姻是女性追求社會流動的工具，一個丈夫的好壞，端視他能提供多少向上流動的機會。就此角度而言，跨國婚姻可以說是傳統「上嫁婚姻」（marrying up）的最新版本。[19]不同的是，促成跨國婚姻中的社會地位流動，是新郎與新娘各自的出生國在經濟資源的落差。

在菲律賓移工眼中，西方男人與台灣男人是較受歡迎的伴侶，因為貧窮家鄉的菲律賓男人無法確保經濟無虞或者提供向上流動的機會。菲律賓男人甚至可能需要仰賴妻子出國工作，而變成「去勢」的「家庭煮夫」（houseband）。Luisa解釋她較想嫁給外國人的原因：「我不想嫁給菲律賓男人，他們沒有錢，薪水又低。如果他跟我說：『你什麼時候回台灣、寄錢給我？』我會殺了他！」Luisa除了擔心會有個依賴成性的丈夫之外，她也害怕自己的遷移經驗造成不利於她在故鄉覓婚的條件：「我曾在日本跟台灣工作，所以我很難嫁給菲律賓人，因為人家會覺得我是個虛榮、時髦的都市女郎！他們會想我一定很重物質，但我不會。」對菲律賓男人來說，曾在日本做過娛樂表演工作的菲律賓移工，尤其不適合娶來當妻子。

人們認為這些在國外大城市住了幾年的女性太「解放」、受到「汙染」，不可能適應鄉村生活方式以及服從傳統的女性氣質規範。在日本酒吧、飯店當服務生、歌手和舞者的菲律賓人——當地人稱為*Japayuki*——在菲律賓與日本都被烙上性工作的污名。菲律賓的妓女形象太過深植人心，導致所有的女性菲律賓移工都被懷疑是在性產業中工作。[20]

菲律賓女性移工的形象在台灣男人與其他外國新郎的眼裡則截然不同。他們認為，相較於已從傳統性別角色「解放」的台灣和西方女性，虔信天主教且保有傳統家庭價值觀的菲律賓女性是最佳的妻子候

選人。Rosamaria是一位嫁給台灣公車司機的菲律賓人，她以一種理所當然的語氣告訴我：「你知道為什麼台灣男人想娶菲律賓女人嗎？因為菲律賓女人很會打掃房子，又聽先生和婆婆的話，而且把小孩照顧得很好。」

　　跨國婚姻同時反映了菲律賓男人與外籍新郎的男子氣概危機。這些大多是鰥夫或離婚、來自農工階級的男人，不受同國女性的青睞，因此他們想要藉由「解救」貧窮的外國女人來重新彰顯自身的男子氣概。外籍新娘順從奉獻的家務勞動實現了這些男人心目中的理想家庭形象，並滿足了他們對前女性主義時期的家庭羅曼史的想望（Tolentino 1996: 67-71）。

　　在跨國婚姻市場中，海外家務工作的經驗甚至成為女性申請者的一大優勢。某個週日在教堂，一群菲律賓移工聚在一起討論跨國筆友俱樂部的申請表格。Helen覺得其中有個問題回答起來令人難為情，於是請問以前申請過的人：「你怎麼回答這題？你的專業工作（profession）是什麼？」Luisa直率地說，「你可以說你是看顧或家庭幫傭啊，他們喜歡這些工作，因為他們都很老了，喜歡可以照顧他們的人。」Luisa的這段話不僅點出無酬家務勞動與有酬家務工作之間的連續性，還呈現了女性移工處境的一個弔詭之處。如我在導論所說，家務工作女性化的文化邏輯，導致了家務服務這個專業領域的勞動與技術的不受重視，但卻增加了女性家務移工在跨國婚姻市場中的價值，使她們成為妻子（及無酬照顧者）的理想人選。

　　相較於菲律賓移工，印尼女性與西方筆友交往與結婚者很少，因為她們無法與說英文的外國筆友溝通，而且伊斯蘭教傳統也不鼓勵與異教徒通婚。然而，不管是菲律賓還是印尼女性移工，碰到台灣男性雇主的求婚並不是少見的事。這些雇主通常是中年離婚或喪偶。有些雇主的求婚的確含有浪漫的愛情成分，但在其他例子裡，特別是那些

被雇來照顧虛弱、生病的父母的女性移工，台灣男性雇主的求婚其實是在延續她們的照顧工作。前文中提到的從護理學校畢業的Nora，她的雇主就在契約快到期時向她求婚。回絕求婚的Nora後來和另一位菲律賓移工Rosemary聊起這件事：

> Nora：他〔老闆〕說，「你可以留在這，因為阿媽喜歡妳，妳也喜歡阿媽。」
>
> Rosemary〔對作者解釋〕：他們想娶她〔Nora〕，因為他媽媽喜歡她在這裡工作。然後我告訴她，不要答應，因為這會變成一輩子的工作。
>
> Nora：對呀，如果妳結婚了，他們就會要妳待在家裡，哪裡也不能去……
>
> Rosemary：而且妳也賺不到錢！〔所有人都大笑〕

大部分的移工都像Nora一樣，她們心知肚明如果接受雇主的求婚，將會繼續以家庭責任之名而非先前的雇傭關係，來從事類似的家務勞動或照顧工作。成為妻子後的工作份量甚至會變得更多，因為家庭成員所提供的「愛的勞動」理應是無法衡量（所以無酬）且不能間斷的（所以沒有休假）。女性移工成為外籍配偶後，先前受合約規範的薪資、權利與福利也將失去保障。每次當我聽到某個菲律賓移工提到老闆的親戚要約她出去時，其他移工多半這樣提醒她：「妳要小心一點！他們可能只是想要個免費的家庭幫傭跟看護工！」Helen和一個美國男人魚雁往返幾個月後接到他的求婚。她考慮了一段時間，最後還是拒絕，她告訴我原因是：「當你有了丈夫，你必須提供所有服務：煮飯、洗衣、按摩……免費的服務！當個DH（domestic helper，家庭幫傭），至少還有錢拿。」

有薪的家務工作雖然有金錢報酬，但社會地位低、常被汙名化。人們認為它不需技巧而且也不是一份真的工作，這是為什麼Helen參加國際筆友俱樂部時，尷尬地不知如何回答她的「專業」工作。相反地，無酬家務勞動的道德價值較高，也較受社會認可（一個值得尊敬的妻子與母親）。這是為什麼一些女性移工寧願選擇進入跨國婚姻，因為婚姻提供了有薪家務工作無法提供的非物質性的利益。Luisa的美國筆友計劃在她回馬尼拉度假時去拜訪她和她的家人，他們也商討了在Luisa回去的那段時間結婚的可能性。我提醒Luisa要小心點，畢竟是嫁給一個不太熟的人。「我知道，」Luisa深深地嘆了口氣，「但我已經厭倦洗馬桶了！」

事實上，Luisa結婚後也不可能停止洗馬桶，但她洗的將會是自己家的馬桶，而不是別人家的馬桶。她的家務工作將被歸類在「愛的勞動」而非市場勞動的類別中，這意謂著，她的家務勞動雖然失去金錢報償，卻轉而得到情感價值和社會認可。加拿大的家務人力仲介公司在招募海外移工時，甚至赤裸裸地宣傳，跨國婚姻是來加拿大工作的潛在收獲。有一張廣告單引用了一名加拿大雇主的求婚內容：「為什麼要當個保母？嫁給我，我的小孩會叫妳媽咪（Why be a Nanny; marry me and my children will call you Mommy」（McKay 2003: 46）。

像Luisa一樣進入跨國婚姻的女性移工，不僅在尋找一個住在富裕國家中可以提供經濟安全與永久居留權的伴侶，也同時在追求一種浪漫的想像，希望自己的社會地位可以從此提升成為「女主人」。藉此，她們可以脫離「女傭」和「保母」的污名，變成更符合家庭與母職主流規範的「老婆」與「媽咪」。

其他研究者也觀察到類似的現象，女性進入跨國婚姻，未必是為了移民，而是希望實現自己所想望的婚姻（Constable 2003b: 175）。有些女性以工作之因開始移民旅程的啟航，但不久後轉而駛入跨國婚姻

的海域。也有些女性以外籍配偶的身分移民，因為合法的勞工遷移管道不可得。[21]民族誌研究發現，用來劃分遷移形式的各種類別，例如「婚姻移民」、「工作移民」，以及「依親移民」等之間的界線其實是流動的（McKay 2003: 25）。在真實生活中上演的生命故事裡，女性移民以多重的遷移形式協商她們的生命機運及性別認同：她們不只跨越地理疆界，也超越了女傭與妻子、以及保母與媽媽的界線。

女傭還是女主人？

在上一章中，我們看到**女雇主傾向在女傭和女主人之間畫定清楚的界線，但對女性移工而言，私領域的顧家與有酬的家務工作之間的界線卻模糊難辨。**家務勞動的女性化讓她們得以跨越不同勞動形式的多重位置，因為這些勞動仍都被定義成女性的工作。她們的遷移軌跡呈現出「女傭」與「女主人」之間的界線是模糊、流動的，而這樣的模糊界線源於有酬與無酬的家務勞動在結構上的連續性，其間牽涉金錢與愛之間不同形式的交錯替換關係。

在故鄉擔任家庭主婦的女性移工，出國幫傭後成為主要的養家者。她們雖然賺了錢，卻賠掉道德形象，因為她們無法負起照顧自身家庭的責任。面對成為經濟獨立女性，卻跨越性別界線（女人養家、不顧家）的困境，女性移工試圖重新建構家務與母職的意義與實踐。她們透過匯款、簡訊、信件和包裹來傳送愛與關心，並藉此操持「跨國持家」與遠距母職。

雖然在僱用關係中，幫傭與女主人之間的階級位置大不相同，但家務移工透過比較的敘事將自己與女主人並列，甚至認為在婦職的道德地圖中，自己的地位超越女主人（是更好的女人）。移工母親認為自己和出外工作的台灣女主人一樣，都是為了家人的福祉才離開小

孩。女性移工也會批評女主人是不合格的家庭主婦，並宣揚她們做妻子與媽媽的表現與能力勝過女主人。單身的女性移工則藉由進入跨國婚姻來避免自己變成地位低落的老處女，並以此爬升至家庭主婦的地位。

　　把家務勞動等同於女性天職及道德責任的社會觀點，嚴重影響了有薪家務工作者的勞動條件。在勞雇雙方共處一個屋簷下的居家工作環境裡，公／私之間的界線十分模糊，雇主透過求婚來延長移工的工作期限或許是彰顯此模糊界線最極端的例子。然而，一般而言，家務移工本身也希望能與照顧對象（雇主小孩）產生情感上的連結，這樣她們才能從這份卑下的工作中找到意義，並減緩自己與家人分離的痛苦。結果，女性移工被困在一個無解的金錢／情感交換方程式中：一邊是無酬的母職實踐，另一邊是有酬的替代母職工作。她們必須付出大量的情感與金錢成本勉力成為一個「好」媽媽，不論是隔海守護自己的子女，或是照顧身邊終究要離開的台灣小孩。

第五章

灰姑娘的前後台

某次週日彌撒後，我跟Luisa及幾名菲律賓移工朋友到一家美式速食連鎖餐廳吃午餐，如同往常，店裡坐滿了一群群移工，在象徵全球資本主義的金色雙拱商標下，她們開心地吃著薯條和漢堡。在這個消費時段，只有少數的台灣顧客，空氣中流動著菲律賓的家鄉話、同鄉團聚的熱情興奮，與離開雇主管轄區的輕鬆自由。

　　我留意到Luisa帶了一個裝著衣服的袋子，隨口笑她一大早就忙著逛街購物。她搖頭，有點難為情的解釋：「不，這些是我回家時要換的衣服。我在外面時，想要看起來聰明、時髦。」Luisa輕撫著身上穿的象牙色絲質襯衫：「穿著這樣的衣服，我看起來像個企業經理（business manager）。」她指著袋子繼續說：「那些衣服，我在市場買的，只要台幣100塊！穿著它們我就變成『管家經理』（house manager）。」

　　爽朗的幾聲大笑後，她的上揚嘴角化為苦澀的自嘲：「所以我回家前要換衣服、卸妝、把迷你裙換掉。我在家裡像個完全不同的人。你知道的，就像灰姑娘一樣！」

　　移工灰姑娘跨越的不只是菲律賓／印尼與台灣之間的國界，她們的遷移旅程也來回穿越多重的空間場域，包括雇主的家、城市的公共空間，休假時返回的家鄉，甚至透過電話與網路而連結出的虛擬空

間。在這些多重的地理尺度中，空間不單純是固定的物質場域，而是
透過人們認知與經驗時空關係的方式造就了空間的樣態。[1]

　　同一個地理空間，對不同的居民來說，可能有截然不同的意義與
功能。和雇主同住在一個屋簷下，家務移工在這個「家」中的位置卻
是高度邊緣化的；工作與居住場所的合一，讓她們難以保有隱私空
間。同樣是異鄉人，社會階層低的家務移工不像專業外派人員，可以
享受外國人的特權優勢與「世界人」的尊貴身分，她們是全球城市中
的底層階級，能夠使用的公共空間與社會資源非常有限。

　　社會學家高夫曼（Goffman 1959）用「前台」與「後台」的戲劇學比
喻來理論化人們的日常互動模式。人們在日常生活中有如演員，會持
續因應不同的觀眾與情境，來展演自我的形象。而這樣的印象表演是
有時空限制的，「前台」（front region）指的是有觀眾在場、進行特定表
演的區域，在前台受到抑制的某些行為則出現在「後台」（backstage）。
我認為這樣的概念非常適合用來闡明跨國灰姑娘在不同社會空間中的
角色轉換與情境表演。我更進一步擴展高夫曼的概念來分析社會空間
中無所不在的權力關係。從此觀點來看，人們如何刻畫空間界線、協
商空間意義與再現空間樣態，構成了一處日常生活的鬥爭場域，雇主
與移工雙方皆在其中展現權力的控制與抵抗。

　　跨國灰姑娘並非只留下玻璃鞋，等待王子來拯救她脫離苦難。家
務移工利用商品、科技與其他人群的跨國流動，幫助她們重構社會空
間。**雖然空間可能成為施行勞動控制與族群隔離的工具，但空間也是
移工們施展能動性的重要媒介。**她們利用生活科技（尤其是行動電話），
來鬆動工作上的時間與空間的侷限、經營跨越地理國度的人際網絡。
她們將火車站、公園等城市公共空間轉化為聚會平台或暫時家園，在
週日的集體現身中，用八卦當作抵抗武器，用消費建立自我培力。

家做為工作前台

一位台灣雇主如此評論她請的外籍女傭:「我們家女傭並不完美,誠實是她唯一的優點。我們整天在外工作,把家和孩子都託付給她,誠實和信任比其他任何事都重要。」在保母施虐、孩童綁架等犯罪新聞頻頻佔據報紙首頁的當代台灣社會,很多雇主都像這位受訪者一樣,掛念家中財物及孩子的安全,擔心外來者可能造成的威脅。她們對「危險的外來者」的憂慮,更因僱用的是外籍勞工而強化。弔詭的是,雇主為了保護他們的「安全的避風港」,卻把自己的家轉化成一處充滿紀律與監視的場域。雇主的勞動控制不僅止於移工的工作表現,她們的私人生活與道德品性都受限於時間管理與空間監控的框架下。[2]

區隔、隱私、監視

日常生活的家庭空間布署確保了雇主與移工的地位區隔。在西方傳統中,主僕隔離最明顯的空間安排就是樓上、樓下分住的模式。台北和其他亞洲城市由於地少人稠,家戶空間多坪數不大,所以很少見到獨立出入口及樓梯、室外廁所或傭人房等空間規畫。在這樣的緊密居住空間中,雇主的空間控制手法,必須比完全隔離的模式更為細緻,且時常對移工的隱私更具侵入性。

有些雇主會界定明確的規則,清楚劃分家務移工可進出的領域。更常見的是,勞雇雙方發展出一種默契,知悉家人與女傭應如何以權力不對等的方式使用共享的家戶空間。當我問雇主與一個非家庭成員同住是否會不方便,他們常如此回答我:

不會啊，因為她會做隱形人！她一看人多，就會躲在廚房，躲在
陽台，讓客人看不到她，她是 well-disciplined。
這是客人來的時候，那如果是你們家人在看電視呢？
也是一樣啊，她都躲在陽台，這真的是非常有教養的。
躲在陽台喔？
我們陽台大大的，view 又漂亮。

　　住所的不同空間組成，在家庭生活中具有不同的功能與意義。客
廳與餐廳是家人社交之處，也是招待客人的前台區域。相對起來，
廚房與陽台被歸類為是家務幫傭活動的地方。她在這些後台區域煮
飯、洗衣，日復一日操持家務。此外，洗手間、傭人房（如果她有的
話）、小孩房等，也是她較能使用的地方。

　　很多移工被雇主要求和她們照顧的小孩或病人住在同一個房間，
以提供隨傳隨到的協助。這樣的居住安排嚴重侵犯移工的隱私，並導
致情緒與勞動的剝削，如同以下兩位移工所言：

　　我在這裡一點隱私也沒有。剛開始，他們不敲門就進房間，我可
　　能只穿著短褲或甚至內褲。〔有時候〕我想要睡了，他們卻進房
　　跟她〔癱瘓的病人〕聊天，我根本沒辦法睡。甚至在半夜，不管
　　她什麼時候醒來，我都要跟著醒來。她需要什麼，我都得提供。
　　我和小孩一起睡。我唯一可以休息的地方是廁所。我常跑到頂樓
　　的廁所，沒人會用的那一間。打掃完那間廁所後，我常常坐在哪
　　裡哭！我祈禱：「主啊，我想要回去菲律賓！」

　　有些雇主為了便於監視或空間不足，要求移工睡在客廳的沙發床
上，或者睡在附有半透明紙門的和室裡（許多家庭要求移工起床後把

被褥與私人用品收好，白天作為雇主家庭使用的休閒空間）。為了保護隱私與安全，家務移工會試著將她們睡覺的開放空間「後台化」。例如，有個移工晚上會在她的和室房掛上許多衣服，好讓紙門看起來不那麼透明。另一個睡在客廳的移工在晚上會移動茶几的位置，擋在她睡覺的沙發床旁邊，這樣如果半夜有人試圖靠近、侵犯她的私人領域，她可以馬上察覺。

雇主的私人家庭領域如今成為充滿勞動監視的工作場所。孩子可能遭受保母的虐待或忽略，是許多白天在外工作的雇主心頭縈繞不去的擔慮。這些雇主通常依靠某些設備或代理人來進行監視。有些雇主上班時，會不定時打電話回家，以此遙控監看家中情況，或者趁午飯時間無預警地回家查看；有些拜託白天在家的家庭主婦鄰居幫忙看管移工，或請託大樓或社區管理員禁止移工任意外出。更具侵犯性的監視方法，如偷偷在家裡安裝錄音機或攝影機，雖然在我訪談的對象中不常見，但也並非沒有。

最常見的狀況，是請小孩的祖父母來扮演監視家務移工的代理人。有些雇主說，如果不是跟父母同住，他們是不敢僱用移工的。典型的說法是：「你把小孩留給一個陌生人，尤其是一個從國外來的陌生人，怎麼可能放心呢？但以我的例子來說，我婆婆和我們同住，有個人在家看著比較好。」核心家庭的雇主可能拜託住在附近的祖父母白天三不五時造訪家中，其他雇主則可能上班前將小孩和移工一起載到祖父母家，下班後再接回。

然而，在私密的家庭空間進行勞動監視，對有些雇主來說，感覺很尷尬或不自在，於是他們試圖加以掩飾，例如，他們會假裝突然回家是因為「忘了東西」，祖父母則常用「想念孫子」為理由，前往視察移工情況。

「我們怕她會變壞」

　　儘管家務移工大部分的工作時間都獨自在家，但仍有一些機會可以外出。她們經常因工作所需而到超市、醫院（照顧病人）、學校和公園（接送與陪伴小孩）等地方。在台北市，傍晚拿垃圾出去丟，等待垃圾車來臨之前，是另一個移工可以離開雇主家、遇見其他移工鄰居的機會。這些地方都是她們可以稍事喘息、遠離雇主，並與同鄉連絡的後台區域。然而，雇主對移工的監控並不只止於家庭空間，也延伸到移工外出的空間。

　　如第一章所述，勞委會極度關切外籍勞工的「逃跑」問題，而雇主也會因為移工的行蹤不明而付上相當代價（導致配額凍結）。許多雇主因此把防止移工逃跑視為管理重點，而衍生若干控制手段。例如，許多雇主或仲介業者會在移工停留台灣期間扣留他們的護照，儘管這樣的行為已被勞委會明文禁止並處以罰鍰。[3]此外，大部分的仲介業者都建議雇主不要讓移工在週日休假，尤其是契約剛開始的前三個月或六個月。有些雇主則要求移工把休假日排在非週日的時候，以避免他們與其他移工走得太近。

　　雇主監控移工最極端的方式，是不給她們家中鑰匙或不允許她們擅自離開住所。多數雇主採用較隱晦的方式來監控移工的行蹤。有些會在移工休假時，檢查她們的房間或個人物品，看看有無任何不尋常的蛛絲馬跡顯示移工會逃跑；有些會向電話公司索取移工的電話帳單明細，以便多了解移工的社交連帶。當這些雇主對我描述這些行為時，看起來都不太好意思，但仍強調自己是移工在台灣的監護人，以此合理化對她們隱私的侵犯。「我們不是侵犯，我們只是關心。」一名雇主如此說。

　　許多移工被雇主要求在週日加班工作，在有些個案裡，是因為需要持續照顧新生嬰兒或病人，然而，也有許多雇主如此要求是基於控

制的理由。淑華解釋說：「我們不介意付她加班費。我們只是不想讓她出去，和太多朋友鬼混。待在家裡比較好，不做事也沒關係。」台灣雇主間普遍認為，讓移工休假一定會導致負面的影響：「我們怕她一旦去教堂和其他菲傭交往，**會變壞**。」「我們在契約裡特別註明不放假。我們怕她們一去教堂**會被汙染**。」

雇主所說的「變壞」和「被汙染」，究竟意謂著什麼？為什麼連教堂這樣的神聖地，都被雇主貼上汙染源的標籤？在這些被理解為可能的威脅的背後，雇主真正心懸的重點為何？

我認為，雇主限制移工行動的首要目的，是讓他們與被認為是危險來源的移工社群保持距離。在台灣，天主教堂和多隸屬教會的非政府組織是提供移工法律資訊與協助的主要管道。[4]移工在週日彌撒及之後的聚會中，會互給建議、交換策略。雇主擔憂移工社群帶來「汙染」，其實怕的是，移工會比較彼此的工作環境，逐漸察覺到自身的權利，而懂得跟雇主爭權議價。

許多雇主心懸的另一個煩惱是，移工放假後會交男朋友而可能「變壞」。我訪問的不少移工都有親身經驗，例如：「我家女主人老問我在教堂有沒有和其他男人見面」，或「他們不喜歡我每個星期天都出去，因為他們怕我做壞事。」這些雇主認為，他們的外籍女傭和移工男友約會是一種道德墮落的行為，可能導致懷孕或「逃跑」的後果。由於先前發生過移工和男友聯手犯罪的新聞事件，有些雇主也擔心、害怕移工交男朋友和綁架、搶劫的可能關聯。[5]

Peggy是其中一例。當她發現她僱用的菲籍女傭交了一個菲律賓男友時，她立刻中止契約、把該名移工遣返。她認為自己處於一個兩難處境，一方面要尊重移工的個人權利，另一方面要撫平自己對小孩安全的焦慮。訪談時，她告訴我：「我知道她有權利去約會，我們也許不該限制她，我先生也是這樣跟我說⋯⋯」低頭陷入幾秒鐘的沉默

後，她抬起頭為自己愛子切深的行為辯護：「可是我真的很害怕、很擔心我兒子，他就睡在女傭旁邊的房間。你知道嗎？我每天晚上都醒來好幾次，跑去我兒子房間看，擔心他是不是已經不見了。」

除了「不准約會」的規定之外，家務移工通常也被禁止在雇主家裡接待訪客或在朋友家過夜，即便是休假時。女性家務移工所受的規訓，和父權家庭對女兒行為的監控其實極為相似。在雇主眼裡（尤其是女雇主），女性移工可能會勾引男性或製造麻煩，這些擔慮合理化了他們對女性移工的道德控制，甚至是隱私的侵犯。這些空間監控策略強化了家務移工在家庭生活中的附屬地位，並且鞏固了族群和性別的道德界線。

週日的後台領域

如同灰姑娘從後母家的廚房角落，換裝走進霓虹閃爍的舞池，家務移工翻轉她們的角色，穿越工作日及休假天所形成的前／後台界線。家務勞工的工作前台，發生於週一到週六，座落在雇主的家中，她們的言行舉止必須符應觀眾（雇主）對於外籍女傭的期待，展現謙卑、服從及自我節制的一面。相對於此，放假外出的星期日構成了她們生活中的後台，可以暫時離開雇主觀眾的目光／監視之外。

跟中山北路、台北火車站類似的外勞集結的「週末聚落」（weekend enclave），也出現在亞洲其他地主國，如新加坡的Lucky Plaza、香港的中環。新加坡地理學者Brenda Yeoh及Shirlena Huang（1998）視它們為移工的「對抗空間」（counter-spaces）。對於寄宿於雇主家的家務移工而言，公領域與私領域的界定有著複雜交替的關係：她們所寄宿的私人家戶，成為充滿監控窺視的前台、個人隱私經常受到侵犯的工作場域；而很諷刺地，在星期天，如火車站及公園這種遠

離雇主家的公共空間，反而能夠保障她們較多的隱私及個人自由。公
共空間的後台，讓她們能夠展現不同於女傭的形象，並在同鄉的社群
中獲得集體歸屬感以及自主的空間。

灰姑娘出門去

能夠放假外出的菲律賓家務移工，通常是這樣渡過了一個星期
天：大清早，可能在趕著為雇主做完早餐之後，她們和朋友相約在教
堂一起參加彌撒。之後她們到菲律賓首都銀行匯款回家、或是中山北
路上菲僑經營的小型貨運公司託運要寄給家人的錢或禮物。午餐在菲
律賓小吃店打牙祭，或是帶著自製的家鄉食物在公園野餐。飯後，有
的人參加教堂舉辦的查經班、合唱團、球隊練習，或只是在教堂院子
裡聯誼聊天。其他人則去逛街購物、在觀光景點照相，或是到以菲籍
移工為主要顧客的卡拉OK和迪斯可舞廳。有幾家舞廳甚至提供免費
的公車服務，直接接送她們往返教堂及舞廳之間。這些活動之後剩餘
的時間裡，除了打電話給菲律賓的家人外，她們三兩聚在美式速食店
或群坐在台北車站的地板上，消磨最後的自由時光。

休息日的打扮是她們穿梭於前後台之間轉換身分的鮮明象徵。雖
然在台灣很少有雇主如同一些白人或香港雇主，要求他們的家庭幫傭
穿制服工作，[6]台灣仲介或雇主給予外籍女傭的工作規則中，通常會
規定工作時不可以化妝、戴首飾、塗指甲油，或擦香水。許多移工也
有意識地在工作時「裝醜」，大部分穿著簡單的T恤配上及膝短褲或寬
鬆長褲。如此低調素樸的穿著打扮，彰顯卑下的女傭地位，也壓抑女
性移工的女人味，以免女主人感到威脅，擔心男主人外遇。

當家務移工星期天出門時，她們離開了雇主的管轄範圍，也遠
離家鄉父母與丈夫的視線。她們換上了緊身T恤、迷你裙、名牌牛仔
褲，戴上閃亮的金項鍊、搖曳的寶石耳環，踩著高跟鞋，再刷上睫毛

膏、擦上口紅和指甲油。透過這些有形的裝飾，她們妝扮出一個截然不同於在雇主家工作的形象，將自己投射成為一個都會、時尚的異性戀女性形象。[7]這樣一種有流行感與女人味的造型，是對於女傭與女主人的角色翻轉。她們經常用這種說法戲謔地讚美朋友的打扮：「You look like our madam!（你看起來好像我們老闆娘！）」

除了裝扮形象上的差異，家務移工在星期天的後台活動，也和他們工作時的謙卑表演呈現了戲劇性的落差。平日她們只能配合雇主的飲食偏好，沒有烹煮自己喜歡的食物的自主權，多數人必須在廚房孤零零地進食，有些人因為雇主吝嗇於提供充分的食物種類或份量而挨餓，有些人甚至被迫要接受雇主出外用餐帶回來的剩菜剩飯而感覺屈辱。星期天則成她們享受盛宴的一天，移工們可以結夥成群在小吃店自由購買家鄉食物來滿足她們思鄉的腸胃。透過假日的飲食行為，她們得以重建在工作中被抹煞的個人自主性，以及集體性的族群認同。

圖七　在公園野餐的印尼女性移工。作者攝。

　　許多雇主會把穿舊的衣服、用過的玩具當作「禮物」送給雇主眼中為貧窮所困的外籍女傭，這些二手貨就算陳舊不實用，家務移工礙於雇主權威也不能加以回絕（Rollins 1985; Romero 1992）。相對於此，星期天的消費活動則是讓她們在後台自我培力的一種方法。雖然在台灣購物消費並不比菲律賓便宜，但逛街購物為她們帶來一種自主的尊嚴、心理上的滿足感，也變成一種女性經濟獨立的佐證。例如，Maria在來台灣工作之前，在菲律賓是全職的家庭主婦，訪問時，她一面用手撥弄著耳上懸掛的金耳環，一面向我解釋出國工作的收益與成本：「在國外工作很困難，但你賺到很多錢。現在我可以買我自己想要的東西。在菲律賓，要靠我丈夫的薪水，而且也不夠買我現在有的東西。」

　　此外，相對於平常孤立隔離的工作狀況，星期天成為移工社群集聚的時機場合，她們得以交換有關勞工權益的政令資訊、或是日常生活中的抵抗策略，更重要的是，她們提供情感上的相互支援，伏在彼此的肩頭上哭泣，或相互揶揄「身為女傭」而開懷大笑。當我和一群菲律賓女人在星期天的公園野餐時，Nora對我和其他人開玩笑：「我以前不會跳舞喔。但我開始當家務幫傭以後，我放假回到菲律賓，我妹妹說，『哇，你現在懂得怎麼跳舞了。』」然後Nora誇張地搖著屁股模仿拖地的動作，「因為我每天做這個，肚子都沒有贅肉了！」

　　路人可以輕易辨識出移工週日聚會時的嘉年華氣氛。她們唱歌、跳舞、分享食物，偶爾喝點小酒、抽根煙，將公園及其他公共空間轉化為野餐地點與節慶場所。這些休閒活動不僅脫離了日常工作，也與她們在故鄉時的生活不同。海外生活的自主性，讓女性移工得以擺脫家鄉村落的父母控制與保守規範。此外，週日宛如嘉年華的聚會活動也創造了烏托邦時刻，讓移工可以暫時逃離工作時的壓迫關係。[8]跳舞時的身體擺動尤其能幫助移工釋放情緒壓力。一位印尼移工告訴

我，第一年到台灣時，她幾乎每次休假都泡在迪斯可舞廳，因為：
「我不開心，去跳舞，我通通忘記。」

後台區域的界線不只藉由地理空間來區隔，也透過時間來界定。
大部分雇主會明訂外籍幫傭的收假時間，「宵禁」的時間從五點到九
點不等。移工們通常都在外面撐到最後一刻才願意回雇主家，即使是
在附近打公共電話給朋友也好。

某個星期天傍晚，Claudia和我坐在人行道的椅子上消磨她宵禁
前的最後一小時。我揉著整日在城市中閒逛後酸痛不已的腿，喃喃
地說：「喔，你們實在有夠了不起。每次我跟你們出來，我總是累攤
了。我不敢相信你們早上六點就出門，直到回去的前一刻卻還是這樣
精力充沛！」Claudia回答我：「你知道實情是什麼？我們很累，但是
當你想到你必須要再等六天或者更多天才能見到這些朋友，你不想回
去！所以你盡情地玩！你不再感到累！就像是灰姑娘一樣。明天，你
要回到另一種生活！」

就像灰姑娘的四輪馬車，在午夜鐘響後會變成南瓜，舞會裡的公
主只能回到廚房裡，與掃帚共舞。移工在週日嘉年華的尾聲，也必須
卸下化妝、關上行動電話，脫下時髦的衣服，換回屈卑的圍裙。

後台的語言抵抗

跨國灰姑娘常進行的另一個後台活動是聊雇主的八卦。平常，她
們必須讚美雇主、假裝愚笨。但一到週日，她們會交換雇主的有趣糗
事、揭露家庭秘密，例如，洗衣服時在男主人的襯衫口袋找到一個保
險套。她們也會批評雇主糟糕的品味與生活習慣，藉此建立自身或我
群在文化秉性或生活風格上的優越性，翻轉相對於雇主的階級排序。

某個星期天，在台北美術館旁邊的公園裡，我跟移工們照例席地
野餐，不時有路過的台灣遊客不解地盯著我們看。一位菲律賓移工問

我：「Fried rice你們說炒飯，對吧？」我點頭，她隨即驕傲地跟她的同胞宣布：「我們菲律賓人吃炒飯當早餐，但我的雇主吃炒飯當晚餐。他們不是說我們菲律賓很窮嗎？可是我們吃的是真正的晚餐，不是炒飯！哼，台灣人還覺得他們是什麼社會名流（socialites）？」在另外一次的菲勞聚會裡，Judy談論她的雇主：「台灣男人不好，有些很噁心，我的老闆吃檳榔，他總是把檳榔汁吐在地上！」她模仿他吐的樣子，大家都笑了。

Rina Cohen（1991: 204）指出集體八卦與玩笑在這樣的脈絡中所具有的潛在政治意涵：

> 笑話跟笑聲對個人而言不只是紓解緊張的機制，也是允許參與者重新詮釋經驗、分享彼此確認（reassuring）的溝通，並且提供凝聚力和支持，把個人經驗轉化為集體經驗。

藉由八卦雇主，家務移工將自己從備受監視的客體重新定位成行動主體。她們在嘲笑、批評中暫時翻轉了階級位置，宣稱自己成為比雇主還優越的評鑑者。前面已經提過，具有大專學歷的菲律賓移工的英文能力比許多台灣雇主好，這個狀況讓嘲弄雇主的英文，成為菲律賓移工之間常見的一個八卦主題。[9]

某個星期日，幾位先前在新加坡工作過的菲勞，與我慵懶地坐在大安公園的草地上閒聊，她們聊到跟雇主用英文溝通的情況：

Grace：我覺得在這裡〔台灣〕說英文比較自在。

Carlita：在新加坡，他們會糾正我們的英文，因為他們學的是英式英文，我們學的是美式英文，跟這裡比較像。在新加坡，他們不說vase跟God〔用美國腔〕。他們說vahse跟

Gohd〔誇張的英國腔〕。

作者：他們認為妳的英語是錯誤的？

Carlita：是啊，他們認為我們是錯誤的，而且我們應該用他們的
　　　　方式說。

作者：所以當妳說，妳覺得在這裡說英文比較自在，是因為這裡
　　　的英文跟妳說的比較像，還是因為這裡的人英文說得比妳
　　　爛？

Grace：當然是第二個原因囉〔笑〕。

Carlita：我的雇主說：「啊，妳的英文說得很好」。我心裡想「才
　　　　不咧，我的英文不怎麼樣。」他們要我說慢一點，但我
　　　　覺得我已經說得很慢了！

Grace：我雇主的朋友也對她說，「啊，有個人免費教妳英文真
　　　　好！」

　　幾個主要的亞洲地主國，包括香港、馬來西亞、與新加坡，都曾
是大英國協的一部分。即便在後殖民時代，英式英文於這些社會仍有
強大的影響力。1965 年獨立成國的新加坡，由於政治菁英多有留英背
景，加上避免國內種族衝突的考量，教育上推動雙語政策，尊英文為
共通語言，視華語、馬來語、淡米爾語為地方語言，直到 1979 年後才
開始推動「講華語運動」（洪鎌德 2002）。在獨立後成長的新加坡人，
特別是中產階級，不論在正式場合與家庭生活中都普遍使用英文，或
是混雜一些馬來話、福建話與廣東話字彙的新加坡式英文（Singlish）。
在香港，雖然大部分的香港人說廣東話，但在 1997 年回歸中國之前，
英文是官方語言，也是各級教育使用的主要語言（Crystal 1997）。

　　如同上面的對話顯現的，新加坡雇主對於什麼是「正確」腔調或
「標準」英文抱著既定看法，就是英國腔。這樣的看法反映出殖民地

語言慣習（linguistic habitus）的內化，即使他們說的其實是承襲英國腔調的新加坡式英文。然而透過這個方式，新加坡雇主建立了他們的權威，堅持他們語言展演的優越與正當性，遠勝過於菲律賓人的「錯誤發音」（帶菲律賓腔的美語）。

在台灣，英文並非通用的語言，這樣的情形使得這項語言資本的價值相對增值，並且擴大了跨國雇傭關係中環繞著英文所進行的象徵鬥爭的灰色地帶。有些菲傭基於他們較善於展演英文——一種他們認為更有經濟價值、更受文化認可的語言——而取得相對於台灣雇主的文化優越感。而當他們接受了這個全球語言的象徵霸權的同時，他們也會貶低其他語言，如同他們的雇主貶低菲律賓方言一樣。

我在教會義務教授的中文課裡包含了閩南語的一些基本字彙，以便利她們照顧老人與日常生活中的方言使用。有些菲律賓學員跟我抱怨閩南語很難學。Helen 更直率的說：

> 我不明白——為什麼這裡的人不說英文？那些百貨公司的小姐長得又漂亮穿得又時髦，但她們一點英文都不會說！我不知道她們在學校學些什麼？她們浪費她們的時間，然後現在我們要浪費我們的時間來學這個蠢語言！

另外一位菲律賓大學畢業生，Suzanna，在斗六小鎮的台灣家庭工作。我在當地訪問她時，她對學閩南語表達了類似的抱怨：

> 他們要我教他們的小孩英文，但我必須先學台語。他們說如果我不學台語，我仍然是個笨蛋，即使是個大學畢業生……你不要跟他們說喔——其實他們才是笨蛋！英文在這裡沒什麼用。也許我應該去加拿大，我不想學台語，太難了。

更常見的是，菲傭經常揶揄台灣雇主的爛英文跟口音，以此象徵性地反抗台灣雇主的權威，如以下幾個例子：

有一天他們〔雇主〕出去要我自己看家。他們從外面打電話給我：「Jamie, you go sleep first. Don't wait for us. We will come home eleven YEARS.〔eleven o'clock〕（妳先去睡，不用等我們，我們會在十一年後〔意指十一點〕回家）。」我緊張地在電話裡大叫：「Eleven years? But I'm here only for three years!（十一年？但我的契約只有三年耶！）」

我的雇主從辦公室打電話給我說：「Luisa, twelve hours, don't forget to eat my children!（Luisa，十二個小時，別忘了吃我的小孩）！」她實際上的意思是說：「Luisa, twelve o'clock, don't forget to feed my children!（十二點，別忘了餵我的小孩！）〔笑〕
我的天啊，妳有糾正她嗎？
沒，我的雇主不喜歡被糾正。所以我只回答：「別擔心！我已經吃了妳的小孩了！」

這些笑話蘊涵了關於工作內容、勞動條件及勞雇互動等豐富訊息。當菲律賓移工與同伴分享這些笑話時，她們從勞動者的觀點重新詮釋了工作經驗，並呈現了一個大不同於雇主指派的工作腳本的對抗論述甚至行動。許多移工嘲笑雇主下達指令的方式，例如：「divorce〔divide〕the chicken and pry〔fry〕it when oil is dancing〔boiling〕（當油跳舞〔滾〕的時候，把雞肉離婚〔分開〕並打聽〔炸〕它）」。另一個常見的話題是當雇主無法使用正確的英文來下指令時造成的誤解。例如，一個雇主要求她的女傭去「丟（throw）信」〔意指拿信去郵筒寄〕，而該女

傭非常盡職地把信都丟到垃圾桶去。

某種程度上，這些笑話可以暫時的翻轉雇主與勞工，或本地人與移工之間的支配與從屬關係（Constable 1997a: 176）。然而，交換笑話與笑聲的行為仍多隱藏在移工週日的後台活動中。在前台，她們仍必須表演謙卑與遵從工作紀律，謹慎地抑制或掩飾她們對雇主的挑戰與反抗。她們有意識地避免糾正雇主的英文，以防被解約遣返。Vanessa 聊到 Carina 這位被老闆解聘的直率朋友時，提到自己的策略是「從不與老闆吵架」：

> 妳記得 Carina 嗎？她喜歡跟她的雇主爭辯。她糾正她雇主的英文。我跟她說，不論他們說什麼，妳接受就是了！不要糾正他們！他們說，妳「丟下」湯，他們指的是「把湯放下」。Carina 跟他們說：「太太，不對喔。」這就是為什麼他們不喜歡她！千萬不要跟妳的雇主爭辯！他們不喜歡妳處於比較高的地位。我知道很多事，這些但我從來不在雇主面前秀出來。我只鞠躬和點頭，說 Yes 跟 No。

灰姑娘的行動電話

在描述跨國灰姑娘的前、後台雙重生活後，接下來我將檢視家務移工如何使用行動電話來對抗地理限制。行動電話作為一種跨越空間藩籬、方便人們同步溝通的無線科技，為使用者創造了一種「時空的同時性」感，這正是全球現代性的鮮明特徵之一（Pertierra et al. 2002）。手機這項科技一向被賦予信息傳遞無遠弗屆、隨時隨地自由流動的形象。然而，手機訊號雖然可以超越地理的疆域，卻未必能跨過權力的界線。科技造成的時空壓縮效果，仍然被社會權力的幾何學所中介。以下，我們將看到**科技如何可能成為權力控制的媒介，卻也**

提供了弱勢者生存與反抗的空間。

　　2002年秋，我開始第二階段的田野工作時，驚訝地目睹行動電話在移工間的高度普及。[10]今日，全世界的行動電話使用數目已超過電話（Accountancy 2003）。台灣是這項科技革命的先驅者之一，行動電話的擁有率全球最高。[11]移工也不自外於這股快速擴張的行動電話風潮。這項科技產品的「行動」特質呼應了家務移工跨國度的流動性，但也和她們被禁錮在雇主家中的情況形成強烈對比。

　　在一定程度上，行動電話能讓人們在溝通時不受實際距離及空間固著的限制。然而，行動資訊科技彰顯了地理學家Doreen Massey（1994）所形容的「**時空壓縮的權力幾何學**」——科技進步所造成的時空壓縮效果，並非同質普及，不同的群體與個人，因為社會位置的差異，能夠運用時空壓縮以進行跨國遷移與連結的機會也大不相同。

圖八　兩位印尼移工在週日的台北火車站。作者攝

家務移工使用行動電話的方式，突顯了她們的階級位置與公民身分的特殊性，呈現出身為住家幫傭與弱勢移工對時空關係的特殊體驗。她們用行動電話來協商私領域邊界及展示消費能力。行動電話可以幫助她們削弱或抵抗勞動控制，但它也可能變成雇主監控的工具。無線科技甚至創造了一個虛擬交友世界，讓移工建立網絡、維繫家庭連帶，或追求愛情緣分。

隱私空間的角力

有些移工是在雇主的允許甚至鼓勵下使用行動電話。此舉可以方便雇主在移工外出辦事、接小孩時，即時連絡與溝通。也有些雇主是為了避免移工使用家中電話，以防接到昂貴的國際電話費帳單，偏好移工使用分開的電話號碼，因為陌生人的來電代表了一種越侵親密界線、破壞家庭隱私的打擾。

但也有些移工被禁止擁有或使用行動電話。雇主不允許她們工作時打或接電話。有位移工引述她雇主的話：「為什麼你要講電話？你一講，就不工作了。」雖然家務移工長時間在家工作，有些雇主仍擔心她們會偷懶。講電話，或「玩電話」（根據一位受訪雇主的說法），被雇主認為可能讓幫傭工作分心。在一些例子中，雇主甚至派小孩當眼線：如果外籍保母在白天使用電話，小孩就會向父母報告。

雇主也可能因為勞動控制的理由而禁止移工使用行動電話。例如，他們試圖阻礙移工與其他移工連繫，懷疑移工會彼此交換與自身權利有關的資訊，增加「逃跑」的機率。易言之，雇主認為電子通訊會妨礙他們維持移工在地理上的固著性。諷刺的是，有些雇主也基於同樣理由允許移工使用行動電話。他們不想讓移工使用公共電話，是因為怕她們藉此理由外出，實則「和男孩勾搭」或「與鄰居閒混」。

儘管遭到雇主反對，許多外勞偷偷地使用手機。她們只在晚上開

機，或調成無聲、振動模式。這是移工為了保護隱私不被雇主侵犯而偷偷構築的「手機後台」。對那些受雇主嚴密控制（沒有休假、不能外出）的移工而言，行動電話是他們唯一能與外界接觸的管道。在經過一整天漫長的工作後，與家人或同鄉的交談，朋友傳來的短詩、笑話或圖案，幫助她們紓解疲累與寂寞。但是，她們經常必須縮在被窩裡低聲說話，擔心雇主發現，或是怕吵到同住一房的小孩或病人。

　　某些例子中，行動電話成為監控移工動向的工具。有些雇主會借行動電話給移工，以掌握移工在外的行蹤。雇主的來電於是成為一種對移工私領域的侵犯，在她們（休假外出時）的後台創造了一個與工作相關的「手機前台」。移工有時在週日會接到雇主以小孩或老人為理由要求她們早點回家的電話。有些移工為了避免額外的工作而選擇不將電話號碼告訴雇主。當雇主問如何連絡她們時，她們只淡淡地回答：「不用麻煩了，我常換號碼。」

預付卡與簡訊

　　移工使用行動電話的方式在許多方面都和台灣人有不同之處。第一，移工通常使用預付卡，而非按月付費的門號。這是因為台灣的電信業者多要求外國籍申請者提供一名台灣公民作為擔保人，或是支付台幣2000到3000元的保證金。這對受雇於企業或學校的外籍專業移工或教師而言，問題不大，他們容易得到公司或同事的擔保（許偉晉2003）。然而，很少有家庭或工廠雇主願意為低階移工背書，他們在沒有人脈與金脈的狀況下，別無選擇只得使用費率較貴的預付卡。

　　台灣媒體已創造了「外勞卡」這個新詞來形容外籍契約工普遍使用預付卡的情形。警察單位則擔心有些台灣人會利用外勞的個人資料申請行動電話門號，然後用於犯罪之途，因為預付卡的門號紀錄難以追蹤，不利警方調查。[12]台灣的警政署長針對2005年發生的靜宜女大

學生綁架案曾這樣評論：「如果嫌犯不是使用『外勞卡』，我們可能可以抓到人，受害者不一定會死。」[13]這樁綁架事件發生後，購買預付卡的規定對外籍人士變得更為嚴苛。[14]這些規定不僅旨在預防行動電話的使用淪為犯罪工具，也反映出警政單位視短暫居留的移工為治安網的重要缺口。

「外勞卡」作為一種新的社會汙名，暴露出台灣社會潛在的對於這群外來客工（以及他們難以追蹤的手機號碼）的不安與不信任，在靜宜女生撕票案後，內政部決議要嚴格管制外國人使用易付卡（限於兩張），卻沒有正視移工所面對的社會箝制，以及他們對於訊息與溝通的需求。

第二，移工也常因昂貴的電話費率而經常使用簡訊（SMS）這種較便宜的通訊服務。簡訊除了花費低廉外，它也讓使用者可以等到方便的時間再回覆來電。簡訊這種不打斷當下生活的特點對移工尤其重要，因為在雇主視野範圍內或工作時，她們通常是不准接行動電話的。具有不同步溝通功能的簡訊讓在前台工作的移工，能同時維持後台的溝通。[15]她們可以開著行動電話但關掉鈴聲或改成震動，如此她們便可隨時收到朋友的簡訊，稍後再行回覆。

行動電話的使用者常因簡訊長度有限，而使用同音異義字、縮寫或其他簡稱來節省空間和金錢。比方說，「u go out sndy?」是「Are you going out this Sunday?」的簡述；「hapi 2 c u, gudnyt」意謂「Happy to see you. Good night.」。手機研究者已經注意到，青少年尤其會自創只有小團體能理解的俚語和新字（Ling and Yttri 2002），同樣地，移工也運用既有的或發展新的語言代碼來便利與家人、朋友間的快速溝通。這些「群體專屬的語言慣習和代碼」（group specific linguistic habitus and codes）（Geser 2004: 13）畫定了群體間的界線，並鞏固內部的認同感。

我收到的移工朋友寄來的簡訊經常混合了英文、馬尼拉語或印

尼話（Bahasa Indonesia），及中文羅馬拼音。例如，「i just I 2 say, cie cie, slmat」的意思是「I just want to say, cie cie（中文『謝謝』的拼音），*salamat*（印尼語的謝謝）。」這種「語言混搭」的現象彰顯了她們跨越數個文化領域的臨界（liminal）位置。一開始收到這樣的簡訊時，我很難解出這些代碼的意義，尤其對於她們即興式地將中文拼音化，但彼此都能明確瞭解對方的訊息而感到驚訝。像這樣的中文拼音方式顯示出，對移工來說，中文與其說是語言資本，更像是求生工具，幫助她們在異鄉的日常生活中存活。

圖九　一間移工常去的商店，櫥窗上滿是預付卡的展示。作者攝

　　簡訊不僅促進個人間的溝通，更是一種可迅速、廣泛且便宜地傳播公共資訊的工具（Lasen 2002）。簡訊是孤單工作或沒有休假的家務移工交換彼此訊息的一個重要平台，家鄉新聞及最新的台灣政府移工政策，都是她們交換的資訊之一。此外，夾帶笑話、短詩、相片等由

行動電話按鍵上的符號組成的連環訊息，也常在家務移工之間流傳。移工們常藉由這些小創作及幽默的文字互相打氣，排解工作上的無聊和寂寞。

　　近來一些事件已證明，簡訊具有以低成本發起集體行動的潛力。舉例來說，2001年1月，菲律賓電視報導當時的總統Joseph Estrada犯下賄賂和貪污罪，拜簡訊資訊傳播所賜，短短兩小時之內有20萬人聚集馬尼拉街上，要求總統辭職。[16]簡訊的集體動員能力在菲律賓這個每天約寄出一億封簡訊的國家尤其明顯。[17]旅居海外的菲律賓移工更是頻繁的簡訊使用群。2003年伊拉克戰爭爆發期間，中東地區的菲律賓大使館藉著這項電子通訊工具，和菲律賓社群保持連繫（Asis 2004: 14）。在台灣，移工間的集體政治行動雖有限，但簡訊的交換仍替逐漸蓬勃發展的移工草根組織提供一個公共平台。[18]移工會員利用簡訊告知團體集會的時間，並通知那些因工作而無法參與的人未來的活動。

　　最後，對於資源匱乏的移工來說，手機提供了多重的功能，可以替代其他短缺的電子設備。當雇主不允許移工使用收音機、電腦，或她們缺乏這些物品時，她們便利用行動電話聽廣播節目或查收電子郵件。有些行動電話內建相機，這個功能也讓移工可以在特殊場合拍攝有用的相片。在2005年1月發生的飛盟外勞抗爭事件中，轉換到不適切雇主的菲律賓移工，利用手機中的相機功能拍攝工廠中惡劣的工作環境，這些相片後來成為他們向勞委會爭取工作轉換機會的重要證據。[19]輕便又多功能的行動電話是移工重要的日常科技與工具，讓他們能在生活中掙脫空間限制、爭取更多的資源。

消費現代性與遊牧親密關係

　　消費是表達自我與彰顯認同的重要媒介。購買行動電話這項容易

展示的商品，對於想要展現消費能力的移工來說非常重要。輕薄、昂貴、新上市的行動電話最受移工歡迎。一位印尼移工解釋，囿於同儕壓力，她們別無選擇，只能從眾消費：「印尼人的手機都是這麼小的。如果你買大的，大家會笑你：『這是一隻鞋子啊？還是一個鬧鐘？』所以一定要買小的。」許多移工不只為自己也為家鄉的家人購買行動電話。移工合約終止或放假回鄉時，最新款式的行動電話是她們必送家人的禮物。

移工消費行動電話除了具有「炫耀性消費」（Veblen 1912/1994）的象徵意義，也基於務實的功能。因為印尼和菲律賓的許多家庭都未牽電話線，這兩個國家的行動電話市場成長非常快速。在菲律賓，擁有行動電話的人數有2200萬（總人口是8000萬），但有線電話只有670萬個號碼，而且其中只有一半的號碼被登記使用。印尼使用行動電話的人數光在2003年間就成長了60%，2004年的使用者總數已超過2000萬，佔總人口的9%，根據市場預測，此數字在2008年會達到6000萬。[21]

雖然流離在外，跨國移工仍可藉由這項無線科技維繫「**遊牧式的親密關係**」（nomadic intimacy）（Fortunati 2001）。跨國家庭的情感連帶建立在許多越洋電話及簡訊上，一些母親移工甚至每天傳簡訊給孩子。根據一篇菲律賓當地的研究（Pertierra et al. 2002），一位妻子在香港工作的菲律賓男性，每天早晚都會各接到一次妻子打來的電話，他覺得「她就在旁邊一樣」。這篇研究發現，行動電話對跨國婚姻的維繫有正面的影響，因為夫妻可以在電話中分享親密的時刻。這種親密關係有時可以透過圖像式的想像，例如，上述的移工妻子掛電話前喜歡巨細靡遺地引導丈夫進行想像的親吻，從頭親到腳。此外，行動電話也讓跨國夫妻得以監視彼此，預防外遇。

然而，便利的無線科技所費不貲。許多移工的行動電話和簡訊花

費非常可觀。根據許偉晉（2004）的調查，移工使用預付卡的花費平均每個月是台幣1637元，僅次於食物花費（台幣2001元）。一些我認識的移工甚至每個月花費近5000元在使用行動電話上，是每月薪水的三分之一。

移工建立「遊牧式親密關係」的對象，不只限於故鄉的家人或親戚。有些人也用行動電話擴展人際網絡，尋找戀愛伴侶。我認識的有些印尼女性藉此尋覓到在馬來西亞、沙烏地阿拉伯等其他國家工作的男朋友，也有些移工情侶經由朋友介紹而隔洋認識交往。以海外移工為目標群眾的雜誌也會刊登附行動電話號碼的個人廣告。我的一些移工朋友也透過跨國電訊發展出遠距離的親密關係，有些甚至計畫等回國見面以後，便商討結婚的可能。

總結來說，行動電話科技帶來的便利溝通可以培力使用者，但解放的可能性也受到使用者的社會位置所中介。隨著自由、自主的增加，個人所要擔負的責任也越大，也越可能將自己暴露於新形式的社會控制。[22]移工使用行動電話的方式（預付卡或簡訊）反映了她們在客國的邊緣處境，包括非公民地位及高壓的勞動條件。雇主可能鼓勵，或者禁止移工使用行動電話，但兩者的意圖皆在增強對於移工的勞動控制；然而，移工也藉由行動電話的消費與使用，展現了能動性。藉由與移工同伴及遠方家人的隔空連繫，家務移工鬆動了她們在實際生活中所遭遇的空間區隔與孤立處境。

全球城市裡的邊緣客人

台灣的移工社群沒有明確的空間界線，也不是一個全天候運作的族群聚落。他們的活動斷斷續續——週間沉寂，只有週日才有活動；他們的成員來來去去——大部分的移工並未住在活動地區裡，而是休

假時才以消費者的身分造訪。移工社群的這些特質再次反映了，家務移工在地主國政府與受雇家庭的強制規範下（只能在台灣短暫居留以及必須和雇主同住），如何以獨特的方式體驗時空關係。

即便有以上侷限，在台灣的移工，藉由神職人員、東南亞華僑及配偶等其他跨國移民的支持，仍舊發展出自己的社群。透過人與商品的流動，這些商業取向的聚落，滿足了契約移工所欲求的社會活動與消費需求。而來自不同國家的移工，通常在不同的地理空間中活動與聚居。這樣的社群生態固然源於族群聚落的規模經濟，但也反映了移工族群之間的市場競爭關係。下文中，我將介紹台北的菲律賓與印尼移工迥然不同的社群空間，兩者皆展現了台灣社會對於移工既納入又排除的空間整合模式。

中山：充斥商業利基的宗教聖地

樸素的聖多福天主教堂座落在台北的中山北路三段。該教堂自50年代美軍駐紮台灣起便提供英文彌撒的服務，附近的農安街上則林立美式酒吧與餐廳，現仍是住在台灣的西方人經常造訪的地段。此一地標象徵了台灣過往對於美國的政治與經濟依賴，以及當前與菲律賓的跨國勞力輸入連帶。聖多福教堂自90年代初即成為週日休假菲律賓移工最常群聚的地點，為了因應日益增加的菲律賓信徒的需求，這座教堂除了英文彌撒外，現在也舉行馬尼拉語彌撒。根據菲律賓傳教士的估計，每週日參加馬尼拉語彌撒的信徒至少有3000位。

教堂周圍的地區，被移工稱為Chungshan（「中山」的拼音），移工只要告訴不諳英語的計程車司機，要「去中山拜拜」，便能順利到達目的地。此地也被台灣人暱稱為「小馬尼拉」及「菲律賓城」，菲律賓文字出現在此區域的許多店舖招牌，不論是雜貨店、餐館、卡拉OK店、匯兌與貨物寄送等，隨處可見。到了週日，大街上盡是台灣與

菲律賓商人叫賣各種商品，包括菲律賓報紙、雜誌、音樂CD、電影
DVD、羅曼史小說、衣服、內衣、金飾、化妝品、行李箱、床單、
打字機，甚至二手電腦等。移工也可在這買到手工製的家鄉小吃，
在教堂後面的小巷，也有移工假日兼差發揮手藝，提供同鄉廉價的剪
髮、燙髮、修整指甲等服務。

　　在大街上交易可省下租金與稅金，但這種非正式經濟也有它的成
本與風險。由於街頭攤販在台北市是非法生意，巡邏警察的出現常令
移工心驚膽跳（合法與非法皆然）。因此，小巷中的小販與小吃攤在
近年來逐漸搬遷到鄰近的萬萬商場二樓。這座商場以往有許多店面閒
置乏人問津，自從湧進移工生意後，現已生氣勃勃。

圖十　中山北路上的菲律賓商店與放假外出的移工。作者攝。

移工生意被收納進正式經濟之後，文化資源受限且不能合法在外工作的契約移工，難以進入商場開店做生意。因此，Chungshan地區的多數店面都是由華僑或嫁至台灣的東南亞女性（所謂的外籍配偶或新移民）所經營管理。這些台灣社會「內部的外來者」（outsider within）[23]，透過跨國網絡進口貨物，替來來去去的客工重現了家鄉的生活方式。有些店的老闆也利用移工擔任零售商品的下線，賣網路電話卡、手機預付卡、多層次傳銷產品或批發牛仔褲給同鄉，成為移工賺取額外收入的副業。

大部分的商場店面都只有週日或週末才營業。當店家的營業時間如此短暫，他們該如何平衡店面租金與其他支出呢？其中一個解決之道是提高食品與服務的售價，而移工們並不會因價錢高昂而卻步。Jessie是一家賣有中式與菲律賓風味料理的小吃店老闆，她在訪談中說：「他們〔指移工〕一個星期就只能吃這麼一次家鄉口味的食物，所以根本不在乎要付多少錢。」店家平衡收支的另一個方法是與當地商家結盟。例如，一些台灣人經營、只服務本地客人的早餐店在週日會變身成菲律賓小吃店；還有一家菲律賓卡拉OK店，則是向當地的社區中心承租週日的場地。

透過仲介介紹嫁給台灣男人的Jessie來台灣已十年有餘，拜近年湧入的菲律賓移工商機所賜，她的小吃店生意極為成功，也因這樣的收入來源讓她贏得丈夫與公婆的肯定。就如Lisa Law（2001）指出的，品嚐家常菜可以創造熟悉感，讓移工得以藉由味覺連結，想像重回故土。像Jessie這樣的婚姻移民在遷移的文化經濟學中舉足輕重，因為食物是協商身分認同的重要標記（王志弘 2006）；她們的烹飪技巧與知識或許不受夫家賞識，卻對標記移民社群的文化差異與族群認同大有貢獻。[24] Jessie雖已在台灣落地生根，但仍不時感覺自己被台灣人看成外人，移工顧客的陪伴讓她在異鄉得到一種歸屬

感，她說：「他們就像我的兄弟姊妹。每逢週日，我就好像回到我的家鄉。」

台灣生意人也察覺到移工的消費力所帶來的潛在可觀利潤。他們將市場區隔等級，在不同時段或以不同商品來服務本地顧客與移工消費者。佐丹奴、Hang Ten 等低價位的服務品牌已在此區開設暢貨中心，每逢週日常舉行過季或瑕疵品的特價拍賣。一些迪斯可舞廳會將週日下午這個鮮少受台灣人歡迎的時段，設定以菲律賓移工為主要客群。有些舞廳甚至提供免費巴士，載送移工從聖多福教堂直達舞廳。同樣地，附近的賓館也針對移工情侶在週日下午推出特價的「休息」房間。

對台灣人來說，中山北路三段是個以婚紗攝影聞名的商業地段。聖多福教堂不遠處即有許多展示了華麗婚紗禮服的商店櫥窗。台灣人結婚前拍攝婚紗照很常見，這種儀式可讓準新娘體驗、享受宛如公主般的華麗一天（李玉瑛 1999）。[25] 然而，美麗的新娘及象徵西方童話故事成真的奢華婚禮，與形象被汙名化的東南亞移工不太相配。當地商店與居民抱怨移工帶來的噪音與混亂，幾度投書報紙，用激動的言詞抗議外勞星期天的聚集，嚴重破壞了社區的生活品質和安全。[26] 他們也害怕「小馬尼拉」、「菲律賓城」等名號會拖累當地生意與地產價值，尤其因為週日是婚紗拍照與房地產經紀最忙碌的日子（吳比娜 2003）。

菲律賓移工在中山區的集體現身改變了台北的消費文化地景，聖多福教堂不時配合菲律賓的節慶，舉辦花車遊行等活動，為台北街頭添增多元文化的繽紛色彩。移工利用購物來展現自身的消費能力，抵抗工作時的卑微與無力感。本地的生意人為了賺更多的錢，張開雙手歡迎這群客居消費者；華僑與新移民頭家則與他們的打工仔同鄉重聚，在移民經濟中取得商業利基。移工固然被消費資本主義接納收

編，成為低價商品與冷門時段服務的搶手顧客，然而，他們仍沒有被台灣的公民社會接納為其中的一員。如吳永毅（2007: 41）所言，移工的週末聚會是一種集體化的「強迫出櫃」，邊緣族群被迫在公眾空間展示秘密生活，卻也使他們的「他者性」被放大檢視。當地居民仍視移工為骯髒的種族他者，玷汙了奢華的白紗禮服，以及社區的中產階級形象。

圖十一　菲律賓移工在中山北路聖多福教堂前的節慶遊行。作者攝

火車站：人流與網絡的節點

　　由於穆斯林女性傳統上不被允許進入寺內祈禱，清真寺並未成為以女性為大宗的台灣印尼移工的活動中心，不若天主教堂一般，成為菲律賓移工文化認同與政治動員的重要據點。相對起來，印尼家務移

工休假時的活動較分散、流動。台北火車站遂成為印尼移工最主要的聚集地點，是他們空間移動、人際網絡與活動串連的節點。

台北車站是座現代化的六層樓建築，內含公共電話亭、廁所、商店、美食街等公共設施。這座全棟空調的大樓為移工遮風擋雨，舒緩他們在夏陽冬雨的台北生活的不適。他們通常就在一樓大廳席地而坐，聊天、打盹、共享零食或家鄉食物，或閱讀從樓上商店買來的印尼雜誌。餓了，他們可以在印尼熟食店慰勞自己思鄉心切的胃；無聊時，他們可以到地下街商場購物，或去附近街道上印尼華僑開設的小型舞廳及卡拉OK吧殺時間。

在火車站活動的東南亞移工與台灣行人，被一條不可見但堅固的界線所阻隔。大部分的台灣人行色匆匆，趕著去買票或坐車，他們經過大廳時，有意識地與群聚的移工保持距離，或是下意識地避免眼神上的接觸。1989年改建的台北車站，其設計原意是要打造一種流動感，並預防無家可歸的遊民在此聚集（吳美瑤 2004）。因此，燈火通明、挑高寬闊的大廳並無設置任何座椅，等候區則設在地下樓（直到近年來才在時刻表下放置幾排座椅）。建築師腦中的空間意象，卻因集聚移工的即興使用而產生變化。台北車站成為移工的野餐地點與暫時的避風港，根據一份2004年的調查，移工週日平均在此耗上六個小時。[27]

當我和印尼移工坐在大廳地板上分享她們帶來的家鄉小吃時，不時有路過的台灣人對我們投以嫌惡的眼神。Utami搖搖頭，向我說明，她們試圖把車站大廳轉化為家中客廳，在此複製席坐的生活習慣，以舒緩在異鄉的社會與文化疏離感：

> 台灣人覺得這樣不好，坐地板，很醜、很髒。不管他，我們習慣了。我們在印尼那邊，睡覺是地板、看電視是地板、吃東西在地

板……在這裡〔火車站〕，我們吃印尼菜、說印尼話、買印尼東西，好像我們在印尼，不是台灣。

對孤立在雇主家工作的家務移工而言，火車站是一個重要的節點，引領他們進入流動的移工網絡。大部分的印尼移工一個月只休一或兩天假，因此，她們的休假日未必和（人數有限的）朋友一樣。許多人試著在火車站交新朋友，以在休假日做伴。她們常在火車站和「同學」（指由相同的仲介業者在印尼招募的移工，她們來台前曾在訓練中心共度數月時光）重逢，也會利用牆壁上的數字（例如B20等註記），來將火車站冷冰冰的公共空間「地盤化」或「後台化」，標誌特定角落為與朋友定期聚會的地點。

圖十二　印尼移工與作者（右數第三位）在台北車站大廳野餐。

羅融拍攝

　　像這樣的公共空間的私人化，是社會資源匱乏的社會群體不得不然的空間策略。然而，外勞星期天的「野餐」卻引起不少台灣民眾的微詞。一位台北市議員在台北車站對276名台灣旅客進行調查，其中有70%的人對星期天外勞製造的噪音和混亂感覺「噁心」或感覺很「壞」，有90%看待此一現象為「不良的次文化」，會破壞火車站作為台北地標的現代形象。[28]

　　這樣的抱怨，與其說是基於公共衛生安全的考量，更多是因為移工把台灣的公共空間「後台化」，所導致的不安與焦慮。一個台灣雇主在訪問中描述，當他星期天早上搭著經過聖多福教堂路線的公車時說：「你相信嗎，那天我是公車上唯一台灣乘客！我感覺很怪，甚至有點害怕！那時我真的懷疑究竟我身在哪裡？」如此恐懼感的浮現，是因為多數者變成少數者，支配者的前台變成弱勢者的後台。換言之，「我們與他們之間的界線被入侵，並翻轉了『自我』與『他者』的位置。」（Yeoh and Huang 1998: 593）

　　台北車站是一個城市交通的輻輳點，移工可在此搭捷運或公車到台北各地旅遊。它也是散居各城市的移工在週日的最佳聚會地點，他們可利用火車輕鬆到達桃園、中壢等聚集大量工廠移工的鄰近縣市。[29]許多在台北工作的印尼移工幾乎每週日都搭火車到桃園（歷時四十分鐘），桃園於是成為火車站延伸出的另一個重要的移工聚落。除了租金便宜外，另一個使桃園成為受移工歡迎的集會地的原因是，有許多男性移工在桃園工業區工作、居住。由於大部分來台的印尼人是女性，因此在桃園常看到由泰國男性、印尼女性組合而成的情侶，彼此用有限的中文字彙溝通。

　　如果你有機會拜訪桃園後火車站一帶，從大街上穿過地下道，你便會發現自己置身與街上地景迥然不同的奇異之地，滿目所及是兜售電話卡、行動電話配件、廉價玩具的小商店。台灣政府長久以來一直

忽視桃園火車站後方這塊區域的開發，而今當地充斥許多三層樓的移工商家：通常一樓是小吃店，二樓是卡拉OK吧，三樓是舞廳。走訪該處的移工，可以享用沙嗲肉串、泰式炒米粉；還可以買到椰奶、蝦餅，或在舞廳遇見戀愛伴侶；有些餐廳也提供播放泰國或印尼綜合新聞及節目的衛星電視。

桃園相對於台北縣市，是個比較不受國家發展計畫重視的後台領域。首善之都台北是金融與服務業重鎮，桃園則深受缺水與空氣汙染之苦。這座衛星城市也是製造業工廠自過度擁擠與昂貴的首都遷往他處的首選。移工的商業聚落從台北擴散至桃園，也是遵循類似的空間分布模式。移工聚落在桃園的區位甚至遠離主要的公共街道，換句話說，它座落於後台區域的後台、邊緣城市的邊緣。

印尼移工告訴我，她們在桃園活動時感受到的疏離、拒斥感沒有像在台北市那樣強烈。在台北，印尼移工逛街的地點通常是火車站地下街，少有人走出火車站，過馬路到對街五十二層樓高的新光三越百貨。有一個夏日午後，我和移工朋友從二二八公園走回火車站的路上，大汗淋漓的我貪圖吹冷氣，建議大家穿過百貨公司。許多人面露遲疑，表示從來不敢走進去，因為「害怕進去，那裡的東西一定很貴。」有些膽子比較大、曾經進入該百貨公司的移工，感覺自己被銷售人員看不起：「他們看到我們都不一樣啊。他們會smile對你們台灣人，歡迎光臨，這樣，對我們都不會啊，他們都不一樣，覺得印尼人是傭人、poor people……台灣人看我都這樣子〔鄙視狀〕，幹嘛，我不是垃圾，不是垃圾桶啦。」

特別要說明的是，台北火車站的二樓之所以會成為移工店家聚集的空間，有著歷史的偶然。由於台鐵與金華百貨自1993年來發生租約爭議，在爭訟期間，金華百貨不願遷出，台鐵也無法重新招商轉租。在這段過渡期間，移工商家方得以低廉租金進駐車站二樓。2005

年最高法院判金華百貨敗訴後，微風集團取得地下一樓至二樓的空間經營權。2007年10月開張的二樓美食街，配合同年3月通車的高鐵，以明亮奢華的時尚空間，提供中高價的中產階級消費。台北火車站的空間已被重新改造、細心管理。在保全人員持續巡邏下，一樓大廳不復見到移工休憩的身影，移工的群聚空間已經被排擠到火車站外的露天空間。

勞委會及一些地方政府都曾經提出管理外勞休閒生活的議案，如規劃特定場所，遷移外勞到封閉性較高的地方（吳挺鋒1997: 107）。其基本動機在於維持我群與他者的隔離，並侷限外勞的公共後台，以維持有效的監控管理。這類全面隔離的計畫從未付諸實行，而招募移工已有十多年歷史的台灣，已發展出一種「**邊緣納入**」（marginal incorporation）的空間模式。意即，台灣社會能接受移工的共存，只要他們處於空間與社會的邊緣。印尼移工週日活動的空間便彰顯了這樣的「邊緣納入」：他們分享了火車站所帶來的舒適冷氣與交通便利，但群聚的身影集中在大廳的角落或資本遺忘的邊陲；他們用平日的勞動與假日的消費力為台灣的經濟發展提供貢獻，但他們只能在地下商場翻撿折扣商品，而不敢走進象徵中產階級時尚的摩天樓百貨公司。

跨越多國的旅程

除了經歷工作日、放假日的社會空間作為前台與後台，跨國灰姑娘粉墨登場的另一組前台與後台，是**地主國／母國的空間區隔**。家務移工在第一組的前台中，面對雇主觀眾，扮演女傭。置身第二組的前台時，返鄉後的移工在親人、朋友、村民等觀眾面前，扮演的是凱旋歸來的「海外英雄」角色，工作的黑暗面——艱苦、沮喪、疏離的經驗——常隱藏在後台，只跟同在異鄉的移工們低聲傾訴。同樣地，她

們必須隔離前台與後台，不讓前台的觀眾看到她們在後台的情形，也
就是在台灣工作的實際狀況。不少家務移工（特別是地位向下流動的
菲律賓移工）甚至對故鄉的親朋好友隱瞞或模糊他們在台灣的工作情
況。有位受訪者說：

> 我在台北的街上遇到一個菲律賓的鄰居。她是老師。她叫我不要
> 告訴其他人在台灣看到她。很多人甚至不告訴她們的家人和朋友
> 在台灣做什麼。他們不知道我們只是在洗碗和洗狗！

Marilou是一名二十九歲的菲律賓大學畢業生，來台灣幫傭已經
五、六年。當我初次詢問她能否接受訪問時，她問我：「你之後會將
它刊登在報紙上嗎？上次有些記者來，想拍我的照片。我說，不要、
不要。我不想菲律賓的朋友看到我在台灣擦地板。」幾週後，Marilou
跟我說，最近多接了幾件「有氧運動」（aerobics，菲律賓家務移工以
此代稱在雇主家以外的兼職清掃工作），因為她要贊助高中母校舉辦
同學會，捐了100元美金。我問她既然無法參加同學會，為何還要
捐錢。她回道：「他們要整建學校，到處找贊助。OCWS（Overseas
Contract Workers海外契約移工）是最主要的募捐對象，因為我們在國
外工作，他們覺得我們賺的錢比較多，應該多捐一點。」

移工除了試著隱藏後台的黑暗面以維持出國工作的光彩，要在前
台扮演成功致富的海外英雄，最重要的劇碼是透過有形的物質消費，
來展現經濟能力以及社會地位的改變。改建水泥房子、購買現代家
電、讓小孩讀私立學校、擁有進口玩具，這些象徵現代性、全球性的
物質實踐，突顯出移工與其他從未出國的菲律賓鄉民的差別。星期天
的中華路擠滿了前來購物的移工，DVD放映機是最受歡迎的產品之
一。馬尼拉國際機場的行李運送帶，總是塞滿了跨國移工度假或歸國

時寄運的大型紙箱，許多台灣的家電行甚至號稱他們的產品在菲律賓也可享有一年的保固期。

對於跨國移工而言，度假是脫離繁重工作、返鄉探望家人的難得機會，然而，短短的一兩個星期的假期，往往花費她們相當的金錢。有些移工甚至害怕這樣的「大失血」，而放棄假期。打算回家度假的移工，通常數週前就要開始有計畫地準備給親朋好友的禮物或是現金；由於返鄉的消息往往傳遍街坊，對於前來湊熱鬧的鄰居，移工也不能免俗失禮地送上台幣幾十塊的小禮物。Madeline跟我解釋這樣的送禮行為實在是面臨社會壓力而身不由己：

> 你知道，別人想你在國外工作一定很有錢。所以假如你沒有帶錢回家，他們會笑你：「這算哪們子出國？」你必須買田、買房子、開店做生意。〔無奈地聳聳肩〕這是菲律賓人的生活方式。

海外移工的財力展示，經常是面對家鄉觀眾期待的不得已表演。除了返鄉度假要送禮，在國外工作時，也要面對來自母國的各式各樣募款、借錢的要求，例如親戚小孩的學費、母校的募款，甚至是鄰居的生日宴會。面對這樣的請託，移工往往覺得很難全然拒絕，一方面是有丟臉（losing face）的社會壓力，如果不能滿足這樣的財務需求，意味著她們的海外淘金夢的失敗。

然而，返鄉的移工要在家中維持光鮮亮麗的生活風格並不容易。Judy是年近三十的單身菲律賓女性，她對我解釋為什麼她的姊妹經年在海外數個國家工作：「她們買了許多東西，車啊，家庭用品之類的。〔然後〕他們在菲律賓很久都找不到工作，他們必須賣掉車。他們再次出國工作，然後再次借錢。」Judy認為這種不斷循環的遷移旅程是無可避免的命運，因為：「待在菲律賓，你犧牲。到台灣，至少

你賺了錢，而且可以買任何你想要的東西。你可以攢錢回家、做生意。」然而，我問她到底有多少移工開始做生意，她的語調由明亮轉為陰霾：「這我就不知道了。」

「創業」（starting a business）是移工描述未來藍圖的常見說法，這樣一種資本主義邏輯下的文化敘事，相當程度地影響她們對於自身階級認同時序性的理解——暫時困於險灘的外籍幫傭，將轉換為未來衣錦榮鄉的小頭家。所謂「創業」，通常指的是經營傳統的小商品生產生意，例如Jeepneys（吉普公車）[30]、三輪車及小雜貨店。極少數的人投資在較複雜的經濟活動，或是運用他們在海外工作所獲得的技術訓練。

人類學家Raul Pertierra（1992）指出兩個因素來解釋返鄉移工（菲律賓人稱呼他們為 *balik-bayan*），對小商品生產投資的偏好。第一，這些投資形式可以象徵地具現他們在經濟不發達的當地社會中的相對富裕地位。第二，這些投資可以滿足家族成員期望共同分享或管理經濟收益的需求。返鄉的女性勞工購買的吉普公車和三輪車，通常是由她的兄弟或丈夫來駕駛。*Balik-bayans*在返鄉之後通常沒有正式的工作，或至少在剛返鄉的前幾個月會在家休息，以此彰顯出他們在地方上的相對優越地位。而她們立志創業的抱負經常隨著時間而磨損，因為他們在國外工作存的錢逐漸被出國過程中的負債、親朋好友的借貸、以及維持家中的生活及消費品消耗殆盡。[31]

2002 年 2 月，結束田野工作兩年半後，我再次到菲律賓拜訪幾位先前在台灣工作的移工朋友。她們大部分處於無業或等待出國工作機會的情況，也有一部分的人已經移居到香港、以色列及加拿大，繼續海外家務勞工的生涯。其中一位從菲律賓寫信給我，希望我能介紹在台灣的工作機會。當我問她為什麼放棄在菲律賓安定下來的計畫，她在電子郵件中這樣回覆：

我知道我原本說不打算回去，但這是唯一讓我賺錢的方法，我們別無選擇只有走回老路。假如你是一個在國外工作過的人，你會很難調整接受菲律賓的生活形態。你不能接受在這裡的薪資。你覺得錢太少了不習慣。然後誘惑就進入你的心裡——假如海外有機會何不再出國工作？

當海外勞工已習慣在地主國的薪資水平及生活形態後，他們通常發現很難適應於菲律賓當地的微薄薪水。而且，回到國內的勞動市場，他們通常必須從基層開始，因為其人力資本的價值在長期出國從事非技術或半技術的工作後已貶值。Marilou 是菲籍移工口中的「ex-Taiwan」或「ex-abroad」，她以假名申請二度來台以規避台灣政府的單次入境規定。[32] 當她的第二次合約頻臨結束時，她對於下一步該往哪裡走感到徬徨：

妳要做什麼？妳會再來台灣嗎？

不，我在台灣的經驗夠多了——五年了！我的雇主要我改名〔再回來〕。我說我已經厭倦改名字。我擔心當我回家那時候我會忘記自己的名字〔笑〕！

所以妳會留在菲律賓？

也許吧，我真的不知道。〔在菲律賓〕我必須從基層幹起。我想到薪水就覺得很困難，尤其當我已經習慣這裡〔台灣〕之後。

不想歸零回到菲律賓的勞動市場，Marilou 決定前往全球市場，尤其是加拿大與香港，尋找工作機會。[33] 許多移工返鄉後也常有錯置感，覺得與家人及環境格格不入，而傾向尋求下一個海外工作。在不斷循環的遷移旅程中，多數人無法跳脫家務服務這個「職業貧

民窟」（occupational ghetto）（Glenn 1986），即便是透過「入住看護計畫」（Live-in Caregiver Program）到加拿大工作的移工，雖然在雇主家工作24個月後就有權利申請長期居留，並從事其他的職業，但由於她們在母國獲得的學歷與專業技能在加拿大不受認可，再加上種族歧視的因素，許多人在取得公民身分後仍然很難順利轉業，去技術化（deskilling）的移工故事在加拿大俯拾皆是。[34]

　　較常發生的向上流動，是在找尋下一個海外家務工作時，攀爬上較為高階的地主國。亞洲家務移工的遷移目的地，可依薪資與勞動條件的高低，區分成四種等級。最底層是中東國家，移工在當地所享的人權與福利最差，但仲介費用、進入門檻最低。[35]第二層包括馬來西亞、新加坡等薪資略高於中東地區的國家。[36]以上這兩層目的地吸引的通常是經濟資本與教育程度有限的移工。此外，來自菲律賓民答那峨島及印尼的穆斯林移工也常因宗教理由，選擇前往同為伊斯蘭文化的中東及馬來西亞工作。第三層是台灣、香港等移工報酬受最低工資保護的地區。[37]到這兩個地方工作的移工通常先前已有海外工作的經驗。加拿大位於地主國地位階梯的最頂端，不僅因為家務移工在當地的薪資最高[38]，更重要的是，移工在兩年暫時性的工作居留後，在一定的條件下，可以獲得申請移民的機會。

　　移工對不同地主國的偏好主要是受到當地的薪資水平的影響，但他們也考量該地仲介費用的高低，其額度通常與薪資成正比。地主國的階序於是變成移工向上移動的階梯。許多在台灣工作的外勞先前在中東、新加坡或馬來西亞工作過；基於先前在海外工作經驗所累積的資本，她們得以負擔來台灣的高額仲介費。在台灣工作的同時，她們也一邊存著錢，一邊尋找到更好的客國工作機會。

　　第四章提到，為了提供子女更好的教育及物質生活，是許多移工父母出國工作的主要動力。對這些跨國移工而言，階級流動的定義不

一定是本身的流動，而是代間的流動，小孩完成大學學業的那一天，往往是她們遷移旅程的終點。四十歲的Shiela是兩個孩子的媽，為了籌募兩個女兒的大學學費到國外工作。她打開皮夾裡的女兒照片，如數家珍地告訴我她們的身高體重、交友生活。她嘆了一口氣，苦笑著說：「我的女兒明年要畢業了。我非常驕傲。我是個女傭，但我女兒將成為老師！」

另一個移工媽媽Madeline，同樣是四十出頭，在菲律賓有兩個孩子。與丈夫分居不久後來到台灣，約滿前夕她離開雇主的家，變成所謂「逃跑外勞」，為的只是能多留在台灣幾年，不用再非法更換名字，以及支付昂貴的仲介費。轉眼間，她已經離開孩子有六年之久，訪談之際，她準備向警方「投降」、離開台灣，好在6月回家參加女兒的大學畢業典禮。她驕傲地告訴我：「我付錢讓女兒上大學。她是我最大的資產。我能把我的女兒秀給別人看！」然而，當我問到女兒畢業後的計畫時，她這樣回答：「我喜歡台灣。也許我會帶女兒回來這裡，〔她可以〕在工廠工作。」

如前述，跨國移工在親朋好友前，通常會選擇性地呈現出國工作中較正面的經驗，如此一來也影響到她們的子女或兄弟姐妹對於出國工作的文化想像，許多從而跟隨父母或兄姐的腳步，前赴海外這個想像中的機會之地。弔詭的結果是，Madeline這幾年在國外工作累積的「最大資產」——她的女兒——可能也即將成為未來的跨國移工。

移工常認為海外工作只是舒緩經濟困難的暫時解決之道，期待能夠帶來她們在未來或是下一代的階級流動。她們常想像在乏味的海外工作後，可以創業成功，甚至夢想返鄉後能「風水輪流轉」，有專屬的家務幫傭隨伺在旁（Parreñas 2001）。但事實上，不是所有灰姑娘的童話故事都有幸福結局，只有少數人能在短期間內順利脫離遷移的惡性循環，多數人仍滯留在不同地主國間循環流動；而移工的經驗對其

子女生涯選擇也有相當的影響，結果經常在世代間複製了類似的遷移
軌跡，為全球經濟繁衍了下一代的跨國移工。

多層次的前台與後台

　　家務移工的社會位置與空間經驗在許多方面具有矛盾弔詭之處。
她們的工作場所理應是家庭生活的溫暖空間，卻佈滿控制與監視的冰
冷線路。她們來到追求與國際接軌的全球城市，生活空間卻往往侷限
於看不見的陰暗角落。儘管在物質空間裡的行動處處受限，她們利用
行動電話與電子訊息來打造跨國連帶與離散社群。雖然她們被僱來維
繫客國家庭的社會再生產，所居城市卻提供極少資源來滿足她們的集
體消費。

　　本章的分析擴充高夫曼「前台」、「後台」的理論概念，來連結微
觀的人際互動與結構層次的權力不平等。前、後台的比喻闡釋人們對
於多重空間領域的社會認知，而這樣的空間認知反映、體現將移工
排除或邊緣化的社會秩序。在雇主家中，客廳是家人與客人所用的
前台，廚房與陽台則被歸類為「女傭的空間」或「後台領域」。至於具
有階序高低的不同都市地景，則以不同的方式來因應移工的集體現
身。台灣人反對移工聚集在台灣火車站，害怕他們成為台北這座全球
城市在前台形象上的汙點。然而，桃園的後火車站，可以說是「後台
城市的後台區域」，此地遍布的移工商業活動便較少引來台灣大眾的
批評。

　　前、後台的概念也可用以描述這些跨國灰姑娘如何在不同空間領
域裡協商多重的認同表演。在雇主面前，女性移工要「表現得像個女
傭」。只有到了週日，她們才能卸下順從的面具、穿戴上自我宣稱的
形象。在親朋好友面前，移工藉由展現物質收益與旅遊經歷，扮演

「海外英雄」的角色。她們的受苦與異化是只能在後台向其他移工吐露的祕密。許多移工返鄉後為了維持物質水平或社會地位，常感到別無選擇，只得再次離家、出國工作。

我也要強調，前／後台界線是可滲透的，空間的意義是權宜性的，可以重新界定，也可以抵抗改造。當看護工被要求與照顧的病人同住時，臥室的私密空間，被雇主轉化成沒有隱私壁壘的工作場所。當移工在週日與同鄉朋友在火車站、公園等地聚會野餐時，她們把公共空間「私人化」，築起一個沒有屏障的暫時家園。行動電話幫助家務移工在公私不分的工作環境裡建立一個隱藏的「手機後台」，但雇主也可插入一個「手機前台」，遙控介入移工的休假時空，召喚她們回家工作，擴展監視與控制。下一章，我將繼續探討雇主與移工如何在日常互動腳本中布署空間界線，以及他們如何在不同模式中協商彼此的社會距離。

第六章

屋簷下的全球化

我們常聽到雇主描述說，他們對待僱用的幫傭「就像家人一樣」。然而，家務僱用關係的特色，卻是**地理距離的親近和社會距離的遙遠**的弔詭組合。勞雇雙方同居一個屋簷下，日常飲食聲息相聞，的確近似家庭成員的關係，然而，彼此之間又存有明顯的地位差距，以及權力關係的不對稱（Glenn 1986）。有人說，全球化促成了更頻繁的跨國界、跨族群的人際互動，應該可以逐步消弭社群間的偏見與排斥。但是相反的情形也經常發生：跨界的人際互動，結果反而強化對於「混雜」的焦慮，以及促生彰顯差異、劃清界線的慾望（Ozyegin 2000）。本章將深入探究雇主和家務移工的日常生活互動，刻畫雙方如何確認、協商、重構彼此之間看不見的社會差異與公私界線。

　　既有文獻已捕捉到雇主的互動腳本中存有變異：Judith Rollins（1985）在波士頓親身擔任幫傭，觀察到白人雇主藉由扮演「慈祥的母親」或「家母長」（matriarch）的角色來確認黑人女傭的卑微、從屬地位。在十多年後訪問洛杉磯雇主的 Pierrette Hondagneu-Sotelo（2001）則發現雇主的態度有著更多樣的類型：富裕的白人女雇主的家母長風格雖仍普遍，但中產階級雙薪家庭的雇主既無時間、也無精力與家務勞工經營情感關係。她們與按時計薪的清潔工保持疏遠的距離，或者以「策略性的情感關係」（strategic personalism）與入住家中的保母相處，以確保照護工作的品質。

同樣地，家務勞工也基於不同考量，以各種方式與雇主協商社會距離。有些偏好生意般關係（business-like relationship），藉由明定契約內容，來專業化家務與照顧工作。[1]但也有研究發現，許多被清潔公司僱用的家務勞工其實比較喜歡直接被私人家庭僱用，因為她們可以自主地選擇雇主，並可以從勞雇的私人關係中得到好處，[2]甚至可以策略性地誘發雇主的階級罪惡感來取得福利和加薪。[3]此外，雖然有不少家務勞工希望擁有自己的住處，以保障個人隱私空間，但也有些勞工偏好與雇主同住，以降低房租開銷，或緩和新移民到異地生活的困難（Anderson 2000）。也有與雇主同住的家務勞工渴望與雇主有個人接觸，視情感關係是雇主尊重他們、以人相待的一種表現（Hondagneu-Sotelo 2001）。

上述這些廣泛多樣的觀察說明了，家務勞工或雇主都不是同質的群體。他們依自身既定的特殊社會位置、工作內容與僱用條件，發展出不同的偏好與策略。為了進一步解釋雇主和家務勞工在態度和策略上的多樣性，我發展了兩組類型學的分類來區分他們在畫界工作上的不同取向。這樣的分析架構植基於勞雇雙方對於兩類主要社會界線的關切。第一類是**社會類屬界線**（socio-categorical boundaries），區分了雇主和勞工之間的階級區分，以及國籍／族群差異；第二類是**社會空間界線**（socio-spatial boundaries），構築公／私領域的疆界，對雇主來說，勾畫出「家」與「家庭」的範圍，對移工來說，則是「前台」與「後台」之間的界線（參見第五章）。

我在導論一章中已經提到，社會差異與界線是透過日常生活的實作中持續地被再製、強化或修正。家務僱用關係裡的「畫界工作」——勞雇雙方如何看待與建構彼此之間的差異與區別——特別突顯在**食物、空間與隱私**等三個家庭生活裡的微觀政治面向。第五章已初步檢視了家庭空間如何在日常生活中被布署為一個既排外、又收編

外人的場域。本章將進一步討論食物以及隱私，如何成為標示家庭界線的日常鬥爭場域。

　　吃飯是維繫家庭連帶的重要日常儀式。家庭成員在共同進餐的例行場合分享資訊、協調活動以及傳承社會規範與文化價值（McIntosh 1996）。準備家人的餐點，不僅是單純的買菜或煮飯勞務，也包含對於家庭成員口味和營養需求的了解與關切，因此被社會學家描述為是一種「建構家庭」的情感勞動（DeVault 1991）。食物管理既可以是凝聚家庭情感的媒介，也呈現出家庭成員內部的不平等。家庭中的食物消費經常根據年齡、性別與經濟責任來進行分配，顯示家庭成員之間的地位階序（Delphy and Leonard 1992）。在父權傳統規範下，女人和小孩常不能與男人一起吃飯，分得的食物較少或品質較差，而且一家之主的喜好決定了食物的口味。

　　延續上述的理論軸線，許多研究家務幫傭的文獻已經指出，雇主藉由食物管理來界定家務勞工邊緣化的位置。[4] 透過對進食方式的安排（誰可以上餐桌、坐在哪個位置、誰先誰後）及家庭食物的分配（誰得到較多、較好及較多樣的食物，以及配合誰的口味與需求），不同的雇主以不同的策略，標示出多層次、伸縮浮動的家庭界線（那些人、在何種情境下構成家庭的一份子），以協商與家務移工——住在同一屋簷下的外人與他者——之間又遠又近的距離。

　　隱私代表著一種「社交上的不可接近性」（social inaccessibility）的狀態（Zerubavel 1981: 138），建立在對物質空間或是私人資訊的保護上。由於工作與同住的關係，家務勞工可以輕易得知雇主的家庭秘密、雇主夫妻爭吵的理由，或甚至性生活的細節。雇主也許厭惡家裡有個局外人，但也可能主動對家務勞工曝露個人資訊。有些家務勞工認為，扮演雇主的訴苦對象的角色證明了他們和雇主的私人關係，但也有些勞工則認為這只是種額外的工作與情感負擔。雖然勞雇雙方都

想保護自己的隱私，但隱私無疑是一種依照階級不平等而分配的權利。如 Barry Schwartz（1968）所指出，組織裡的高層人員的隱私，在結構上受到層層中介保障；下層階級的隱私則易被侵犯，因為他們較無法支配那些可能觸探他們隱私的人。換句話說，私領域的日常協商與階級及種族不平等的鬥爭，密不可分。

　　除了強調雇主與家務勞工的畫界工作有著異質差異，我也試圖以三個主要的結構性因素來解釋為什麼某些雇主或勞工，會傾向採取某些取向的畫界工作：第一，**階級定位**——雇主的階級位置和家務勞工以往背景的相異或相似處；第二，**工作指派**——工作內容中，照顧工作和家務工作的相對比例[5]；第三，僱用狀況的**時空安排**——雇主有多少額外的時間和空間，以及雇主和家務勞工一起在家的時間有多長。這些結構性因素交織成一張複雜的座標圖，形塑了雇主與家務移工的多重主體位置，以及彼此間的互動樣態。

雇主的畫界工作

　　我先討論雇主的畫界工作，因為他們有較多的權力來形塑僱用關係的互動腳本。基本上，雇主關心的是兩種主要的界線類型，他們一方面要權衡以何種程度納入成排斥移工為家中的成員，另一方面，他們要考量是要強調或淡化他們與家務勞工之間的階層差異。根據這兩個面向，我將雇主的畫界工作區分為四種類型：**家母長制、疏離權威、情感關係與生意關係**。需要注意的是，這些範疇是韋伯式的理念型（ideal types），在實際生活裡，這些範疇不是截然互斥的分類，而是連續的構成，個別雇主會隨著情境的轉換，採用一種或混合多種方式來進行畫界工作。我也要強調的是，雇主和家務勞工的畫界工作，未必是有明確策略或意圖的行動；人們往往仰賴默會致知（tacit knowledge）來塑造對自己與他人的了解。

階級／國族差別 ＼ 家庭界線	納入	排除
強調	家母長制	疏離權威
淡化	情感關係	生意關係

表四　雇主畫界工作的四種類型

疏離權威：「你不是我的客人，你在這裡工作」

我穿過中山北路惱人的車陣，轉進仰德大道，循著地址好不容易找到位於陽明山上的李太太家。那是一個擁有大庭院、三層樓的獨棟別墅，環抱鳥瞰台北城景。李先生經營一家進出口貿易公司，四十歲出頭的李太太在結婚之後，成為全職的家庭主婦。我瞄著院子裡目露兇光的黑狼狗，略帶驚惶地按下電鈴，菲傭很快跑來應門，引我進入擺滿紅木古董家具的客廳。桌上已經陳列了許多精緻的小點心，放在充滿展示意味的昂貴瓷盤裡，等待著我的光臨。李太太幾分鐘後才現身，舉止優雅、面露微笑歡迎我。在三小時的訪談期間，她從未向我介紹家裡僱用的菲律賓移工，儘管她屢次以高昂的聲調和略為誇張的英文口音，喚菲傭進來替我的茶添加熱水。

李太太的僱用模式，可以說是一種典型的疏離權威。高夫曼（1956）和Rollins（1985）已經指出，家務勞工的一個重要工作內容是**表演謙卑**，包括語言、姿勢、空間或工作內容等層面。在台灣，家務勞工的雇主被尊稱為「太太」和「先生」，或者是「Madam」和「Sir」，但雇主多直呼移工的名字（不含姓）。很多時候，當雇主覺得移工的母語名字太難發音時，甚至會自己幫移工取一個發音像中文的名字。此外，很多傭人的工作內容是種儀式性表演，意在彰顯雇主的身分地

位。例如雇主自己有鑰匙，仍要傭人來開門；有些台灣雇主雖然人在家，仍要求菲傭接聽電話，儘管菲傭不太會說中文。這樣的謙卑表演特別容易發生在對家庭外成員的展示，如一位受訪者描述她同樣僱用外傭的親戚：「我舅舅就說自己『過著像國王一般的生活』，我們去他家就叫菲傭搾果汁給我們喝。」這些雇主購買的不只是傭人提供的勞務，還有她們的謙卑表演，換言之，僱用幫傭成了一種范伯倫所說的「炫耀式消費」（Veblen 1912/1994）。[6]

食物的消費，是僱用關係裡另一個象徵階級差異的日常實作。許多家務勞工與雇主都向我提出這方面的抱怨，勞工說雇主「小氣」，雇主則認為傭人「貪心」。對某些雇主來說，尤其是女性雇主，分配家庭成員食物的權力象徵了他們對家務工作範疇的掌控。舉例來說，李太太充滿自信地向我解釋她成功的「**食物管理**」規則：

> 我的原則是，你不是我們的客人，你是來這裡工作的。我不要你未經我允許擅自拿任何食物。這是我家，你必須遵守我的規則，我才能控制好這裡的每一件事。雖然我這方面很嚴格，但偶爾我也會專程買些零食給他們，放在他們的桌上。但是未經我的允許。即使一小塊糖他們也不行拿。

李太太在意的不是食物本身，而是對食物分配的控制。家務僱用關係中的食物管理牽涉到：第一，吃什麼，以及替誰準備的。對各式食物的階序分配彰顯了雇主和女傭之間的地位差異——昂貴相對於便宜、肉相對於蔬菜、正餐相對於零食、新鮮食物相對於剩菜，一些雇主甚至在家裡以不同的冰箱分別存放家人和女傭的食物。第二，如何吃及在哪吃，也有地位上的區隔。仲介公司常建議他們的雇主客戶和移工分開進食，用不同的碗盤、不同的桌子，或在不同的房間吃飯

（傭人拿著獨立餐盤到廚房吃是最常見的安排），或者在時間上作區隔，要傭人等雇主吃完後再吃。這些建議不僅反映一種認為移工的文明程度及衛生習慣堪憂的種族偏見，分開進食更是一個重要的日常生活儀式，套句受訪者的話，彰顯了「主從之分」。

訪談後，李太太很得意地帶我參觀她新裝潢的房子，每個房間都擺設了主人精選的古董傢俱與藝術畫作。在我幾度請求下，她才不太情願地帶我去看女傭的房間，那是只有一個小窗戶的小房間，裡面只擺了幾件基本家具，牆上貼的則是工作表與工作規則。傭人房的簡陋，與屋內其他擺設講究的寬敞房間形成了強烈對比。上層階級住所的平面配置圖體現了空間的階層差異。傭人房通常地方小、空調差，隱身於廚房旁、閣樓或地下室等較看不到的角落。家庭空間的安排也有明顯的階層差異，傭人的活動空間多侷限於廚房、餐廳、小孩房間、陽台等。

雖然聘僱女傭、購買她們的謙卑表演，是雇主彰顯身分地位的一種「炫耀式消費」，但地位取得的過程卻未必是一個有意識的過程。布赫迪厄（1977）主張，階級「慣習」（habitus）的培養，意指同一階級的成員經久內化與培養出來的習性，需要一個緩慢、冗長的過程才能體現。[7]在雇主之中，擁有較長的僱用歷史的上層階級，特別是那些畢生享受奢侈家務服務的老一輩的有錢人，體現了較明顯的階級慣習，特別表現於他們對家務勞工高高在上的口語表達以及疏離的肢體語言。[8]

今年二十九歲、剛生下一個小孩的Emily和公婆同住，她的公公是位退休的銀行家，這個富有的家庭共僱有兩名家務移工。訪談後，Emily邀請我跟他們一起吃午飯。當我們用餐時，女傭們留在客廳照顧大聲啼哭的小嬰兒。也許是當著我的面，Emily對於這樣的進食安排不太自在，頻頻招呼客廳裡的女傭，她的婆婆相較之下似乎早就習

慣了家務勞工被邊緣化、隱形的地位。飯後，Emily帶著歉意地以背景養成的差異及階級屬性，解釋她跟她婆婆雇主風格上的差異：

> 家裡大部分是我婆婆在管，她是規定一些工作，那裡髒要打掃啊，她不會跟她們聊她們家裡的事，我比較閒比較會跟她們聊天。
>
> *妳比較常跟她們聊天？*
>
> 對，我會去廚房看她們做什麼菜，會聊一聊，關心一下，主要是聊小孩。
>
> *妳婆婆呢？*
>
> 〔壓低聲音〕我婆婆可能是因為請人的歷史比較長，對她們的關心程度就比較少，這也很自然，因為你從小到大都有傭人，就很習慣這樣的地位，我就比較不會。
>
> *有什麼差別？*
>
> 真的是有差，我們基本上不是有錢人，所以我們對她就比較客氣〔笑〕……我覺得，有錢人比較容易把傭人當下人看……我覺得對她們有錢人來說，家裡一直有做不完的事，東西會不乾淨，像這個沙發〔摸有灰塵〕，就不及格，地板可以每天擦啊，地毯每天吸啊，對不對？他們對環境清潔的標準比較高。

大部分上層階級的雇主，在過去僱用的是本地的中年家務勞工，也就是所謂的「歐巴桑」，許多人後來改聘僱移工，原因不是為了減少薪資成本，而是因為他們不滿意本地家務勞工的態度和表現。四十多歲的朱太太，是一位總經理夫人，僱用家務勞工已經有二十多年的歷史。她說明自己直到三年前才下定決心改僱外籍的幫傭，背後的原因與轉變過程：

以前聽到很多菲傭不好的事情,不敢請,所以只好忍耐。我最後
請的那個台傭,那時候已經找不到人了,我自己九個月臨產,因
為要人家幫忙坐月子啊什麼的,我婆婆就拜託人家來,聽說那個
歐巴桑以前在大戶人家幫傭很多年,現在五、六十歲,在雲遊四
海。喔,那個來了就姿態很高,叫不動,很老油條,她說我只管
照顧小孩,其他的我做不動,清潔的我還要另外請鐘點的,煮菜
她也只會煮幾樣,我說我來教妳,我在廚房喔,她就遠遠的坐在
餐桌那邊看,喔,氣死我了。有一回我朋友來,她也不應門,就
說:「看是誰人來?」,我就去開門,我朋友看到一個老人家翹著
腿坐在那邊,問我:「這是你搭家〔婆婆〕是無?」我說:「不是,
我家請的。」,我朋友說:「那有派頭甲粗!」人客來了,她也沒
端茶水什麼的,每天就把小孩放在嬰兒車裡,一隻腳搖啊搖。我
跟自己說:「好,夠了,我不能再忍耐了。」

家庭訪客把女傭誤認為婆婆,這個事件是驅使朱太太放棄本地家
務勞工的最後一根稻草。僱用一位膚色五官上有較明顯差別的外國
人,不僅可以降低誤認的風險,並確保了勞雇雙方的地位差異。大部
分雇主發現,相對於本地的歐巴桑,要求外籍移工表演謙卑是比較容
易的。一些擁有多國女傭聘僱經驗的雇主也指出,他們比較滿意印尼
女傭,因為她們的說話方式及身體語言表現得比菲律賓移工更謙卑。

不僅是不同族群的移工與雇主互動的模式有別,雇主本身對待本
地女傭和外籍女傭的方式也明顯有異。六十歲的譚先生是一位退休的
小工廠老闆,他認為這樣的差異乃是理所當然:「就是身分問題,因
為不同國籍,她是外國人,我們台灣請的一樣也是我們台灣人,你是
台灣人,我也是台灣人,雖然你是幫傭,可是我們也是在這裡長大
的,那就比較沒有分那麼清楚。外籍女傭就不一樣。」另一位雇主也

表達了類似的看法：「因為同樣是本國人，你要怎麼樣把她放在一個比較低的位置好像也很難，因為你也不希望孩子有一個下人的感覺，所以要孩子叫她阿姨，不會叫她歐巴桑。」

當雇主僱用的是同國同族、屬於「我們的一份子」的家務勞工時，即便有階級分野，仍覺得在某個程度上，必須以平等、尊重的態度對待他們。然而，家務移工的「異族性」（foreignness），則強化了階級不平等，讓這些雇主認為採取疏離權威的互動態度變得理所當然。本地與外傭之間的差別待遇，最具象徵性的就是進食的空間安排。不同於多數外傭是與雇主分開吃飯，我訪問的一些雇主表示，過去請台傭歐巴桑幫忙時，就沒有「特別去分」而同桌進餐。許多雇主也表示，台傭較「喜歡坐上來一起吃」，「做好要請她來吃」，[9]外籍女傭則「比較客氣」、「比較識相」，許多偏好分開吃、自己到廚房吃，這部分的原因我將在後面討論。

事實上，這些雇主們認為是「自然而然」的差別態度，乃是植基於本地與外籍家務勞工在社會資源與結構位置上的明顯差距。首先，是否擁有在勞力市場流動轉換的機會是一個關鍵性的因素。在國家外勞政策的背書下，移工被強置在一個暫時、邊緣，且無法轉換雇主的「奴工」地位，本地的家務勞工則至少可以「用腳投票」。許多雇主描述先前僱用的歐巴桑的態度：「她跟我說，其實我小孩大了，我也不缺錢，我出來工作只是打發時間，我知道她在暗示我不要要求太多，否則她就不做了。」「台傭會比較敢。反正台傭大不了不做嘛。」「本地人有什麼工作條件的要求，她會直接表示，或者乾脆不想做了，因為本地的可以尋求另外的job market，姿態比較高，可是菲傭就只有唯一的一個工作機會。」

其次，本地的家務勞工可藉由其社會網絡來協商出最有利的工作條件：他們可以在街頭巷尾道「壞」雇主的不是、破壞其名聲，或者影

響同為幫傭的朋友替他們工作的意願。相反地，移工在台灣是相對孤立的，缺乏在地的人際網絡或是社會資源可以作為「弱者的武器」。

朱太太在辭去本地歐巴桑、改聘外籍家務移工後，感覺到她的家庭隱私和社會名聲有了更好的保護屏障：

> 請菲傭，家庭的私密性比較高，你在家裡談什麼事，傭人也聽不懂，可是如果第三者是本地的，她語言都通，你在家裡批評誰，比方像選舉的時候，你在家裡說什麼，或是家人的性格缺點，都可能被她拿出去說，她跟你家裡沒什麼關係，可是她家裡狀況什麼都知道，你要是有頭有臉的人，給說得未堪。像我也用過一個台傭，就很愛串門子，放炮，有的還放消息去賣錢，後遺症很大。

和本地的家務勞工相比，外籍家務移工比較不會打擾到雇主的家庭生活，因為他們不熟悉當地語言或人脈。由於家務移工被隔絕於在地的社會關係和文化脈絡之外，雇主便能輕鬆維繫一種疏離權威的勞雇關係。此外，雇主僱用女傭的歷史愈長久，愈容易習慣對她們的存在「視而不見」。上層階級的豪宅大戶不僅提供了寬敞的物質空間，也在主人與僕役之間隔開了明顯可見的社會距離。

家母長制：「我是她在台灣的監護人」

我在飛往印尼做田野調查前，在桃園機場上遇見胡太太和她的印尼女傭Atik，我們先後排在等待劃位的隊伍中。Atik的行李很多，航空公司的櫃檯人員冷冷地說超重要罰錢。胡太太回頭看我，低聲拜託我同情、協助她的「可憐女傭」。我答應幫忙將裝著電子鍋的箱子登記為我的行李後，胡太太表示感激，拍著Atik的肩膀交代她說：「這位小姐人很好，她會在飛機上照顧妳的。」胡太太的整個家族都陪

著 Atik，直到她走進海關。看到她們流淚相擁道別的畫面，我深受感動。幾週後，我約好跟胡太太進行訪問，訪談內容卻與我的第一印象大為不同。她與 Atik 之間宛如家人的情感連帶之下仍有著嚴厲的階級支配關係，只不過被裹上溫柔的語調與隱晦的形式。

　　近五十歲的胡太太在大二時結婚，隨後休學，雖然未拿到學位，但她在桃園擁有一家餐廳，並經營一些零售副業。她僱用 Atik 照顧不良於行的婆婆，除此之外，還要打掃餐廳。我在第二章開頭引用了她描述第一天遇到 Atik 的心情。她以皮膚、顏色，乃甚至味道等種族化的詞彙，來形容她所認知的「外勞」與我族的差異。她對於家中要僱用一個種族他者，心中燃起懷疑與焦慮：「完蛋了、完蛋了，怎麼一個外人黑漆漆的，一個黑人要住我們家兩三年啊，怎麼辦、怎麼辦？」

　　胡太太逐步克服了自己面對外族人在家近距離相處的恐懼，她如此描述：「那還好，我的個性是很容易化解自己的疑問，送回家以後，我們就好像她的導遊一樣，幫她介紹環境啊，介紹工作啊，介紹家裡的成員啊，然後我們去買東西都買她一份，慢慢就變成我們家裡的一員了。」儘管如此，這位「黑皮膚外人」的實際處境，並未如胡太太所宣稱或認知的，享有「家人」的地位。Atik 待在台灣的三年裡沒休過一天假，也不被鼓勵與家庭之外的人接觸。不論她去哪裡，胡太太都會安排一個餐廳員工陪同。這些空間控制規則意在隔離 Atik 與其他移工，因為胡太太認為，移工間的人際網絡非常「危險」：

　　　這個 Atik 她的好是，她很純，她來三年，她沒有對外接觸過……
　　　但是，我會替她介紹人脈。我朋友家有印尼〔女傭〕，我會帶她
　　　去她家，讓她跟她聊天，他鄉遇故知嘛。有時候，我會打電話去
　　　我朋友那邊，叫她跟印尼人講話。我說：「Atik，某某人家也是

印尼的哦。」然後我會跟對方講：「我們Atik很乖哦、很漂亮哦，改天我帶我們Atik來跟妳認識哦。」然後，她去她們就會聊天、然後就變好朋友，這方面就會讓她認識。

但是一定要是妳朋友的，妳才放心。

外面的，我沒有讓她出去過，因為，菲律賓為什麼後來會給人家形象那麼不好，就因為他放假出去，他們都是一票、一票在一起，然後互相會叫對方做壞事，比如說偷拿東西啊，或是怎麼偷懶啊。妳要做壞事，一個人也做不了，但是妳有力量，有對方當家人那樣的支撐啊，那個信心又不一樣。

　　為了保護Atik不受移工「家人」的「壞」影響，胡太太將她「收養」在自己的台灣家庭裡。這位保護型的雇主剝奪Atik的休假時，會帶著她一起與家人外出和晚餐。胡太太並替她「介紹人脈」，過濾「安全」的移工給她交朋友。在另一個雇主的例子裡，Peggy和她同樣僱用菲傭的朋友們，她們每隔兩個月就會帶移工去看電影。這些雇主開車帶她們進電影院、幫她們買票，然後在電影演完後準時來接她們。

　　猶如Mary Romero（1992: 110）描述的，採用家母長制（maternalism）風格的雇主認定家務勞工是無助的、未成熟的、沒有能力處理自身生活的弱者，相對而言，雇主認為自己是慷慨、體貼、優越的監護者。家母長制不只確認了雇主的階級地位，也更強化了他們的種族優越感，並且符合女性提供照顧、關愛及滿足家人情感需求的角色（Rollins 1985: 179）。對這些雇主而言，獨自住在地主國且與雇主同住的家務移工，就如同她們的未成年女兒一般，亟需她們的照顧與監護。

　　四十一歲的單親媽媽賴太太雇了一個菲籍女傭Julie來幫忙家務，並照顧她年老的婆婆。Julie曾逃跑到台北的馬尼拉駐台經濟文化辦事

處，抱怨賴太太限制她的行動，並剝奪她休假的權利。賴太太非常生氣，辯護自己其實是個「好」雇主。她對我解釋為什麼她要監護其實只比她小四歲的Julie：

> 她上個月要回去菲律賓，我們給她放了十天假，多放的也沒給她扣錢，她說要借8000塊回家，先說要回去跟宜蘭的菲傭朋友借，我說不放心，因為我是她在台灣的監護人，如果她出了什麼事，我怎麼跟她父母交代？那我又沒空跟她去宜蘭，仲介都說不能借錢，可是我還是就借她錢，我還買了1萬多塊的衣服給她和她小孩，那時還沒打折喔，我哥哥也是送她好多東西，我們對她這麼好，我們也是希望她爸爸媽媽在菲律賓看到這樣可以放心……我星期天不敢給她放假，就是怕她去上教堂認識一些壞朋友，那我們也怕她放假無聊，我們出去吃飯出去玩也都會帶著她出去啊，我們對她就像一家人一樣。

像賴太太和胡太太這樣的台灣雇主，都自許為移工在台灣的替代母親或監護人，因而強調她們有必要介入移工的私生活。這些雇主為移工安排休假旅遊，探詢她們的社交活動細節，並且以「強迫儲蓄」或「強制存款」為名義扣留部分薪水。台灣有不少雇主採取這個政府已經明文禁止的做法，扣除的範圍介於台幣3000到5000元之間，相當於一名移工月薪的五分之一到三分之一，而這筆錢要等到移工約滿離開台灣時才會歸還給她。所謂「強迫儲蓄」的說法，是用雇主的好意來委婉包裝勞動控制的實質目的，也有雇主用種族刻板印象來合理化扣錢的做法：「我好心幫她存錢，因為他們東南亞人沒有儲蓄的概念。」在自許為家母長的雇主眼中，移工的母國之所以未能像台灣一樣發展出成功的經濟奇蹟，是因為缺乏資本主義工作倫理和財務管理

習慣，也正是因為這些未開發國家的文明落後，才導致東南亞移工今日淪為出國幫傭的命運。

雇主侵犯勞工的隱私的同時，也會偶爾在移工面前刻意曝露私人生活。例如，二十多歲、個性外向的菲籍移工Jovita跟我提到她的雇主：

> 她跟我說很多，也許是因為她不信任朋友，至少我不會跟她的任何朋友說。她常跟我抱怨她先生，她跟我說他們不再上床了！是啊，我們菲律賓人知道所有老闆家裡的秘密。
> *所以妳們很親密？*
> 是，也不是。她是個好演員，我也是！也許當她跟其他一樣家中有菲傭的朋友聊天時，也會聊到我，但我沒關係。我也會跟我的菲律賓朋友聊。我很健談，這是她喜歡我的原因。在這個家，她只能跟她的菲傭說話。她很寂寞。

這種自願式的告白最常出現在全職家庭主婦的雇主身上，她們需要她們的「家中姊妹」（home sister）當聽眾，以撫慰自身的孤立與寂寞。而移工是她們傾吐祕密最安全的對象。和會到處閒言閒語的歐巴桑相比，外籍移工是「值得信任」的密友，因為她們只在台灣社會短暫停留，之後便完全消失在雇主的社會網絡之外。

如Rollins和許多研究者已經指出，「禮物贈予」是慷慨的家母長雇主的最典型表現——雇主把二手或不要的物品，尤其是舊衣服，當做「禮物」送給家務勞工。剩菜剩飯也是移工最常接收的「禮物」之一；有些台灣雇主在餐廳吃完飯後，會將剩菜帶回給家務勞工。雖然雇主認為這是出自好意（「我們想她也許會想嚐嚐看」），但許多勞工卻不做如此想。例如，在菲律賓曾是房地產經紀人的Trinada說：「有

些雇主出去吃晚餐，然後帶剩菜回家。你問他們為什麼這樣做，他們說：『我家裡有菲傭。』這樣不好，我不吃剩菜的。我覺得這樣很丟臉，我們沒有錢，但我們不吃剩菜。」

家務勞工以不同方式來回應雇主的禮物贈予。有些勞工心生厭惡，認為這個舉動是種差辱；但也有些勞工視此為一種出自雇主善意的工資補貼，是雇主理應提供的一種恩庇。勞工的感受──是感謝還是厭惡──也取決於雇主欲捨棄的物品的價值而定。不論家務勞工的真實感受為何，在雇主面前，她們都必須表現出感激的態度，而且不能拒絕這些「禮物」。而且，這種禮物的交換是單向的：收受者並不被期望要有所回報。儘管如此，位重權高的雇主卻可能要求勞工歸還「禮物」。Jovita 如此描繪她的經驗：

> 我所有衣服都是她〔女雇主〕那邊來的。她買了很多東西，都很貴，然後把它們丟進一個袋子。她說我可以試〔穿〕，如果我喜歡，就可以留起來或給別人。有時候她看見我穿著她的衣服，會說：「我不知道我為什麼要把它丟掉，它看起來還好好的。」然後我說：「嗯，妳可以拿回去。」
> 她就拿回去了？
> 有時候。她有次說：「妳還留著我上次丟掉的那個袋子嗎？我可以向妳借一次嗎？因為它很配我今天晚上的衣服。」我在心裡暗笑，嘴巴上說：「當然，反正它們都是妳的。」

這個例子進一步說明了家務服務中禮物贈予中的不對等權力關係。收受者（家務勞工）不被允許歸還禮物，但禮物贈予者（雇主）卻可以要求收受者歸還禮物，重申物品的所有權。雇主也可選擇性地向勞工透露她的秘密，甚至要求勞工談論社交細節，但勞工卻不能任意

拒絕雇主的自願式告白,或對勞工私生活的探詢。

和疏離權威模式不同,這些雇主與家務勞工發展出親密關係,但也藉由家母長的慷慨態度來確認雇主在階級和國族上的優越性。研究男孩和女孩如何在學校玩耍的 Barrie Thorne(1993: 64)發現,性別界線的創造可透過**接觸**或**迴避**這兩種截然不同的方式來形塑。同樣地,雇主也可經由避免或強化與家務勞工的個人接觸來標示自身的秀異地位。然而,在家母長制的勞雇關係中,我們可以清楚看到,勞雇之間的互動距離的縮減,並無法消弭兩者間的社會不平等。由雇主所架構出來的慷慨照顧與頻繁接觸,只彰顯了雇主的優越地位,並強化了對勞工的隱私侵犯。

我們只是中產階級,「我們不會把人家當下人」

上述的兩類雇傭風格,各有其典型雇主,富裕人家——有著寬敞居住空間及長期僱用歷史——的家務僱用是疏離權威的原型;家母長制則最常出現在中小企業老闆和家庭主婦雇主身上。下面兩種畫界工作類型:情感關係(personalism)與生意關係(business relationship)則較常發生在雙薪家庭的中產階級雇主上。[10]中產階級的雇主較無興趣強調自身和家務移工之間的階級秀異,但也試圖藉由區分自己與其他雇主的不同——包括「位居其上」(people above)和「位居其下」(people below)的雇主(Lamont 2000a)——來強化自身的中產階級認同。

曼君是個四十出頭、擁有大學學歷的旅遊仲介業者,她僱用了一位家務移工協助家務及照顧她的二個孩子(分別是九歲和三歲)。訪談期間,她不斷強調自己的中產階級地位及對家務移工的尊重態度:

> 現在也不是威權的時代了,像我們這種小康家庭,是因為可以負擔,有這個需要……我們不會把人家當下人,我們會跟小孩說叫

她幫忙做什麼要說謝謝,這個人權是要做到的,因為人家是環境所逼來幫忙,並不表示我們高人一等。但是像我媽媽那個年代的人,就會說你們家可以請菲傭,你們家有傭人,就比較有那個威權的感覺,是主人。

這些雇主的自我陳述與實際上的勞雇互動情形是否存在落差,是我所難以觀察到的,姑且對此不論。重要的是,這些雇主標榜自己對於民主和用人唯才(meritocracy)的信仰,不同於傳統的威權主義和貴族制度,來呈現他們現代化的自我形象。台灣的中產階級被認為是催生80年代政治民主化的關鍵性力量(蕭新煌 1989)。我在1998-1999年訪問的對象,多集中於三十歲到四十五歲的年齡層,這也是官方調查資料中聘僱家務勞工的主要人口來源(勞委會 1999),這個世代的人不僅經歷或參與了台灣的經濟奇蹟,也在台灣劇烈變化的政治情勢中,走過他們的年輕歲月。在這樣的政治經濟歷史脈絡中,民主、自由和獨立,構成了台灣中產階級自我認同的核心價值。

Jack和他的妻子都是四十多歲,在不同的跨國公司擔任經理,他們僱用了兩位外籍監護工來照顧他生病的父親以及他們的小孩。Jack在訪談中提及他童年時期家裡小康的經濟(父親是軍人),相較起來,他不害臊地吹噓他的經濟成就與社會流動。作為第一代的家務雇主,Jack表達自己對於這樣的家庭生活,可能有違他所崇尚的自力更生、獨立的道德原則:

我不會鼓勵〔人家請外傭〕,如果家裡有需要才去做,不要隨便聘僱外傭,人會變得懶惰,像嗎啡一樣上癮,能自己做自己做,不要依靠別人比較好。其實別人聽到我們家請兩個菲傭,都羨慕得不得了,其實沒有什麼好羨慕的,要請人就表示家裡的

organization 出了問題，如果家裡的organization沒有問題，誰又願意請個外人住在家裡呢？

這些雇主使用基於需要的中性論述來描述他們的雇傭決定，同時也試著淡化他們跟家務工之間的地位落差。不論是有意識或無意識地，他們藉由論述修辭，確認了自己的中產階級認同，並與其他的階級畫清界線。相對於上層階級家庭透過繼承（ascribed）取得的財富與聲望，中產階級雇主強調靠自身的努力所獲致（achieved）的社會地位；相對於老有錢人（the old rich）家庭有著聘僱奴僕或傭人的世代傳統，他們強調新富雇主（the new rich）的雇傭關係是以平等為基礎、建立在需求之上的勞務購買關係。

此外，管理階層與從事專業工作的雇主也常會區隔他們與教育程度低的雇主的不同。他們指出，高等教育及良好的英文能力，是他們的管理方式或互動風格如此獨特的主要原因；有些雇主則認為流利的英文是建立明確權威和有效管理的必要基礎。近四十歲的楊經理如此比較自己和住在鄉下的叔叔的不同：

像我姨丈在鄉下請一個菲傭，他們都不會講英文，所以也不敢要求她做什麼，她就整天帶小孩散步就好了，我阿姨反而要煮飯給她吃。幫忙沒幫到，反而要伺候人家，說人家來是客人，不好意思要她做什麼。看電視還坐我姨丈的大椅子，我姨丈只好自己坐旁邊，菲傭會轉自己喜歡的電視，我姨丈喜歡看的反而不能看，他說人家客人不好意思講。所以說鄉下人比較不適合，因為沒有辦法溝通，就不能讓她們瞭解她們的身分。

根據楊先生所言，「鄉下」的雇主缺乏語言技巧和菲傭溝通，甚

至去「下命令」。由於缺乏合宜的語言能力來建立雇主的權威,女傭脫離從屬的勞工位置了,而變成一個「客人」。

專業雇主區分他們自己與低教育程度雇主的另一種方法,是把高等教育與普世的人權論述連結起來。如以下這些受訪者的話:「我們受過教育的人也不希望對人是上對下,我們都是平起平坐,吃飯也是坐在一起吃。」「我們知識分子,都是很講民主的。」「那些報紙上虐待人的案子,我想他們的雇主都是低教育程度的吧。」也有不少受訪雇主引用自己在國外留學或居住的經驗,來證明自己的英文能力,以及自由開明的態度。他們不僅參照本地的階級排序來建立他們的中產階級認同,同時,他們也透過跨國的想像連結來認同自己作為世界都會新貴(cosmopolitan urbanities)中的一份子,加入地球村這個共享類似語言慣行和文化品味的想像共同體。

我無意指高教育程度的雇主必然會以較為和善或公平的態度來對待他們的移工,我強調的是,他們相信或認為他們如此作為。不論有意識或無意識地,他們把勞雇互動的日常關係,連結於中產階級的自我意象與價值展演。當這些中產階級雇主使用需求、自力更生、自由民主等道德修辭來描述家裡的雇傭關係時,他們所標示的階級界線不在於劃分他們和移工之間的差異——這個界線對他們來說已經非常明顯——而是**區分中產階級雇主有別於「位居其上」的老有錢人和「位居其下」的低教育程度的雇主**。以下我將介紹新富雇主利用兩種不同的方式來淡化僱用關係中的階級和國族界線:他們與移工發展出個人關係,視其為家庭成員;或將家庭視為工作場所而與移工保持如生意般的關係。

情感關係:「我不想活在地位階層裡」

國銘是一個三十五歲的平面設計師,和同行的妻子共同經營一家工作室。工作幾乎佔據了他們所有的生活,有時為了趕工他們必須

在辦公室過夜,而把兩個女兒留給菲傭照顧。國銘描述自己是「一般的中產階級家庭」,付完房貸及小孩的私立學校學費後,收入所剩無幾。國銘雖然很感謝菲傭對家裡的幫忙,但考慮三年約滿後不再續約,原因是他對這樣的疏離權威關係感到很不自在:

> 她跟我們相處這麼久,她還是非常的拘謹客氣……比如說我們要她跟我們一起吃飯,其實她很不自在,所以她還是寧可我們吃完了她才吃,我真的不習慣那樣子,但是你勉強她一起上桌吃,你看她很不自在,你自己也會覺得很不自在……我很不習慣我們在吃飯的時候,有一個人她竟然要等你吃完她才能吃飯……那這些事情就讓我覺得,你知道是有階級的,那種感覺對我來講就很不好,我很不習慣有那種階級的感覺……這種經驗跟我們去餐廳吃飯是不一樣的,那種waiter、waitress,那種情景在餐廳你可以接受的……
>
> 為什麼有差別?因為在家裡?
>
> 對,那是你的家,家庭是很private的東西,你知道公共場合有人跟你服務,其實是很習慣的啦,可是在家裡頭當你感覺很像在餐廳的時候,我想你應該會覺得滿緊張的吧?

家務移工的謙卑態度,例如她的溝通方式(從不主動聊天)與進餐偏好(雇主家人吃完後才吃),並未讓國銘覺得被尊敬或取悅,反而感到十分困擾。當地位階層出現在家裡,中產階級雇主自許開明進步的內疚感(liberal guilt)被召喚而出。看在國銘眼中,家這處「甜蜜溫暖的巢穴」應該和餐廳、飯店等公共場合區隔開來,後者與階層不平等的連結似乎較為「自然」、「可接受」。

雯真是另一名有類似感覺的雇主。她是一位近四十歲的大學教

授，也是兩個孩子的母親。對她來說，她的菲傭在日常互動中的謙卑表演，特別是必恭必敬的說話方式和肢體語言，並不是一種地位標記，反而是種心理負擔：

> 我覺得菲傭自己會這樣，我自己不會去要求，這樣有時候很難相處，因為她會好像要來服侍你，比方說有些事我想要自己做……
> 像什麼？
> 像把菜從鍋子過到盤子，小事啊，可是她就覺得是她應該做的事情，不讓她做她很不安的樣子。或者是講話上，她都會說我們家很富裕啊，她們家很窮，所以很羨慕我們啊。

　　像雯真、國銘這樣的雇主，不想在每天的家庭生活中目睹社會不平等的劇碼，所以，當甜蜜溫暖的家庭轉變成正式冰冷的職場時，他們感到渾身不自在。因此，他們試著與家務移工建立個人連帶，以縮短彼此的距離，並減輕自身的不舒服與尷尬。許多雇主避免使用「女傭」的貶抑稱呼，而改以「保母」、「看護」、「幫手」等地位中性的字眼，甚至比擬為「姐姐」或「阿姨」等家庭成員身分。這些雇主會邀請家務勞工共桌吃飯，或一起外出用餐，也歡迎他們到客廳偕同看電視（雖然遙控器還是握在雇主手上），並會主動聊天瞭解他們的個人背景和家庭生活。

　　雖然這樣的勞雇關係可能被裹上家人或親人的溫暖比喻，但階級不平等仍如鑄鐵的核心般冷酷存在。四十歲的護士宏英，是育有兩個孩子的母親，怕孩子養成驕縱的習氣，不時耳提面命地告訴兒子：「Lucy〔菲籍移工〕是為了幫媽咪照顧小弟弟才來我們家工作的，你不能叫她女傭。」她也提到家中發生的一個有趣插曲，透過孩子天真無邪的話語，成人試圖淡化的勞雇地位不平等，變得如此明顯而難以掩飾：

老大有一次要買玩具，我就說：「這個玩具你不是已經有類似的嗎？這一個要500塊耶，你知不知道媽媽一天也才給Lucy 500塊而已？」你知道老大怎麼說嗎？他說：「那妳怎麼不多給她一點錢？」

另一個促使雇主與移工發展情感關係的原因，在於僱用的目的涉及照顧工作。三十六歲的經理Melissa，僱用了菲籍移工Neda來照顧她的兩個小孩。Neda在菲律賓也有三個孩子，年紀和Melissa的相仿。Melissa隱約察覺到Neda有時會衍生嫉妒或被剝奪的感覺，因為Neda在菲律賓的孩子和 Melissa 的家庭所享受的物質生活有著明顯的差距。Melissa 告訴我：「有時候我覺得對她有點不好意思，因為在這裡我們的經濟情況比較好，不論小孩子想要什麼，我們可以很容易地滿足他們，但是對她的小孩卻不是這樣，……有時候我買東西給我孩子時，她臉上會出現一種羨慕的表情。」

昭如是一個有兩個孩子的律師，她以「互相幫忙」的詞彙來形容她與菲籍移工之間的關係，然而，彼此之間的明顯社會經濟條件上的差異，有時候也讓她困擾。昭如有一次和家人出國度假十天，離境之前，她給獨自留守台灣的菲傭一些零用錢，好採買她這段時間所需的食物和雜貨，昭如回憶她從菜市場回來後的情形：

我看她手上只有一點點的菜，其他全都是小孩的鞋子。我說，十天的東西我覺得你這樣不夠，她說沒關係，可以，這樣就夠了。我問她，那你買小孩的鞋子幹嘛。她說她覺得這些鞋子很便宜，一雙才100塊，她要寄回家給她的小孩。我聽了就覺得很難過啊，所以後來那一年，她向我預支薪水時，我就答應了。那時候我有特別跟她講，因為我已經聽過很多不好的例子，有些女傭一

直借錢一直借錢，然後就跑掉了。我就跟她講：「妳跟我預支我
會答應，因為妳來這邊是要照顧我的小孩，那，我也照顧妳的小
孩，我們互相照顧對方的小孩。」我覺得我跟她是互相幫忙，兩
個女人互相需要，互相幫忙，她需要的我能給她，我需要的她能
給我，這樣子。

昭如透過敘事修辭，以及部分實作，企圖將僱用的階級關係轉化
成互相幫忙的姐妹情誼。她覺得自己要對移工家庭的分離負部分責
任，並對離開孩子的移工母親有所同情。基於類似昭如的心情，雇主
Melissa會找時間跟Neda聊聊她在這裡工作的感覺以及留在菲律賓的
家人，Melissa也試著安慰Neda想家的心情，並確定她在家庭分離的
狀況下能維持情緒的穩定。然而，Melissa坦承這樣的情緒互動主要是
一種為了維護她孩子利益的策略性行為：「站在人性上，我會跟她溝
通，站在我孩子的立場上，我也會跟她溝通。我希望她能夠完完全全
明白，我所為她做的一切，其實百分之百都是為了小孩。」

像Melissa這類的父母與移工發展情緒互動，主要是為了測知確保
他們所僱用的保母的生活，沒有什麼異常的狀況（如在台灣談戀愛、
先生外遇、過度思鄉而導致精神不穩定等）。雇主將移工視為家裡一
分子，對於她們提供的照顧工作的品質也較有信心。虛擬的家庭關係
可以增強勞工對於雇主家庭福祉的認同，也可確保他們的情緒勞動的
真誠與「愛的勞動」的實現。

像Melissa這樣的雇主的實作是一種Hondagneu-Sotelo（2001）所稱
的「**工具性的情感關係**」（instrumental personalism）或「**策略性的親密關
係**」（strategic intimacy）。她詳述了情感關係是如何類似，但又截然不
同於先前提到的家母長制：家母長制是一種由雇主慷慨行為所定義的
單向關係，但情感關係是一種肯認到勞工尊嚴的雙向關係，儘管勞雇

雙方仍不對稱（207-8）。她也指出，雇主將僱用關係個人化並非為了增強地位的差異，而在確保孩子能受到絕佳的照顧。我的研究更進一步發現，中產階級雇主採取情感關係的態度，也為了處理家庭生活中明顯的階級不平等：**他們想要減輕自己的階級罪惡感、鞏固自身的中產階級認同，並緩和公、私領域的混淆所導致的不舒服。**

　　基於勞雇關係中內生的結構不平等，情感關係和家母長制之間的差別實是一條微妙的界線。情感關係也許提供了移工解消寂寞的一帖解藥，但許多移工寧可與雇主保持一些距離，以避免解藥變成毒藥，因為前一刻還是貼心朋友的雇主，可能下一秒就變身為動怒的尊貴女主人。

　　移工並不一定偏好與雇主發展情感關係，台灣的雇主也視這樣的情緒互動為額外工作。Melissa說：「我先生就說：『顧自己的囝仔人攏顧未了，勾愛連伊照夥顧！（閩南語）』我先生就會complain，叫她來是要幫忙，結果忙沒幫到，還要增加麻煩。」僱用了一個菲傭來照顧她三歲女兒的母親美蓮，則表示和家務移工的溝通與互動除了花費時間，也帶來另一種負擔：

> 有時候我真希望我聽不懂英文，那我就不必聽她說話了。知道她在說什麼反而讓我很難受。
> *她都說些什麼？*
> 比方說，她很想她的女兒啊，他們的房子很破爛，他們需要多少錢來蓋新牆和修補屋頂。她就是不停、不停地說……，我知道她離開家心情不好，但我也不能作什麼啊，對不對。

　　對於已經是蠟燭兩頭燒的雙薪家庭來說，與家務移工發展情感關係是一種必須投注時間的「情感勞動」，更甚者，與移工的個人連帶

還可能衍生對雇主過多的情緒負擔。為了降低時間與情緒上的投資，一些雇主因此將僱用關係視為生意般的關係，特別是那些為了家務需求而非照顧工作而僱用移工的雇主。

生意關係：我需要幫手，而不是朋友

　　我跟Jessica約在東區一家玻璃帷幕大樓裡的咖啡廳，這棟大樓是Jessica工作的銀行所在，三十二歲的她已在幾家跨國銀行工作過，目前被拔擢到經理的位置。Jessica身著一套時髦簡潔的黑色褲裝出現，很直接地告訴我她最多只能待一個小時，隨即迅速地點了蔬菜三明治和有機果汁，毫不浪費一點時間地切入主題，侃侃而談她跟外傭的互動原則。她提到一個嫁給大老闆、全職家管的朋友，這個朋友也雇了一位菲籍幫傭，兩人經常喝下午茶消磨時光，後來菲傭跟雇主借錢不得，雙方因而起了爭執，導致菲傭被遣送回家的結局。Jessica以這個故事來說明她的僱用之道，也許是在跨國銀行工作養成的習慣，她的言談不時夾雜英文單字：

> 我覺得你position要定位清楚，你是要傭人、還是朋友？你搞不清楚你需要的是一個helper，她不能陪你聊天喝茶，因為兩個聊天，一聊一定會有思想的不同、意見的不同，那這時候你又用主子的身分來壓奴工的身分，我覺得這是不fair的……角色定位要很清楚……我覺得不能作朋友，不是你over那個line，就是她over那個line，到時候她跟你講話變成，「hey，Jessica，我今天不煮飯了，我太累了。」那我就翻臉啦。在我們家原則很清楚，十點就是她的下班時間，我跟我兒子說阿姨在房間就不可以再去吵她啦。

　　Jessica基於二個原因而偏好把勞雇之間視為生意關係。第一，她
認知到雇主和勞工之間的地位差異，所以將彼此的關係定義成是一種
基於生意契約而來，因此尊重勞工私人空間和休息時間的生意關係；
第二，她減少與勞工的個人互動有助於她辨明勞工的定位（是「幫手」
而非「朋友」），以避免個人連帶干擾勞工的表現。像Jessica這樣的雇
主，對自己與菲籍勞工的英文溝通能力相當有信心，並傾向於將自己
當經理等職場經驗，應用在對家務勞工的管理上。[11]

　　另一位分享類似想法的雇主是四十多歲的佩琪，專科學歷的她和
先生共同打拼出一家頗具規模的電腦相關企業，工作餘暇之餘，她仍
不斷進修培養自己的語言能力與專業知識。坐在她寬敞的總經理辦公
室裡，她向我解釋**像她這種**雇主和其他雇主的差異：

> 我們做電腦的人都會講英文嘛，比較負面的人都是水準比較低層
> 次的，抱怨把你冰箱的菜一次煮光光啊……
> 為什麼會有這樣的差別？
> 一定是不懂得跟她講嘛！因為英文不會講，就沒有把制度定起來
> 給人家，像我們一來制度都已經定好了，就怎麼可能會出什麼
> 鬼？所以是雇主的問題。

佩琪繼續說明她如何設定合理的規則來管理家務移工的表現：

> 我是把她當作一個員工來看待……我在接她的那一刻就會把工作
> 表單都打好了，我先跟她介紹我們家有那些成員，什麼名字，
> 他們的作息時間怎樣。那妳的工作，這個時間到那個時間要做
> 什麼，這個要星期一清理，那個要星期二打掃，daily的、weekly
> 的、monthly的行程是怎樣，我都寫好了。用這樣的方法，菲傭

就會對她的工作內容有很清楚的概念，當她作完這個，她可以休息，而且我也知道她今天在家裡做了什麼。有一個菲傭問我她可不可以自己決定每天要作什麼，她說她做的一定可以比表格上還多。我說：「不需要，妳只要把這當作像上班一樣，只要妳作完了，妳就下班了。」

佩琪和Jessica都以「上班」和「休息」這樣的比喻，將她們的家描繪成一個工作場所，只要雇主設定的制度規則被遵守了，她們對勞工就沒有額外的要求，同時也盡量避免打擾勞工的私人生活。雖然工作場所和家的空間是重疊的，這些雇主在公領域和私領域之間劃下象徵性的界線，這種模式不只保護了勞工的隱私，也確保雇主的家庭生活不受外人打擾。我先前提到，上層階級雇主偏愛僱用移工而非本土幫傭，是因為種族階層有助於維繫階級控制、疏離權威，中產階級雇主也有類似的看法。幾位雇主都在訪談中指出，和台灣的歐巴桑相比，和外籍移工維繫一種如生意般的關係較為容易。一位雇主這樣描述兩者的差別：「外籍的勞雇關係很清楚，本地的勞雇關係很隱性，不只是沒有定契約，我們一般都把他定位成『幫忙』，好像一個favor、人情一樣，很多工作的要求你很難去直接說。」

此外。雇主可經由語言和文化的隔閡，輕易地將移工阻隔在家庭生活之外，但卻很難防止本地幫傭干預雇主的私人生活。三十二歲的安如是一個證券經紀人和二個孩子的母親，她描述了兩者的差異：

像我們對面請一個阿桑，她有時候管起你的生活就好像你媽一樣，菲傭是完全不過問你的私生活，她不會問你為什麼，她就是去做。那這樣很好，她可以做我不想做的事情，我又可以落個清靜。
為什麼有這樣的差別？

我覺得第一個是〔語言上〕可以溝通，第二個是中國人都覺得我
來你家幫傭是幫你們家全部，菲傭就只是來「工作」……台傭就
是這樣，你不想找她講話她還是會找你講話，你不想讓她聽到的
事她也會聽到，那家是一個很重要的隱密的地方，有時候台傭會
把你不想傳出去的事情都傳出去。菲傭就比較重視雇主的隱私，
比較有職業道德。你如果不去找她聊天，她不會來找你，我覺得
這樣比較好，我們回家都不想再去聽一個人呱拉呱拉。

大部分的本地家務勞工都是有豐富的養育小孩經驗的中年婦女。
像安如這樣的年輕雇主，在聘用中年的歐巴桑時經常感到壓力，因為
歐巴桑可能會仗著自身的經驗，而插手指導雇主要如何做家事或照顧
小孩。安如甚至將歐巴桑的角色比喻成母親或婆婆，她因而偏愛僱用
一個想要和她一樣尊重，且維持單純生意關係的移工。

大部分偏好生意關係的雇主都來自雙薪家庭，他們需要家務幫手
的原因，正是用來紓解工作和家庭之間兩頭燒的窘境。因此，這些雇
主希望和移工之間保持最低程度的互動，以在下班後得到最多的自由
時間。此外，和可以整天與家務勞工相處的全職家管雇主相比，疏離
且中立的關係也比較適合這些家庭時間有限的雇主。

除了時間的限制之外，空間配置也深刻影響了雇主如何安排他們
的私人區域。不像居所寬廣的上層階級家庭，大部分住在都市裡的台
灣中產階級家庭只能住在一層小公寓中。容積有限的公寓生活無法提
供足夠地理空間體現勞雇之間的社會距離。面對空間不足的問題，有
些雇主會將移工排除在家人活動空間之外，這樣做不只是為了強調
地位的區隔，也在保護家庭的隱私。也有雇主則因家裡空間有限，在
別無選擇的情形下，只好將移工納入家庭空間中。阿蘇和先生一起在
一家行銷公司工作，最近才買了他們在台北的第一間公寓。當我問她

如何安排家務勞工的吃飯問題時，她笑著說：「看看我的公寓，那麼小，她不跟我們一起吃的話，要在哪裡吃？」

　　這些雇主雖然在生活中跟家務移工共享親密空間，但也刻畫出一條無形的界線來區分家庭生活的私人面向和家務僱用的公共面向。**當移工的工作涉及較多家務、較少照顧內容時，容易適用這種生意取向的契約關係**，雇主要替煮飯、買菜和打掃等事務性工作制定科層規則時，也比較容易。但當移工的工作內容涉及孩童或老人的照顧時，雇主則較難以一板一眼的工作規則或定型契約來理性化僱用關係，畢竟，「愛的勞動」很難當做一門「生意」來計算。

移工的畫界工作

　　像她們的台灣雇主一樣，家務移工也以多重模式來建構與維持社會界線用不同方式認知與回應自身與雇主之間的社會距離：有些移工肯認並接受明顯的階級與種族差異；有些則質疑勞雇之間的階層差別，認為自己和雇主一樣都是平等的，階層地位近似。家務移工也採取不同的策略來架構前台與後台之間的界線（如第五章所述，前、後台的區隔是家務移工生活中的重要空間配置）：有些移工偏好區隔出前、後台兩個領域，有些則傾向整合。[12]我以階級／國族界線以及社會／空間界線等兩個面向為主軸，發展出家務移工的四種畫界工作類型：尋求恩庇、保持距離以策安全、掩飾先前背景，以及強調地位近似。

表五　家務勞工的四種畫界工作類型

前台後台的界線 階級／國族差別	整合	區隔
接受	尋求恩庇	保持距離、以策安全
質疑	強調地位近似	掩飾先前背景

尋求恩庇：禮物的道德經濟

Jenny和Maya在我一同坐在教堂庭院的凳子上，閒聊著她們的雇主。這對三十多歲的表姊妹，一起在菲律賓的工廠工作過，也相偕到新加坡和台灣幫傭。Maya五年前第一次來台灣，合約到期後，她改名，然後再次到台灣的一個新雇主家幫傭（當時合法來台年限最多是三年）。她很開心地告訴我，當時她哭著求雇主：「請幫幫我，我沒錢，我在菲律賓欠一大筆錢。」結果，她成功地躲過了「強迫儲蓄」（扣薪水避免逃跑）的勞動控制手段。坐在一旁的Jenny，笑笑看著她的好姐妹，一言蔽之地描述 Maya 對付她雇主的策略：「可憐的女孩永遠會受到老天的眷顧。」

像Maya 這樣的移工，試圖和雇主發展一種「策略性的情感關係」（strategic personalism）（Mendez 1998），以從雇主那得到以實質物品、零錢分紅和借貸等形式出現的額外福利（fringe benefits）。類似封建社會中領主與奴僕之間的恩庇侍從（patron-client）關係，在僱用移工的台灣家庭之間並不普遍，因為僱用關係囿於政策而年限短暫，難能發展長期、終身的關係。但是，有些移工——通常是一些教育程度較低或出身鄉下的移工——仍可藉由強調自身在物質上的貧乏來獲取雇主的同情。過去有其他海外工作經驗的移工，特別會技巧性地利用情緒的表演，來引發雇主的階級內咎感。有些移工會對雇主描繪他們在家鄉的窮困生活，以增加她們成功加薪或預支薪水的機會；有些移工則會在雇主為小孩買玩具時，面露嫉妒神情，雇主或出於原罪或憐憫，便會買另一個玩具（通常較便宜）給移工的小孩。

初次赴海外工作的移工是另一群傾向從雇主身上尋求恩庇的團體[13]。大部分移工在第一年都身負債務，而且薪水在扣除仲介費之後，寥寥無幾。在這種情況之下，他們非常願意接收雇主的二手物品，認為這是雇主基於好心的薪資補貼。這些移工通常因為沒有零用

錢及想賺加班費,而選擇放棄前幾個月的休假,在這種狀況下,參加
雇主的家庭旅遊成為他們免費探索台灣的機會。由於尚未在地主國建
立當地連帶,他們也必須依賴雇主提供各種資訊和資源。

　　要離開地主國之際,是另一個移工期盼從雇主那得到禮物或其他
好處的時刻。就像印尼爪哇當地的家務幫傭終年工作,期盼在開齋節[14]
或新年收到雇主給予的禮物和紅利(Weix 2000),台灣的家務移工也
認為他們約滿離開之時,應是雇主透過禮物表達感激的時刻。我先前
提過的Atik是一個明顯的例子,她是採行家母長制風格的胡太太所僱
用的印尼移工。我問胡太太,Atik帶回家的電子鍋是誰買的,胡太太
說是她買的,令我訝異的是,她這樣作是基於Atik的主動要求:

　　電子鍋是我給她買的,她也會跟我朋友要啊。
　　跟妳朋友要啊?
　　對啊,她會跟我朋友說,我要回去了,叫我朋友要送東西給她
　　啊。她很厲害,因為她來三年嘛,我的周遭,社團朋友人很多
　　啊,我姐妹她都認識,大家都認識她。要回去前,她就開始啦,
　　姐姐妳要送我什麼,我要回去了,她就直接這樣會講,我要妳送
　　我電鍋,啊妳要送我微波爐,啊妳要送我手錶,她那種慾望就出
　　來了。我說妳要怎樣的〔手錶〕,〔她說〕我要跟太太一樣,漂漂
　　亮亮的、亮亮的。
　　她會開口要?
　　她會開口要,我是送她手環、送她玉、送她項鍊,整套的我都有
　　送她,我是送她蠻多的,然後我們員工會送給她衣服,她寄走幾
　　批我們都不曉得。Atik要回去的時候就很大膽,妳看她敢跟我要
　　錢,16萬多(強迫存款的總數)可以改成跟我要求25萬。那基於
　　我們的立場想說,來我們家三年了嘛,很可憐嘛,多一點給她,

當作救濟也好，當作大家這幾年的感情也好……因為她付出三年
在這邊，她的青春三年，她要離開親情三年，多一點給她，我覺
得也不為過啊。

在胡太太口中，Atik 總是安靜又乖巧，從不曾抱怨沒有休假，也
對雇主充滿尊敬。當雇主家人吃飯時，她總是等到所有人就座動手後
才開始扒飯；當家人在客廳看電視時，她總是坐在角落的地板上。然
而，「順從」的印籍女傭在要離開時變得「大膽」、「厲害」，敢大聲要
求雇主甚至任何地位較高的雇主朋友們「照顧」、「補償」她。在貢獻
三年勞力給這個家庭後，她覺得一些珠寶、現代化電器等額外的補助
都是她應得的回報和權益。

　　一般來說，印尼移工較傾向接受台灣雇主和他們之間有著明顯、
絕對的地位差距，不像教育程度較高的菲籍移工，傾向認為目前的勞
雇地位差距只是相對、偶然的結果。Utami 來自中爪哇的一個貧窮家
庭，只有小學畢業的她，第一份工作是十歲時在雅加達幫傭。為了賺
更多的錢，Utami 決定出國幫傭，她在新加坡工作四年後，又來台灣
工作三年。我在台灣認識她的時候，她正值二十五歲，雖然受過的正
式教育有限，但憑著聰敏與勤奮，她在跨越多國的旅程中自修學會了
基本的英文和中文。

　　許多移工朋友都認為 Utami 很「倒楣」，遇到不好的台灣雇主：她
要負責繁重的體力工作，包括清理一棟五層樓的透天厝和用手洗全家
人的衣服（即使家裡有洗衣機）。從 Utami 的轉述聽來，她的雇主符合
疏離權威的類型，視 Utami 為低下的僕人。當晚餐的內容料理全雞時，
Utami 總是只分到雞頭跟雞腳，而且一個人默默在廚房裡吃；當全家
吃著蘋果、水梨等昂貴水果時，她只能吃香蕉、柳丁等便宜的水果。
最糟的是，女雇主下指令時會大聲叱責她，並總是抱怨她動作慢吞吞。

　　事實上，個性活潑直率的Utami在印尼朋友間經常扮演著意見領袖的角色，但在面對雇主的粗魯行為或刁難的要求時，她卻保持沉默：「我看囉，我不說話囉，我不敢講。因為我知道我的老闆如果不喜歡我講的話，她比較罵。」迴避與雇主正面衝突，她只能把情緒吞忍下去：「我生氣都放裡面啦，不曉得這邊〔指心〕都壞掉不壞掉。」或者，自我解嘲：「我都告訴別人說，我老闆每天在唱歌。她每天都對我叫，我把它當唱歌，那我就不會難過了。」每天，她向阿拉祈禱她的衰運可以早點結束，希望雇主的態度能有改變的一天：「她對我不好，我沒有想她不好，我想我老闆什麼時候才會好，什麼時候才會慢慢說話，慢慢給我講，我拜拜〔祈禱〕都是這樣。」

　　一開始，我以為Utami不想跟雇主起衝突，是怕雇主會終止合約，把她送回去。但她澄清：「不，我不怕被送回去，如果回家，我高興！我跟我老闆說，我不喜歡這裡，我想回家，我可以自己買機票，他們不要。」

　　Utami的沉默吞忍，並非因為考量到被解僱遣返的經濟風險，而是因為她肯認到自己和雇主之間的明顯社會距離與地位差別。Utami屢次告訴我，她父母教她要尊敬別人，尤其是地位比較高的那些人。爪哇小孩從小被教導要對上層階級表現尊敬和恐懼（Geertz 1961）。除了階級高低，她甚至使用了種族化的詞彙（黑與白）來標示自己與台灣雇主的差異：

　　　我知道我是誰，他們是誰，傭人在地板，老闆在天花板，他們
　　　高，我們低，他們是白的，我們是黑的。不一樣，就是不一樣，
　　　所以你告訴他們沒有用，他們不會聽。

　　有幾次我在週日碰到Utami，回雇主家前，她都到印尼雜貨店採

買材料,為了替雇主做印式糯米甜點,我本來以為是雇主要求的,後來發現她是在雇主未要求的情況下自己準備,更讓我驚訝的是,她還自掏腰包。她的「好心」讓我很困惑。或許基於非母語溝通的限制,或許因為該行為欠缺工具理性的解釋,Utami對於自己為何這樣做的原因開始都支吾其詞,經過我幾次不斷的詢問後,她才隱約透露在糯米甜點中所包裹的無言訊息。

我看妳還做糯米飯給他們吃,他們對妳這麼壞,為什麼妳對他們這麼好?

不曉得,他們像拖鞋都沒有買給我。在這邊三年他們衣服什麼都沒有買給我。

對呀,那為什麼妳還這麼好心?

我說不曉得,他們喜歡吃,因為 I want 炒菜印尼,印尼的都沒有錢,有錢都沒有心……

所以有錢的比較小氣,沒錢的比較大方?

對啊,我要給他們說,他們有沒有想到。我們沒有好多錢,為什麼我們還要〔對他們〕很好,唉,不要告訴他啦,靜靜〔閩南語〕。

可是你做了他也沒有知道還是改變?

對呀,奇怪耶,老闆奇怪,the heart is 這樣子,沒有看。他們都沒有想到,Utami為什麼這樣子,為什麼會買給我們吃,她是來這邊賺錢……

Utami手工製作異國風味的零食,懷抱著「以德報怨」的心情,送給她的雇主作為「禮物」,企圖超越資本主義的經濟契約(來賺錢),以及以財富區分的階層秩序(台灣人比印尼人有錢),邀請雇主進入道德經濟(moral economy)的互惠關係。在這個領域中,雇主理應要

對禮物心生感激，並且有義務加以回報。Utami期待雇主回報怎樣的好處？我發現Utami並不關心自己被雇主剝奪的休假或權益，她甚至沒有持續紀錄每月雇主扣了他多少薪水，儘管大部分的扣除都是於法無據的。她想從雇主身上得到的不是經濟的回報（有錢），而是情感的回饋（有心），像是一點點感激，以及對她的服務與辛苦工作的肯定。不幸的是，她的雇主大口吞掉了糯米飯，卻完全忽略了Utami用心包裹其中的無言訊息。

對擁有權力的人而言，禮物的給予展現了他們的慷慨，不求禮物接受者的回報，更突顯禮物給予者的優越地位。然而，權力從屬者出於卑微的希望——期許一些溫暖、感激之情和道德責任的回報——而送禮物給權力優越者，只是因為他們缺乏足夠的資源要求平等的交換，更遑論挑戰權力的不平等。

保持距離、以策安全：沒有額外功課

某個星期天，我和菲律賓朋友在教堂附近吃中飯時，有人聊到先前在沙烏地阿拉伯工作的經驗。那裡的雇主通常僱用好幾位外籍勞工分別擔任傭人、廚師、園丁，他們會在廚房旁邊的所謂「僕人區域」（servants' quarter）裡吃飯。「哦，真不錯」，Olivia點頭稱是。我很驚訝她竟然羨慕這樣明顯的階級空間區隔，Olivia解釋給我聽：「保持距離、以策安全啦。」的確，抱持像Olivia類似看法的不是少數，許多移工寧願和雇主保持距離，不想有太多私人的連帶。在移工社群裡，我經常聽到類似下面的對話：

Johna：〔啜泣〕我的女雇主昨天對我很壞。
作者：是怎樣？
Johna：你看她的臉就知道了……

Madeline：不要看他們的臉，只要聽你自己的心！他們和我們是不一樣的〔用兩隻手掌比出一高一低〕。他們就是會那樣，不要理他們。

Sylvia：對！因為他們和我們地位不一樣，有時候他們不知道他們讓我們傷心。只要妳做的事是對的，而且他們準時付妳薪水，沒有額外功課（no extra curriculum）！〔每個人都用力點頭，尤其是 Johna〕

「沒有額外功課」（no extra curriculum）是移工常用來維持心理平衡與舒緩情緒壓力的一種策略。他們在工作和私人生活之間劃下界線，這種分隔提供了一種緩衝，來幫助她們面對雇主對她們的個人需求和尊嚴的不尊重（Dill 1988）。他們也偏好減少與雇主的互動，這樣才不用增加額外的情緒工作負擔。當我問她們是否喜歡和雇主外出吃飯時，大部分都回答：「不，我寧願在家裡，我不想在餐桌上當一個保母，我想成為真正的家人。」儘管這種家人的比喻也常被雇主所用，但大部分移工仍對自己的邊緣地位很警覺。移工寧願和雇主的家庭保持距離，以避免自己不小心越過家人和非家人之間的界線。

雖然也有一些移工喜歡加入雇主的家庭同桌用餐，但其他的移工認為這樣的邀請突然增加額外的壓力和義務。許多移工寧願自己在廚房吃，在這個後台裡，她們可保有一些隱私和自由。當我問 Helen 喜不喜歡跟雇主一起吃飯時，她回答：「他們告訴我要一起吃，有時候他們的朋友來，他們也要我跟他們一起吃，但是我不喜歡，所以我假裝忙。我做做這個，做做那個，因為我不喜歡跟他們一起吃，累死了，我能跟他們聊什麼？」

此外，許多移工不喜歡與雇主同桌吃飯的原因是，她們覺得有義務要接受雇主給的食物。Elvie 描述這種情況：「我的雇主想要我吃這

個、吃那個,所以我不喜歡在那裡〔餐桌〕吃,他們想要**看見**你吃,他們想要**給你**,他們想確定你吃了。」主人從餐桌上夾起菜的一部分,然後放到客人的碗裡,這個常見的舉動對台灣人來說代表著主人對客人的照顧。然而,在移工眼裡,夾菜給客人這個有禮貌的行為卻帶來壓力,類似禮物給予的權力不平等,移工害怕他們拒絕雇主夾來的食物,會造成雇主的難堪甚至生氣。

另一個移工難以拒絕的工作要求是作雇主的知己,他們尤其害怕雇主吐訴的秘密涉及夫妻之間的緊張關係。菲律賓移工Lolita便覺得在妻子和丈夫的信任中作夾心餅乾是種無謂的負荷:

> 我的女雇主跟我聊很多,甚至是她私人的事情,像是她的工作,她的家庭,她的婚姻,所有事都說!她跟她的婆婆處不好,她的婚姻也不是很好,她告訴我不要嫁給像她先生那樣的老公。你知道什麼最好笑嗎?她老公也會跟我講他太太!但是他們都不知道另一個人也跟我說,如果他們知道,他們大概會〔對這個〕感到不開心,但是我不想聽這些事,我來這裡是工作的,不是聽這些事的。

若男雇主把她們當作知己,家務移工們還得冒著被女雇主嫉妒或懷疑的風險。一些移工會發現她們雇主之一的婚外情,譬如洗衣服的時候,發現男雇主口袋裡的保險套,或是當男雇主不在時,看到他的妻子的秘密情人。不論移工要不要向另一個雇主報告這些事,她們都無可避免地成為家庭肥皂劇中的配角。有些家務勞工希望藉由管理前台與後台區域的分隔,來減輕親密關係中的風險和負擔,並劃下界線以減少雇主對自己的私人生活的干涉。

隱藏先前背景：「我不想要他們知道我的過去」

　　傾向將前台與後台區隔開來的家務移工，不僅只出於謹慎與降低風險的考量，也有些人把這當作一種主動確保自尊與自我認同的策略。這些移工認為自己和台灣雇主實屬於同一階層，她們的地位下滑，乃是因為個人的不幸遭遇或是母國的經濟衰退。當我問Luisa她的台灣雇主的經濟狀況時，她直率地說：「我不覺得他們有錢，他們過著很簡單的生活，很少出門，我知道，因為我曾經有錢過。」Luisa在二十一歲時曾經離開馬尼拉到東京的俱樂部當娛樂員（酒店小姐），然後嫁給她的日本老闆。他們的婚姻維持了十年，離婚後，她帶著兩個孩子回到菲律賓，隨後又到台灣幫傭。

　　Luisa對於她的向下流動仍然難以調適，因此選擇在菲律賓的熟人面前掩飾她現在的工作，也對她的台灣雇主掩飾她的過去：

> 我沒告訴在菲律賓的朋友現在我在台灣作什麼，他們只知道我工作，他們不知道我是做幫傭。我覺得好丟臉哦，因為我曾經是個雇主，我不想要他們認為我現在走下坡了，但事實上我是走下坡了〔苦笑〕。我的前夫也不知道，他打電話給我的小孩，他們告訴她，媽媽現在去台灣看親戚。
> *你老闆知道妳的過去嗎？*
> 不知道。有一次，我前夫從日本打電話找我，我告訴他們那是我的姐夫，我不想要他們知道。

　　其他具有白領背景的菲籍移工也提到掩飾先前在母國的背景是必要的，藉由將過去「放進括弧」，她們較容易在台灣、在雇主的面前表現得「像個女傭」。如以下兩位受訪者所說：

　　既然我們的工作是女傭，我們的舉止就必須像個女傭。如果你覺
　　得：「噢，我以前是在銀行工作耶。」你就無法把工作做好。你
　　會覺得沮喪，然後就會覺得衝突。

　　既然妳已經來了，就不必說再說妳在菲律賓有車、有女傭。如果
　　妳在菲律賓什麼都有了，妳還來這裡幹嘛？閉嘴。現在妳在這
　　裡，妳就必須跟著這裡的規則，妳是個幫傭，妳什麼事都要做，
　　妳不能抱怨妳不知道這個要怎麼做，那個要怎麼做。

　　Luisa選擇在雇主面前隱藏她先前的社會位置，為了完美地扮演
「女傭」，她小心翼翼地管理她在前台、後台之間的穿越過渡。每週
日，Luisa帶著她的首飾、迷你裙以及化妝箱到教堂，然後在彌撒集
會前到教堂的廁所換裝打扮。除了改變穿著儀表，她走入雇主看不到
的「後台」後[15]，也想暫時性的脫離「女傭」的身分認同。一個週日，
當我們行經聖多福教堂的後院時，有許多菲律賓幫傭聚在一起聊天，
Luisa皺著眉頭說：「她們在這裡討論許多問題，我的老闆這樣，我老
闆那樣，我知道很好，但是我不喜歡來這裡，我不要把我的假日過成
這樣。週一到週六已經夠了，我不想再聽任何跟工作有關的抱怨了，
我只想要happy、happy、Sunday！」
　　家務勞工可藉由鞏固前後台之間的屏障，來避免自我表述的休假
形象與雇主認為的「女傭」形象兩者之間的緊張。Jovita是個三十多歲
的漂亮單身女郎，某個週日，我看到她的手指和腳趾上都塗著華麗的
指甲油，挖苦她：「妳在老闆家裡也塗這樣？」她大笑說：「不可能！
我的老闆，如果我穿少一點，他們會這樣看我〔模仿睜大眼睛從頭到
腳來回打量〕。所以當我禮拜天出門時，我希望他們都不要看到我，
不然他們會懷疑——這是我的傭人嗎？」

從後台走到前台時，女性移工也透過穿著打扮，甚至氣味，試著體現出一個雇主認為「妥當」的星期天活動的版本。好幾次我跟著菲律賓朋友在星期天下午去迪斯可跳舞，要離開之際，她們紛紛拿出事先準備好的T恤，來替換身上的衣服。看到我一臉困惑，她們笑著對我解釋：「因為衣服沾了煙味！換了衣服，我的雇主才會以為我去的是教堂，不是迪斯可！」Jovita告訴我說，有時候她星期天下午待在酒吧裡，喝些酒或抽些煙來放鬆，當回到雇主家時，她說：「我第一件事就是跑去廁所洗澡，我不想要他們聞到我！」

對這些灰姑娘來說，除了要盡量延長在後台活動的時間，更重要的是要有效地隔離前台與後台，以避免雇主看到她們女傭角色外的活動與形象，也就是高夫曼所說的「前台到後台的通道必須被封閉，或是整個後台都被掩藏起來不被觀眾看到」（Goffman 1959: 113）。如果無法維持前後台的區隔，隔離雇主於後台之外，可能會為菲籍家務勞工帶來工作上的風險。

某個週日，Luisa的雇主很早就出門了，因此她沒有帶衣服出來換，直接穿戴她的週日打扮（穿洋裝、化妝，還挑染了幾撮紫髮），大剌剌地走出雇主的公寓。她在電梯裡遇到鄰居，他驚訝地對Luisa上下打量。之後，整棟樓的鄰居都在傳述這項八卦，他們告訴Luisa的雇主：「Luisa出門時像個電影明星！她身上還擦香水！」女雇主難以置信，還要求大樓警衛把電梯監視器拍攝的錄影帶找出來。Luisa描述她看到後的反應：

> 她非常驚訝！因為我平常不像那樣，我想她在那之後覺得沒安全感，她告訴我：「我沒有太多的漂亮衣服，因為我不需要它們，我都待在家裡。」
> 嗯，她想要跟妳說什麼？

> 她是要說，妳不需要那些衣服，反正我只是待在家裡，我只是浪
> 費我的錢！

Luisa後台形象的揭露——時髦、漂亮、女性化的形象——象徵性
地挑戰了雇主的階級優越感，也激起了雇主作為女主人的焦慮。一個
菲籍移工如此評論Luisa的雇主的反應：「她是怕你變成一個有吸引力
女人，那她就會失去她丈夫了。」Luisa發現要融合她的前台與後台不
僅有困難，也可能對她的工作造成一定的風險，因此，她小心翼翼地
管理自己的外表、笑容與行為，細心維護工作與休假截然分開的灰姑
娘生涯，以及「女雇主」與「女傭」之間的階級化的女性特質展演。然
而，也有其他的移工採取不同的畫界策略，她們寧願以一致的形象穿
梭於工作內外的前後台，並強調他們和雇主地位的近似。

強調地位近似：「我不讓他們看輕我」

三十多歲、單身的Nora擁有菲律賓護理系的學士學位，她在二
十四歲時去新加坡當護士，之後來台灣擔任監護工。她照顧的對象是
一位生病的阿媽，同住的還有高中畢業、離婚的技工兒子，以及其正
值青春期的孫子。當我去Nora雇主位於三重的老舊透天厝找她時，
Nora翻出她大學畢業的學士照給我看，這是她行遍各地工作必帶的
紀念品。老實說，我看到照片嚇了一跳，很難將相片中帶著燦爛微笑
的年輕女孩和眼前歷經風霜的Nora聯想在一起。

Nora告訴我，一開始，她的台灣雇主懷疑她缺乏現代生活方式
的知識，她感到被冒犯。「台灣的雇主都以為菲律賓人沒知識，」她
說，「他們問我：『你知道電視要怎麼轉台嗎？你會用電鍋嗎？』」面
對雇主對她的智識和自尊的挑戰，Nora以堅定的答案來回應：「我告
訴他們：『對我來說沒問題。』」Nora的雇主慢慢地改變了對她的想

法，很重要的一個原因在於，事實上，Nora的學歷比雇主家裡任何
一個人都高。Nora告訴我：「他們很驕傲，他們跟別人說我上過大
學。我老闆不會說這是我的女傭，他們會說，這是來照顧我母親的
人。如果他們叫我女傭，我會感到有點不開心，因為人都有自尊，
你希望往上，而不是往下。」Nora舉了一個例子說明，教育所帶給她
的才智如何幫助她能與雇主討論事情，而不是像其他的菲籍移工只能
抱怨：

> 很多菲傭都抱怨他們的雇主，他們應該跟雇主談才對，如果有問
> 題的話，我不會抱怨，我會跟他們談。有一次一個月有五個禮拜
> 天，他們只給我四個〔加班費〕，我告訴他們有五個禮拜天，然
> 後他們說：「哦，妳是對的。」

　　在菲律賓有管理工作經驗的移工，可能把家務服務定義為一種
技術性的工作，並且強調過去與現在的工作經驗的相似性。鄭淑如
（Cheng 2001）訪問台灣的菲籍移工Baby，她有會計和企管碩士學位，
並像Nora一樣，並不避諱告訴雇主她的學歷與背景。Baby藉由強調
家務工作的專業面向來維持自己的尊嚴，她這樣描述（Cheng 2001:
202）：

> 這是份工作，而我用專業的態度來面對它……過去〔在菲律賓〕
> 我替我老闆處理所有的事，作筆記，持續追蹤每件事。我很敏
> 銳，我會持續追蹤每件事。這沒什麼不同，在這裡工作也一
> 樣……我對工作有自己的一套規劃，像是什麼時候做什麼，還有
> 在一天中先開始做什麼，我會做計劃。

　　這些例子呈現了菲籍家務移工融合前台與後台的另一種方法：透過非單一國家的階層化框架（地主國與母國），把她們的地位確認為與雇主相近的中產階級同儕。有兩個結構性因素解釋了為何Nora可以在這樣的僱用關係中具有相對平等的地位：第一，她主要的責任是照顧病人，非處理家務，而如先前提過的，雇主較願意和負責較多照顧工作的移工建立個人連帶；第二，Nora具備比雇主更高的教育程度以及較多的全球語言資本（英語），她甚至有時候會當雇主的青少年兒子的英文家教。藍領雇主視僱用一個大學生菲傭有助於提昇自己的社會地位，這解釋了為何Nora的雇主對有她照顧母親感到「驕傲」。

　　Trinada是另一個採取類似畫界工作的菲籍移工。她在菲律賓時曾是個成功的房地產經紀人，現在是個四十四歲的寡婦。基於對海外工作經驗的好奇，二年前她曾來台灣工作，照顧雇主家裡六十五歲生病的阿媽、阿媽的兒子、媳婦，以及兩個成年的孫子。我問她關於她的雇主時，她聳聳肩說：

> 他們還好啦，他們唯一的問題就是不信任你。譬如，如果你回家晚了，他們就想你去做壞事了，他們會說「也許你交了壞朋友」。我就說：「不要這樣說，你們又沒見過我的朋友，如果你再這樣跟我說，那我也可以說，你有時也回家晚了，那我也可以想說你在外面交了壞朋友。」如果妳永遠都遵從他們的話，妳永遠都不會自由的，妳不能永遠同意妳的雇主，否則他們就會一直那樣對妳。我的雇主尊敬我，他們會說她是來照顧我們母親的，不是幫傭。

　　Trinada以平等和互相（mutuality）的敘事方式——如果你這樣說

我，我也可以這樣說你——來對抗以種族歧視的透鏡評斷移工生活的雇主。Trinada和雇主發展出一種相對平等的關係，這種關係可以從她們彼此的稱呼方式看得出來。「他們叫我**妹妹**——是指較小的女兒，對嗎？」她說，「我也叫他們名字，他們對我像是對他們的小妹，而不是女傭。」Trinada也有意識地讓她的雇主了解她過去在菲律賓的生活方式：「當我們去一家昂貴的餐廳時，我告訴他們，我在菲律賓工作時，也去過類似的餐廳，這樣他們就不會看不起我，我不會讓他們這麼對我。」受過較好教育的移工，有時也會故意跟雇主開啟話題，以表現自身的文化品味與知識。[16]有些台灣雇主在訪談中提及，當他們回家發現菲傭在看CNN，或是透過廣播收聽古典音樂時，他們大為驚訝，但也印象深刻。

英文是Trinada用來平衡勞雇關係的權力槓桿時的一項重要施力工具。她告訴我：「如果他們〔雇主〕說錯了，我就會告訴他們那是錯的，他們會問我英文：『我這樣說對嗎？』我不讓他們看輕我，我總是在留意（check），如果他們說不好的話，我也會糾正他們。」我問她曾否擔心雇主會因此生氣，甚至中止她的合約，她自信十足地說：「不會！我不怕失去我的工作，我在菲律賓的薪水甚至更高！我就是這樣告訴他們的！」

不像Luisa一樣在雇主面前掩飾先前的背景，Trinada反而有意識地展現她在菲律賓的中產階級位置和生活方式。她以挑戰雇主的英文以及拒絕他們對移工的負面評價來質疑雇主的權威。她抗拒畢恭畢敬的工作態度，並大聲說出自己的意見以提升自己在雇主家裡的地位，猶如她所說的，「我不讓他們看輕我」。和Nora一樣，若干勞雇配對的結構因素，讓Trinada相對於她的雇主擁有較多的協商議價空間，因為她受雇於一個小康家庭，而且她的工作是照顧他們的母親。

既然Luisa和Trinada同樣援用非單一國家的階層化框架，把自己

定位成雇主的中產階級同儕，為什麼她們在實作生活中採取截然不同的畫界工作方式？主要的差異在於兩人所能承擔的挑戰雇主與失去工作的成本風險不同。Trinada可以承受公開嗆聲的後果，因為她「不怕失去工作」。作為三個成年孩子的母親，她的財務壓力較少，而且仍有機會在菲律賓工作。相對的，Luisa是有三個幼兒的單親媽媽，身為家裡唯一經濟來源的她，若失去工作後果將不堪設想，因此，她寧可藉由整合前台與後台來避免被遣送的風險。

上面的比較也揭露了限制移工選擇畫界方式的另一個重要因素：移工和雇主如何協商社會距離，主要仍以雇主的畫界方式而定。如果Luisa的雇主是用較平等、納入、而非支配、競爭的態度對待她的話（就像Nora和Trinada的雇主那樣），她也可能較放心地讓工作與私人生活這兩個空間相互開放或滲透。在階級從屬的基本框架下，雇主仍是主動形塑僱用關係動態的權力所有者，框限了相對弱勢的移工協商社會界線與公私領域的可能性。

屋簷下的認同政治

本章描繪了家庭生活中看不見的各種社會界線：我檢視雇主和勞工如何協商階級認同與彼此的社會距離，也比較了雇主對待外籍和本地家務勞工的方式差異，以觀照國籍／族群界線的運作。這些跨越社會界線的人際互動發生在一個既是私人家戶，又是工作場域的空間裡；勞雇雙方的畫界工作，持續地在建構「家」的定義、公領域與私領域的區隔，以及在前台與後台的布署。

我對畫界工作的分析試圖連結行動者的結構位置與主體傾向（disposition），並強調行動者的能動性與內部差異。我建立了兩種類型學的分析來描繪畫界工作的變異，並且指出三個主要因素來說明為

何特定的雇主和勞工傾向採取某種類型的畫界工作：雇主與勞工的階級位置，在工作內容上照顧工作與家事服務的相對比例，以及僱用場景在時間、空間上的組成。

　　想要展現他們在階層排序上的優勢地位的雇主，傾向強調他們與移工之間的差別，而年輕世代的雇主則為了確認自身的中產階級認同而試著淡化階層的差序。在上層階級之中，花費較少時間在家且家庭空間寬敞的雇主，較傾向疏離權威的模式；而花許多時間跟勞工在家中近身相處的家庭主婦，容易發展出家母長制的風格。在中產階級之中，僱用勞工來照顧孩童的雇主，傾向於採取工具性的情感關係態度，而只是為了尋求幫忙家務的雇主則傾向偏好一種生意般的關係，以減低情感互動所需的時間成本。

　　上述因素也形塑了移工畫界工作的變異。自許為雇主的中產階級同儕的移工，通常偏好在前台與後台之間保持可穿透的界線。當她們主要的工作是照顧工作時，她們比較容易和雇主建立相對平等的關係；其他的移工，就算質疑雇主的階級優勢，仍傾向隱藏自己先前的背景，以保護自己的隱私，並降低挑戰雇主權威的風險。也有不少移工，通常是教育程度較低、或出身鄉下者，認知到自己和雇主之間所存在的明顯地位差別。其中，有海外工作經驗的移工尤其知道如何為了己身利益來操弄與雇主的感情連帶，沒有工作經驗的移工則可能希望從雇主身上尋求庇護與恩惠，以增加自己生存的資源。此外，有一些勞工選擇盡量減少和雇主的互動，以避免承受額外的情緒負擔以及踰越社會界線的風險，這樣的方式在某些僱用場景較容易發生，如雇主的家戶空間寬敞，或是雇主整天都在外面工作。

　　這些分類不是互斥的範疇，而是被類型化的理念型（ideal types），代表了現實生活中連續分布的日常實作。在不同的社會情境裡，同一名雇主可能從疏離權威的風格，轉換為家母長的態度；或

者，勞雇關係可能搖擺於營建信任的情感關係與避免麻煩的生意關係之間。同一家庭裡的不同成員也可能對移工採取不同的態度，譬如，當丈夫扮演疏離權威的管理者時，妻子則試圖跟保母建立情感關係。

家庭的界線不是既定的，而像一層又一層的同心圓。不僅家庭成員內部有地位排序，家務移工作為「虛擬家人」，有時被包含為家庭的一份子，有時被排除在家庭連帶之外，她們的曖昧位置正標示了多重層次的家庭界線的運作。雇主在家庭生活中的不同情境下，面對不同的觀眾，衍生相應的不同「前台」與「後台」的設定，對於「家庭」的界線也採取不同的界定方式。

以具體的例子來說，吃飯時的座位安排，這項畫界工作的重要日常儀式，通常會因不同的情境而改變。在許多台灣家庭裡，吃飯的安排會依據家庭成員的出席狀況而變化。如果家裡只有女性與小孩，移工常被允許在同樣的餐桌上吃飯，或是和家人一起看電視；但當男性雇主或家裡的長輩在座，移工則會被請下餐桌。用餐的安排也隨著人員組成、空間場地的不同而改變。有些移工在平常時被邀請與雇主家人同桌吃飯，但是當有客人在場時，她們便被要求分開吃。如我訪問的一位雇主所解釋背後的考量：「在外人面前，就要分得很清楚，這是一個discipline的問題。」[17]相反地，有些家庭要求移工在家裡分開吃，但在外面吃飯時則邀請她們一起吃，另一位雇主說明考量的原因：「我們想要人們看到我們尊敬她，她也需要在他人面前有自尊」。[18]

有個僱用外籍幫傭的朋友讀過本章之後，略帶焦慮的問我：「那你說，究竟哪種畫界工作比較好？」我無法提供確切的答案來幫助他解消對於如何當個「好」雇主的焦慮，因為畫界工作本身必然是雇主和勞工雙方互動的結果。某些類型配對起來，有較強的親近性，有些則相反。尋找恩庇型的勞工會感激家母長制的雇主所給予的禮物和恩

惠，而其他類型的勞工則會覺得被羞辱或不喜歡禮物；當勞工偏好保
持距離時，企圖建立情感關係的雇主會被對方的冷淡覺得沮喪，這樣
的勞工反而比較合適傾向保持生意關係的雇主，甚至是偏好疏離權威
的雇主；喜歡獲得尊敬的雇主，遇到秀出大學學歷或英文技巧的菲律
賓移工，可能大感忤逆，而這種類型的勞工，在喜歡同桌進餐、培養
情感關係的雇主面前，較有可能表述自己與雇主的地位近似。

　　也有人讀過本章之後，開玩笑地對我說：「所以，這跟夫妻情侶
配對差不多囉。」雖然同樣是配對，勞雇關係所置身的是權力不對稱
的制度脈絡，因此，雙方往往難以進行超越國族與階級距離的平等溝
通。畢竟，雇主比勞工擁有更多的權力來制定彼此互動的腳本，除了
階級上的優勢，身為公民的雇主也比僅在地主國短暫停留的移工，擁
有許多制度與資源上的優勢。基此，面對可能被雇主遣送回國的命
運，多數移工仍傾向採取保持距離、掩飾先前背景這兩種風險較低的
策略。

　　甜蜜家庭的雕樑畫棟下，實有著壁壘分明的楚河漢界。本章所揭
示的種種畫界工作，不只是台灣的雇主與移工之間的日常生活角力，
也代表在國際遷移脈絡下的認同政治與階級衝突的縮影。套句女性主
義的老話，個人的即政治（the personal is political），這屋簷下的飲水互
動正揭露了全球化的微觀政治。

結　論

博士班的最後半年，我替一對出國休假的美國教授看顧他們的貓和公寓。和我先前位於芝加哥市區的雜亂小窩相比，他們座落在幽靜郊區的寬敞公寓，為我這個坐困論文愁城的窮學生提供了奢華的堡壘。他們的信箱裡常收到清潔工的傳單，上面印著「負責任的清潔工、彈性安排、合理收費、我們是白人」的字眼。有幾次我工作到一半，抬頭看見窗外，噴著 Dial-a-Maid 的清潔公司字樣的休旅車停在對街，等著接送幾位剛做完打掃工作的鐘點女傭。我不時在樓梯間碰到兩位清理樓下鄰居房子的東歐女傭，當我寫作分心之際，若是凝神傾聽，可以在樓下的吸塵器噪音之餘，聽見她們用母語在說說笑笑。

　　教授屋主在他們即將返國前，安排了一位鐘點女傭來清理房子。由於是他們買單，我沒立場拒絕，況且，老實說，有人可以幫忙打掃這間寬敞公寓，我也感到如釋重負。雖然我在田野期間認識了許多家務移工，我個人從未處於雇主的位置，這次，我幾乎是個準雇主，這對我來說，是一個讓人期待，也心生焦慮的新奇經驗。

　　那一天到了。我在冰箱裡準備了冰水和果汁，也在廚房桌上擺放水果和點心，好讓清潔工可以小憩休息。雖然仲介公司說那位清潔工有鑰匙可以自己進屋，我還是想跟她說聲「嗨」，聊一聊，好讓她的服務不是一種冷冰冰的勞動。門鈴響了，一位四十出頭的女性站在門口，看來像是波蘭人，我緊張地簡短介紹了自己，然後請問她的名

字。她露出困惑的表情，搖搖頭，只說了一句話：「No speak English.
（不說英文。）」她拋給我一個短暫的微笑，然後迅速走進廚房，開始
工作。顯然，她已經清理過這間公寓許多次，她比我更清楚各項清潔
用品與工具放在哪裡。

我感覺自己像一個狼狽的士兵，在一場追求社會平等的戰役中落
荒而逃，儘管，戰場上並沒有出現階級的敵人。我撤退回房，關上
門，試著寫些東西。然而，當我聽到她在清理我十分鐘前才坐過的馬
桶，我勉力維持的若無其事瞬間瓦解。我快速闔上筆記電腦，衝到
附近的咖啡店。喝了一杯又一杯的咖啡，我在那裡待了幾個小時、
遲遲不敢離開，直到天色已黑，我放心確定清潔工已經離開了我的
「家」。

在全世界的許多城市裡，女性移工都是主要的家務服務提供者，
她們可能是在移居芝加哥的波蘭人、洛杉磯的墨西哥人、紐約的牙買
加人、巴塞隆納的摩洛哥人、科威特的斯里蘭卡人、多倫多的菲律賓
人，以及台北的印尼移工。在跨越地理彊界之後，這些跨國灰姑娘們
發現她們入住在一個弔詭的處境中：與雇主的物理距離親密，但社會
距離遙遠，而她們的照顧工作，既是愛的勞動，也是金錢的交換。移
工在家庭中的出現，也引發雇主的雙重焦慮：家，這個社會普遍認為
是庇護人們遠離混亂公領域的甜蜜私人巢穴，現在卻成為一處執行紀
律與布署監視的職場；勞雇之間的文化藩籬和權力不平等直逼眼前，
讓人難以視而不見。本書探究台灣雇主和東南亞移工──就如同芝加
哥的我與那位波蘭裔清潔工──如何在家庭裡和世界上，協商彼此之
間不可見卻鮮明區隔的界線。

愈全球，愈分化

　　客工的長期造訪不僅改變了地主國的環境地景，也創造了許多實質與虛擬的跨國空間。台灣的大城市中都已發展出移工聚落，經由資本的流動、資訊及科技的網絡促成跨國連帶的維繫。移工可以利用合法管道或私人快遞服務，跨洋傳送現金與包裹；他們在台灣買的各式電器用品，現可以在母國得到維修保證。電子媒體與移工大眾的結合，已創造出各種不同形式的想像國度或虛擬社群（Appadurai 1996）。移工可以藉由購買雜誌、登入網路或收看衛星電視，來取得母國最即時的新聞消息及名人八卦，他們也將盜版的好萊塢電影、迪士尼卡通，甚至台灣流行歌手的MV當作禮物，遞送給家鄉的親朋好友。網路與手機等日常科技更幫助他們得以跨越地理距離來維繫情感、發展浪漫關係。

　　跨國主義學者駁斥「同化」的傳統論點，強調有越來越多的移民維繫著連結地主國與母國兩地的家庭、經濟、社會、宗教與政治連帶，過著一種跨國度的生活（Basch et al. 1994）。然而，另有些學者告誡我們不宜過早地慶祝國界的式微，也就是所謂的國家的「**去疆界化**」（de-territorialization）。雖然現今有許多人頻繁地跨越國界，以「世界人」的尺度經營事業與生活，但他們的生命機遇仍受限於民族國家的制度規範，必須在不同國度之間轉換成員身分（Zolberg 1991）。同時，「**再疆界化**」（re-territorialization）的趨勢也在各地出現，當地社會往往基於族群差異的文化想像，而衍生對外來者的政治與社會排斥。

　　本書顯示，跨國遷移的蓬勃發展並未減弱國家主權或國家領土的治理。以亞洲而言，不管是輸出國還是輸入國，都對國際遷移的外流或移入制定規範。在「有國界的全球市場」中流動的移工，受制於各種奠基於公民身分原則的法律與政治規範，他們的權利與生存因而被

邊緣化。跨國移民／工也會利用各種國族身分的制度管道,來增加他們在全球經濟中的資源與機會。中上階級的移民施展「彈性公民身分」的策略(Ong 1999),藉由持有多國護照來促進他們的跨國商業連帶與社會生活。相反地,另一端的低階移工則藉在母國申請多本護照來擺脫地主國政府的工作次數限制,以增加他們進入全球勞動市場的機會。

遷移不只是一個身體移動、社會位置變化的過程,也是一個主體認同重新形塑、展開多重自我版圖的過程。人們雖然跨越了地理疆界,卻往往跨不過國族及其他社會界線的無形藩離。移工的主體位置橫越不同國度,卻也因此常經歷衝突的認同形構。雖然他們得到經濟所得與母國地位的提升,卻在地主國遭受種族歧視、受雇從事社會鄙夷的工作。人們穿越國界的行動,並未導致國與國之間不平等的消弭或緩和,反而時常更形鞏固了沿著階級、族群及性別界線而來的社會不平等。

我們活在一個越來越全球化,但也越來越分化的世界。本書的論點挑戰了一種常識性的觀點:認為社會偏見純然肇因於陌生以及缺乏接觸。確實,國際遷移促成了不同國族群體間更頻繁密切的互動接觸,當代社會或許對外來人群與文化越來越習以為常,但這不表示多元文化地球村的幸福結局便指日可待,或是社會偏見及歧視就此消失無跡。相反地,跨越社會界線而來的接觸經常引發了焦慮與不確定感,因而趨動人們想要重申秀異及區隔異己。家務移工與台灣雇主之間的相遇,宛如顯微鏡下的切片,彰顯了地球村中的權力關係與認同政治。原本劃歸於親密領域的家庭,成為一處再製全球不平等及社會界線的角力場。

界線的模糊與不連續

透過界線的畫定，我們得以為周遭環境賦予意義，並定位我們是誰。如Stuart Hall（1997: 47-48）所言：「認同總是透過曖昧而架構起來，總是透過分隔（splitting）來建構。分隔了誰是自身，而誰屬他者。」社會界線之所以重要，不是因為這些心智框架有真實的存在；相反地，正是因為社會意義其實是流動、多面向的，而經驗世界其實是由差異的連續分佈，而非截然區分所構成。根據Eviatar Zerubavel（1991），這樣的結構上的曖昧模糊，往往讓人們感到焦慮，因而衍生了各式與汙染有關的禁忌以及各種以排他為原則的分類範疇，它們幫助人們維持了分類秩序在心智層次上的「純淨」，以及社會建構出來的「不連續性」。

家務移工與台灣新富雇主之間的聘僱關係，揭露了以下四種曖昧情境：**家務勞動的女性化、外籍勞工的種族化、階級形構的國族框架，以及家（home）與家庭（family）之間的斷裂**。為了因應這些曖昧處境，移工與雇主的跨國交會中至少衍生了四種畫界實作，含括性別、階級、族群／國籍、家／家庭等界線的複雜締連。

這些社會界線不只是我們用來劃分人我之間的**認知分類**，它們更是一種**制度分類**，社會資源沿此被不均地分配。我強調的畫界工作，則是再製或者挑戰社會不平等的重要**日常實作**。人們跨越地理國界與族群界線的行動，攪亂了政治身分與社會分類的既定架構，並干預既有地位階層的維持。在日常生活的微觀政治中，公民與移民、雇主與幫傭、男人與女人，透過畫界的互動實作，持續模塑、強化，或者修正、重構社會差異與區分。

女傭或女主人？家務勞動的連續性

女傭與女主人之間的對立，戳破了女性主義者對四海一家姐妹情誼的浪漫想像。為了提供一個新的概念視角來辨別女人之間的同與異，我提出「家務勞動的連續性」（the continuity of domestic labor）的概念，來描述女人如何在家務勞動的父權分工下面對類似的結構壓迫，同時，又因為她們的階級、族群與國家的差異位置，而有不同型態的侷限與能動性。

台灣雇主與家務移工都在跟父權討價還價，但要如何在性別、親族與市場等三個機制間分派、轉包再生產勞動，她們採取的策略大不相同。台灣女性將她們為人妻、為人母的部分責任外包給市場，以迴避要求丈夫分擔家務時所衍生的婚姻衝突。女性移工則利用家務工作女性化的利基，來換取全球勞動市場上較高的薪資，成為跨國家庭中主要的養家者。台灣媳婦善用家務聘僱來抵抗三代同堂的居住傳統，並以此逃脫侍奉公婆的孝媳義務。相反地，女性移工在海外擔任雇主家庭的虛擬親人之際，卻需要倚靠母國的親屬來照顧留在家鄉的小孩，以維繫兩地分隔的家庭。

家務工作是建構性別界線的一個重要場域：相對於男人要養家的規範形象，家務與母職形塑了婦職的核心內容。即便在現實生活中，多數女人已跳脫了傳統二分的性別分工，不論出於自願或無奈，成為全職的職業婦女。然而，如本書章節所描繪，與家務勞動相關的性別意識形態仍深刻影響著這些女人的生活感受與自我認同，不管她們是親自從事家務、或監督其他女性代理皆然。

台灣的中產階級女性幸賴家務幫手的僱用，才得以像男性一樣全心投入職場事業。即便家務勞動可以市場外包，家務生活仍深受性別規範約束。女雇主倚賴家務移工的「影子工作」，來完成她們身為妻子、母親與媳婦的責任，但她們同時也倍感焦慮，深怕自己的地位被

另一個女人取代。基此,**女雇主試圖在女主人與女傭之間劃分一條涇渭分明的界線,以確保自身符合特定階級與族群的婦職形象**。她們的日常畫界工作,如烹飪及母職的階層分工,旨在標示出妻子與女傭、母親與保母之間的差異。女主人想要女傭維持家裡的清潔,而非掌管家庭的秩序;她們邀請移工保母成為母職的伙伴,但不能威脅她們做為母親的地位。

位居階級與族群光譜尾端的另一群女性,則透過實作與敘事,**傾向讓女傭/女主人的界線變得可流動與穿透**。女性移工藉由成為養家者,跨越了性別界線。有些人認為自己跟上班的女雇主差不多,同是為了追求改善家庭福祉而出外工作的職業婦女,只是她們離家更遠。有些人強調自己離鄉工作正是為了克盡母職,她們擴展母職的定義,把賺錢養家視為一種愛護小孩的作為。同時,她們也努力做一個「好」媽媽,無論是超越空間阻隔照顧子女,或是在雇主家扮演好代理母親的角色。有些移工不只宣稱自己跟女雇主的際運有類似之處,她們甚至認為自己是比女雇主更好的母親。甚者,有些單身女性移工更用實質行動跨越女傭/女主人的界線,透過嫁給她們的海外雇主,實現灰姑娘的「上嫁」之夢,希望如此一來能從賺薪水的幫傭,升格為提供無酬勞動的愛妻。

階層化的他者:移工的種族化

誰是「外勞」?本書提醒讀者不要輕易地把外籍勞工視為一個固定的人口群體,而要進一步考察「外勞」作為一個相對於台灣公民、與其他外國人的社會範疇,是如何被建構為一個種族化他者。我視種族化(racialization)為一個將他者階層化的多層次過程。在台灣的外國人,由於族群與國籍等位置的差異,被連結的文化意象也有階層差別。**要理解外籍移工的種族化,我們必須同時分析與其他的畫界過程**

的連結，包括國族界線的劃分、私密家務生活的捍衛，以及勞動市場
的階層分化等。

移民政策以及公民身分的規範，具現了一個國家對成員身分的特
定看法，這樣的身分也與階級、族群等分類息息相關。政府在管制穿
越國界的流動人群的同時，也正致力於打造國族的工程。台灣政府招
募東南亞移工，卻對中國移工緊閉門戶，是為了確保族群界線的可見
性，以及提升它在東南亞國家間的外交影響力。就像其他亞洲地主
國一樣，台灣政府對白領與藍領外來者並未一視同仁：前者被賦予居
留與歸化的權利，但後者不僅無法取得永久居留權，還需受到層層監
控。契約移工做為欲求的勞動力而得以進入國家的地理疆界，但卻被
拒絕轉化為公民，被排除在國家的象徵性界線之外。

族群界線的劃分也在私領域的家庭生活中浮現，但雇主的畫界工
作有著與國家不同的考量。為了實現私密家庭生活的理想形象，雇主
致力於維持家庭秩序和捍衛私人地盤。他們嚴加規範移工可以進入
的家庭空間，以鞏固「骯髒」的外人與「純淨」的家人之間的界線。他
們也試圖控制移工的行蹤及人際網絡，以隔絕家戶外面的「汙染」，
包括男性移工的誘惑以及移工團體的政治動員。此外，外籍女傭的種
族化，也與女雇主的性別焦慮息息相關。為了在家務移工面前捍衛自
己身為妻子與母親的地位，女雇主常挪用刻板印象來放大族群差異，
也因此在家庭生活中，特別是在教育孩子時，再製了種族主義與階級
特權。

人力仲介業者也在移工身上套用依國籍別而有差異的刻板印象，
以建立一個階層化的移工勞動市場。他們將印尼女人標榜為「傳統的
他者」（the traditional other），相較於來自菲律賓的「西化的他者」（the
Westernized other），前者是更順從、理想的僕人。他們也透過招募過
程尋找所欲求的移工特質，以及訓練改造她們的身體與心理，來將這

些論述付諸實現。這些仲介業者細心地選擇招募地點與來源，以覓得被地方網絡監控的鄉下「溫馴」女孩。在經過一個月的強制職前訓練後，他們聲稱已將野蠻人「道德化」與「文明化」，且讓她們已能適應台灣家庭的「現代」生活風格。此外，他們也透過「合宜」的服裝、髮型與禮儀管理，將女性移工調教為去女性化的、有紀律的女僕，以順應未來雇主的目光。

　　勞力仲介業者的行銷策略，形塑了移工之間的競爭關係，同時也阻礙了不同國籍的移工之間的串聯結盟。菲律賓及印尼移工常認為自己比其他移工族群更為優越，因而再製了種族歧視的論述。結果是，他們將刻板印象及規訓強加在自己身上，並視自己的身體為國家領土的延伸，受到道德邊界的嚴密保護。這些論述雖然有效地鎮壓了家務移工，但它們也同時成為激發移工能動性的資源（Pratt 1999）。舉例而言，女性移工可能會善加利用她們深受貧窮所苦的形象，來正當化她們向雇主索取禮物與好處的行為。她們也可能發展出對抗論述（counter-discourse），來破壞主流論述的一致性以及權力關係的運作。簡而言之，女性移工試圖在「階層化的他者」的論述地圖中，協商出自身的主體位置，結果是抵抗、也鞏固了附加在自身上的控制形象。

跨國畫階級、在地做階級

　　當我們討論階級時，經常預設了單一國家或社會的架構，但對跨國移工而言，他們的階級定位跨越了多個社會，不只侷限在單一國度內。我以「跨國階級畫界」（transnational class mapping）的概念來描述全球化脈絡下複雜的階級形構。當階級形構過程發生在橫越不同文化的跨國空間時，階級與國族的縫合、締連出現在兩個主要的層次。第一個是結構層次上的**階級定位**（class positioning）。全球化不僅打開了資本與勞動力的在地市場，也助長工作與婚姻遷移的現象。在這些生

產關係與再生產關係中，國與國之間在政治經濟與文化資源上的不平等，被轉換為遷移主體的經濟或文化資本，也決定了他／她的階級位置的高低。

台灣新富雇主與菲律賓中產階級移工以不同的方向進行階級流動，這是兩個原生國之間的經濟發展落差所造成的結果。藉由消費進口商品、海外旅遊及外籍勞動力，台灣雇主在國家的整體經濟發展之上建立了個人的都會生活風格。相反地，大學畢業的菲律賓移工卻在不景氣的母國面臨薪資貶值及失業威脅，因而遠赴海外尋求更高的薪資，但以外籍女傭身分工作的她們，卻必須經歷職業地位的向下流動。

兩者的跨國連結形成了一個階級理論中的異例：奠基於經濟資本所有權的階級支配不必然符應於文化資本的稟賦，在這裡指的是教育文憑以及英文的語言資本。跨國空間中的階級位置與認同是多重決定的。階級界線不只建立在經濟資源的差距與支配上，也有賴文化正當性的象徵鬥爭，其中，語言成為一個關鍵性的元素。不論是實際參與跨國遷移的菲律賓移工，或是進行跨國界消費的台灣雇主，都試圖藉由全球化的脈絡來促成多重資本的積累與轉換，也透過英語這個跨國文化資本來進行在地權力關係的協商與鬥爭。台灣的新富雇主投注大量金錢在孩子的教育與英語學習上，期待能夠幫助他們在國際化的未來取得競爭優勢。曾被美國殖民而擁有英文語言資本的菲律賓移工，因此取得全球移工市場上的優勢，在面對教育程度較低的台灣雇主時，他們也因而擁有某些議價權力，但他們的人力資本仍因原生國之故而不受地主國的認可（「第三國家的野雞大學」、「不正統的英文」）。

以上討論帶領我們進入「跨國階級畫界」的第二個層次，也就是**階級變成**（class becoming）**的過程**。雖然階級定位是在全球的層次上運

作，然而，「做階級」的互動實作，仍需透過在地的生活空間與文化資源來進行協商與鬥爭。台灣的雇主在面對移工雇員時，會藉由將國家的不平等轉化為種族化差異，來建立自身的階級優越感。中產階級的雇主則會試圖淡化聘僱關係中的社會不平等，以此彰顯自身是擁有自由政治立場的全球公民。有些菲律賓移工會突顯自己在母國的背景，藉此建立和雇主相仿的地位，但有些移工選擇隱藏過往經歷，以避免損及雇主權威。有些移工也會把英語當做一種象徵性的抵抗工具，但其他移工則忽略雇主的文法錯誤，以執行謙卑表演。

國際遷移創造出多重的主體位置，讓位居其中的個人得以在跨越多重國度的生活裡協商階級界線的持續性與可變性。家務移工宛如跨國灰姑娘般，在地主國過著雙重生活：她們在雇主家中是受到層層規範束縛的女僕，但一到假日便搖身一變成為追逐時尚的消費者；她們在前台進行謙卑表演，卻在後台訕笑台灣雇主的英語。在移工的跨國生活中，還存有另一種前／後台之分：雖然她們在地主國中的地位是向下流動的，但回到母國後，她們可藉由表現物質收益來提升自身的社會地位。有些海外女傭甚至還是「遙控的女主人」，在家鄉雇有當地的女傭。返鄉的移工在家人與鄰居面前絕口不談海外經歷的黑暗面，只展示她們宛如快樂觀光客的相片，並如歸國英雄般滔滔說著她們成功的故事。

屋簷下的全球化：何以為「家」？

全球化不只出現在加工出口區或國際貿易市場中，全球化也發生在我們的廚房與客廳裡。生存在富裕國家裡的家庭與個人，其食衣住行多仰賴各種明顯或隱晦的全球勞力外包。來自邊陲經濟國的廉價勞動力，不僅在當地的田地、農場裡種植、處理各式便宜的農產品，也在衛星工廠中製造成衣、加工食物半成品，以及生產輕薄短小的家電

用品。這些產品的外銷幫助消費者，大幅降低其家務工作的勞力密集
程度。更具體的勞動外包，則是利用勞動力的跨國出口，成為薪資低
廉的女傭與看護，為富裕國家的雇主接手家務與照顧勞動的重擔。

　　同樣置身於屋簷下的全球化，台灣雇主與家務移工面臨不同的兩
難困境，並發展出不同的空間畫界模式來建構「家」與「家庭」。當家
變成一處跨國接觸的場域時，台灣雇主建構出多層次的家庭界線來因
應與移工的近距離接觸，並且捍衛家的領土。他們既想將移工納為家
庭成員，但又試圖根據市場原則來遂行勞動控制。為了確保孩子能受
到最好的照顧，他們把移工比擬為家庭成員或代理親人，但同時也擔
慮移工的照顧品質與品性道德。他們想與移工建立情感關係，以舒緩
自身的階級罪惡感，但又沒時間或不願意負擔這些額外的情緒工作，
並且不想讓家庭隱私受到侵犯。

　　全球化也讓移工經歷了做為親密圈的「家庭」與做為實際住所的
「家」的斷裂狀況。身為雇主的代理親人，移工必須與自己的家人分
住兩地，儘管她們未能在每日的家務生活中具體現身，她們仍可維繫
跨國的家庭連帶。透過商品、資訊、電話與簡訊的跨國流動，移工母
親以「跨國持家」的實作，扮演遙控主婦與遠方母親的角色。單身的
女性移工試圖在流離的異鄉生活中，透過女性朋友與同志伴侶建立另
類的家庭連帶，或者，透過筆友俱樂部或網路交友來尋找伴侶，以克
服空間限制，建立屬於自己的婚姻家庭。她們的海外旅程時常成為一
個多國遷移的循環歷程，經歷不同的地主國、相異的遷移路徑（工作
或結婚），以及多重形式的跨國家庭。

　　在地主國充滿歧視與排除的公共空間裡，移工也努力地透過培力
與集結，試圖在異鄉營造「家」的虛擬社群。儘管多數時間被束縛在
雇主家中，移工藉由行動電話建立無遠弗屆的人際網絡。既然在週間
工作時無法享有充分的隱私空間，她們便利用週日外出時把「公共」

空間轉化為私人領域與後台。雖然隻身在台灣，她們仰賴同鄉的跨國網絡與經營店家，取得來自母國的食物與商品，用鴨仔蛋、青木瓜、魚露和沙嗲，重新營造家鄉的生活風格。慢慢地，她們發展出移工網絡及公共社群，將飄浪的異鄉地轉化為短期的避風港。

行動方向與政策建議

不論是台灣女雇主，或是來自印尼、菲律賓等世界各地的女人，其實都陷在一個類似的困境中：再生產勞動的私有化。也就是說，家庭成員的福祉照顧，高度仰賴親人提供的無酬勞動，而其中具有社會優勢的家庭，則可利用市場僱用的方式尋求外包。這種私有化（透過家庭或市場的機制）的制度安排，助長了家務勞動的女性化與道德化。「女人的天職」、「愛的勞動」等社會迷思，強化了女性身為人妻、人母的焦慮，並且低估了女人做為勞動者的技術與貢獻。

招募家務移工是一項延續、強化照顧私有化的政策。這個政策放任國家與丈夫的缺席，持續將家務與照顧工作定義為女人的天職與家庭的責任，差別僅在於如今是由另一位女性來從事這份工作，而家庭的責任變成了確保購買服務的品質。在台灣及其他東亞國家，家庭被認為是保護家庭成員的經濟與社會福祉的首要單位，大部分的政府都未建立完整的公共福利規劃。立法者鼓勵三代同堂的居住方式，歌頌其作為一種提供孩童和老人照顧的傳統安排。這種「美滿大家庭」的浪漫形象，模糊掩飾了其後的性別與代間的權力不平等。當照顧的私有化與父系家庭的傳統相連結時，更加強化了女性在父權家庭中的附屬地位。

與雇主同住的東南亞移工，幫助許多在台灣、香港與新加坡的華人家庭，得以維持與年邁父母同住、提供孩童居家照顧的「理想」安

排。藉由聘僱移工擔任孩子的代理母親、以及老人的虛擬親人，雇主得以減輕她們離子外出工作的母職罪惡感，以及避免把公婆送去養老院而引起的不孝污名。全球化與國際遷移提供了一個便宜的解決策略，讓雇主得以兼顧在地的家庭倫理與孝道規範。諷刺的是，地主國的「甜蜜大家庭」的悠揚樂章，必須仰賴的伴奏是移工與家人長期分離的低調哀歌。

Bridget Anderson（2000: 190）在歐洲也觀察到類似的現象：「為了要跟男人一樣參與〔勞動市場〕，女人必須有像妻子一樣提供彈性的勞工。」幸賴有家務移工提供的彈性勞動力，歐洲的中產階級女性方能和男性一樣，獲得進入公領域的平等機會。其中隱含的另一個弔詭之處是：女人必須仰賴被剝奪公民身分與權利的外籍勞工，來幫助她們充分行使自己的公民權利（工作權與經濟權）。

亞洲政府也依循相似的邏輯引入家務移工，以私有化的「福利外勞」方案，解決照顧勞動的短缺，並藉此將女性公民推入勞動市場，作為促進國家發展的策略之一。國家的外勞政策，特別是「客工」計畫，把移工定位為用完就丟的商品以及短暫居留的過客。透過時間上的過渡性、空間上的固著性（不得更換雇主與工作地點）這兩條治理軸線，台灣的政治與法令體制將藍領移工定位成一個「無權利的階級」（Walzer 1983），不僅缺乏政治權與公民權，也被剝奪在勞動力市場中自由流動的經濟權，而成為人身從屬於契約雇主的「奴工」。

照顧是公民的基本權利

如何讓女人不再為難女人，而是女人相挺？要尋求女傭與女主人之間的合作與結盟，我們必須視再生產勞動是一種公共責任及一份專業工作。

首先，我們要挑戰公／私的二元區分，鼓吹照顧的公共化，意

即，照顧應被視為是一種公民的基本權利、一種充分實現公民身分的
必要元素（Tronto 1993）。換言之，當公民需要照顧時，應被國家保
障管道，取得品質適切的照顧。政府應以社區為基礎，提供大眾能
負擔的照護機構，並建立年金、兒童津貼等普遍主義的福利給付制
度，同時，進行符合階級重分配、社會正義的累進稅制改革。在這樣
的制度框架中，照顧被視為社會與社區的集體責任和公眾參與（civic
engagement），而不只是家庭或女人的職責，或被貶值為弱勢勞工的
低賤工作。

丹麥、愛爾蘭、英國等國家有所謂「照顧者津貼」的制度，由國
家利用稅收重分配及社會安全制度的總體設計，來支付照顧者（不
論是家人或是非家人）的薪資。[1]美國加州也有「居家支持服務」（In-
home Support Services，簡稱IHSS）的制度，提供低收入老人時數不一
的看護照顧服務。這樣的制度，透過國家補助，一方面，確認了照顧
工作的勞動價值，避免家庭照顧者的無酬剝削，另一方面，在這樣的
制度安排下，雇主變成政府而非被照顧者，照顧工作者因此可以透過
集體的方式，向國家爭取勞動條件的合理調整。加州地區的監護工，
便加入了服務雇員國際工會（SEIU），成功地向地方政府爭取到加薪
以及健康保險。在這樣的政策與行動脈絡中，被照顧者與照顧者之間
的關係，不再是直接對立的勞雇關係，而是相互結盟，共同爭取照顧
者的勞動權益，也同時確保了照顧的品質。

台灣政府自1996年以來開始推動的長期照護政策，便具有照顧
公共化的精神。因應人口老化的趨勢，長照政策以居家社區照護、長
期照護機構等方式，逐步建立老人照護的網絡。但在預算有限、法令
不足的狀況下，台灣的長期照顧政策的推動仍有一段長路要走。值得
注意的是，長期照顧政策的設計中幾乎完全沒有考量到外籍監護工的
角色。我們面對的現實是，由於薪資與工時上的落差，長期照顧計畫

在可見的未來不可能完全取代外勞。在這樣的狀況下,與其批評外籍
監護工是推動長期照顧計畫的障礙,政府更應積極保障移工的勞動條
件,讓台灣雇主感到外勞不是如此「好用」(薪資低且容易控制),而
願意僱用本勞(王增勇 2007)。

照顧工作要求的不只是體力的負荷,更需要高度的細心與耐心,
特別當被照顧者處於癱瘓失能的狀況。目前有些地方政府已經開放讓
照護失能家庭申請「喘息服務」,一年有若干天可以得到委託機構提
供的暫時性照顧服務,以紓解長期照顧者的身心壓力。此政策雖然規
模有限,但展現了照顧公共化的主旨,可惜的是,這項補助排除了已
僱用外籍看護工的家庭。2003年發生劉俠女士被其僱用的印尼監護
工推倒致死的不幸意外,突顯出外籍監護工所承受的身心壓力。移工
團體近年來倡議開放使用外勞家庭可以申請政府補助的喘息服務,便
是希望藉此確保移工的休假喘息,以創造一個受照顧者與照顧者雙贏
結盟的環境。

家務與照顧是正式專業的工作

第二個行動的方向,是**促進家務與照顧工作的正式化與專業化**。
如果雇主不將家務工作視為真正的工作,便傾向將不合理的要求強加
在他們的代理人(而非受雇勞工)身上,進而忽略了雇傭關係中以合
約規範的權利義務。如果有酬的家務服務不能得到適切的社會認可以
及制度性的保障,個人化的雇傭關係(把幫傭比擬為家人一樣)反而
會在這些作為虛擬親人的勞工身上,複製一種壓迫性的階層關係(如
婆婆對待媳婦)。有些女性主義者期待全面廢除家務服務,這樣的想
法畢竟有如烏托邦,較可行的策略是,提昇家務與照顧工作的勞動條
件,並維護勞動者的尊嚴與人性(Hondagneu-Sotelo 2001)。

家務工作專業化的行動議程,必須以制度法令規範的改變為基

礎,否則,專業主義的修辭徒然成為仲介控制勞工的論述,強化勞動
者的自我規訓。在台灣和其他亞洲地主國,家務勞動者並不在勞動基
準法的保護範圍內。相較於正式部門聘用的移工(大部分是男性),
勞動法律上的排除,更形強化了女性家務移工的邊緣處境。這一點再
度反應出家務工作的女性化與私有化的意識型態,在國家的眼中,外
籍幫傭與監護工並不是服務國家經濟的勞工,只是「家庭的附屬品」
(Huang and Yeoh 2003: 93)。

    台灣國際勞工協會等團體所促成的「家事服務法推動聯盟」,
(Promotion Alliance for the Household Service Act,簡稱PAHSA)便是一
個重要的立法行動,將有助於家務與照顧工作的理性化與法制化。此
外,彭婉如基金會長期以來以民間團體的力量,推動家事管理、老人
居家陪伴、居家照顧等服務人員的培訓,是一種由下而上推動家務與
照顧工作專業化的初步工程。同時,基金會協助勞工與雇主進行工作
內容與勞動條件的協議,並成立「社區服務人員職業工會」辦理相關
保險。該工會的成員目前僅限於參加基金會培訓的人員,未來如何在
家務與照顧等傳統工會忽略的部門進行集結與組織,將是落實法律保
護、促進勞工權益的必要樑柱。

保障移工的勞動人權

    第三個行動方向,是保障移工的勞動人權。對於移工的人權侵犯,
不能單純歸因於個別雇主或仲介的不仁不義,而是政策體制導致的結
構性壓迫。對於移工的人權保障,也不只是透過抽象的修法或口號,
而是與台灣公民——特別是仲介、雇主與本地勞工等群體——的具體
利益與生活經驗息息相關。身為台灣社會的一員,我們的袖手旁觀無
可避免地讓我們成為這個系統性地壓迫、歧視移工的體制的共犯。

    高額仲介費是來台移工遭遇剝削的主要來源之一。有些外勞團體

倡議全面廢除仲介制度，以國對國的方式進行直接僱用。雖然在概念上很理想，但執行上的行政成本甚高。我建議透過招募管道多元化來減低仲介體制在外勞輸入過程中的支配。超過一定人數的招募案件，勞委會應強制以國對國的方式進行僱用；至於小規模、家庭類外勞的僱用，尤其是同一人再僱用的狀況下，勞委會則可透過簡化申請程序、降低規費、提供中介平台等方式鼓勵雇主辦理直接僱用。[2]

　　勞雇之間存在結構上的權力差距，但同時也有相互依賴的關係，如何讓彼此之間不是對立，而是相挺，必須建立在平等互惠的勞動條件上。勞委會的現行政策，把藍領外勞視為隸屬於契約雇主的不自由商品，強化了勞資之間不平等的關係，同時，要求雇主對於外勞「逃跑」負連帶責任，更促使雇主限制或侵犯移工的人身自由。勞委會應全面開放自由轉換雇主，使移工可以透過合法市場管道流動，而不需偷偷地不告而別。此外，我也發現雇主對於移工的權益（特別關於仲介費收取、直接聘僱管道等），擁有的資訊經常是不充分足或不正確的。雇主在享受移工的便宜勞動力之際，也肩負保障外勞人權的道德責任，政府可要求雇主在僱用移工前參加相關的資訊講座。

　　本地的勞工與工會，長期以來一直把移工視為競爭工作機會的對象，而非組織結盟的力量。其實，保障移工的勞動人權，不僅從工人團結相挺的角度上來看有其必要，此舉也有助於保障本勞的就業機會。因為，唯有確保移工的勞動權益、縮小本勞與外勞在勞動條件上的差距，才能避免資本家基於降低勞動成本的考量，僱用更多的外勞來替代本勞。

　　台灣引進外勞已近二十年，長期以來外勞人數維持30萬左右，並無顯著的降縮，說明了台灣社會對於這群勞動力有著相對穩定的需求。這樣的現實狀況與政策說帖中一再將外勞定位為「暫時性」、「補充性」的勞動力，大不符合。事實上，沒有營建泰勞，我們難能享受

便利的捷運與高鐵;沒有外籍監護工,我們目前的社會安全網無力承擔孤老廢疾等需要照顧的弱勢公民。

移工人權的現狀,突顯出經濟的不平等、種族/族群的歧視,以及國籍/公民身分的排他等三個面向的不公不義。這些議題,不只涉及移工個人的權益,也攸關台灣民主賴以茁壯的公民社會與公民文化的發展。[3]追求自由平等的公民文化是台灣社會歷經民主化的艱辛過程中逐步打造累積的寶貴核心價值。我們要落實民主深化、人權立國等原則,必須正視非公民的外國住民——尤其是其中居於階級與族群弱勢的外國人——作為台灣社會的有機組成的一部分。

在未來公民身分、移民政策的辯論中,我們應慎重考慮提供移工永久居留、入籍歸化,或是家庭團聚的管道的可能性。更重要的是,透過新的政治論述與制度框架,來對非公民的永久居民、合法住民的權益,作擴充性的保障。我們可效法許多歐洲國家,賦予居留超過一定期限的外國人相當程度的實質公民權利。[4]此舉強調福利國家的受惠成員的界定不應只根據公民身分,而是建立在居住、工作、生活於同一疆域的基礎。藍領移工應被允許在續約的前提下有權延長居留,在這樣的情況下,移工得以「長期居民」的身分進一步參與台灣的公共生活與公民社會,同時得有較強的意願、較充分的資源來加入工會組織與結盟行動。

吳靜如(2005)進一步指出,「公民身分」的爭取並非移工運動的最高目標,也未必符合在台移工的實際需求,如何建立跨國結盟的移工運動是一個更符合移工權益、更長遠而關鍵的目標。國內的一些移工團體在近年來已經開始倡議所謂「新移工權利運動」,強調透過各種管道,包括詩歌創作、攝影工作坊等文化活動[5],讓移工正視自己的移工身分,以發展流離勞動階級的文化與意識,作為一種重要的培力過程。

　　綜觀歷史，台灣從來就是一個移民社會的開放系統。我們的漢人祖先是被貧窮所逼、渡海來台的羅漢腳，我們的血液中流動著族群交會通婚的歷史。21世紀的今天，婚姻與勞動移民的浪潮帶來新一批的台灣居民，正改造著台灣的人口面貌與文化地景。移工與移民懷抱新的文化活水，以各種實質與虛擬的方式進行跨國生活，他們衝擊著我們對於國界與社群的固有想像，他們正在改寫「我們」的定義與內容。

　　各式各樣的跨越地理國界與族群分野的人際接觸，並不必然會導致彼此的距離與偏見的消失。多元共榮的「地球村」只是表象或神話，除非，我們願意正視滲透在日常生活的權力關係，並且積極參與促成民主平等的政治行動與制度改革。在這個越來越整合、同時也越來越分化的世界裡，我們亟需包容性的移民政策和自省性的文化態度，來打破國族中心的地域主義和社會歧視的隱形界線。

研究方法

1998年8月到1999年7月間，我在一處我稱之為「聖靈堂」的田野進行參與觀察。這是一家隸屬於天主教堂的非營利組織，自90年代初就開始服務台北的移工。每逢週日，都有將近60到100位的菲律賓人來此參加英文彌撒。這個教堂座落在中產階級住宅區，因此大多數造訪的移工都是女性家務移工，彌撒過後，她們大半會留在教堂後方的兩層樓辦公室，一起聊天、練習合唱、煮菲律賓食物、共食午餐等。到了下午，有些人會留下來參加聖經班、中文課、電腦課等其他活動；其他人則去中山北路一帶匯款、郵寄包裹、逛街購物或參加社交聚會。

　　我是藉由聖靈堂修女的介紹進入這個社群的，之後我自願在週日教授中文課，並協助修女處理勞工申訴的個案。這些志工工作減輕了我的罪惡感（不只是以搾取資訊方式「剝削」移工的研究者），也有助於我在田野中建立信任與友誼關係。所有社群的成員都知悉我的研究身分，我也常參與她們在週日的各樣活動。在研究期間，我與大部分的受訪者都結成了好友，並經常互相連絡。田野工作結束後，其中幾位仍持續透過信件、長途電話、電子郵件與我保持聯繫。

　　我總共訪談了58位菲律賓家務移工，並透過各種管道找尋到這些受訪者，以達成樣本的多樣性。大部分（34位）的受訪者是在聖靈堂中認識的，有四位由雇主引薦，然後她們又將其他社交圈的鄰居、

朋友、親人介紹給我，這讓我得以接觸到不在週日休假或前往不同教堂的家務移工。這些受訪者的工作條件相異，所處地理位置也不同，其中，與雇主同住、有合法證件的移工有49位，合法工作但未與雇主同住的鐘點清潔工有三位，有六位則是無證移工（三名與雇主同住、三名為鐘點清潔工）。大多數都在台北縣市及周遭工作，除了五位菲籍家務看護在中台灣的一個小鎮照顧老人。

我對於在移工休假時進行訪談，有時感到很不好意思，因為覺得這剝奪了她們寶貴的週日休閒時光。我偏好在她們的日常活動中搜集「自然發生的描述」（naturally occurring descriptions）（Emerson et al. 1995: 114）。我聆聽她們的對話（若她們以菲律賓方言交談，我會請她們翻譯給我聽），並提出問題、加入會話。很多對話發生在街頭、公車上的聊天，或是在我們清理教堂、一起吃午餐的時候。回到家後，我會馬上記下細節。我也在聖靈堂的辦公室與大廳，與一半以上的菲籍受訪者進行錄音訪談，時間在半小時到兩小時不等。研究結束之際，我還在聖靈堂舉行了兩場焦點座談，討論她們的遷移動機與出國工作對她們家庭的影響。

我透過個人網絡接觸台灣雇主，邀請進行開放式的深入訪談，其中有47位是女性雇主、四位是男性雇主，包括三對夫妻。所有的雇主都是漢人，訪談時間約莫在一小時到三小時之間，全程錄音並謄錄成逐字稿。我以滾雪球的方式來尋找受訪者，但各受訪者引介的對象只限於一位，以達成較多元的樣本。這些雇主受訪者處於不同的生命階段，聘僱的經歷也很不同。在訪談時，僱用家務移工不到三年時間的雇主有25位、四到六年時間的有14位，超過七年時間的則有六位。平均聘僱時間是四年。

大部分的雇主受訪者都住在大台北地區，但地點與階級背景大為不同。我曾遠赴座落陽明山上的豪華別墅，也曾走入都市外緣的老舊

公寓。我也在中台灣觀察數天看護移工如何與其照顧的老人互動。我多半是在雇主家中進行訪談，以同時觀察他們與家務移工的互動，但有些雇主會以工作繁忙或不想在家中被打擾為理由，而選擇在午餐休息時間或下班後到餐廳或辦公室受訪。

我試圖訪談男性雇主，因為在既有文獻中幾乎聽不到他們的聲音。雖然我循線找到了幾名男性雇主，但在訪談過程中遭遇到重重困難。有些男性雇主回我：「我對這些事完全不知道，你應該問我老婆」，粗魯地拒絕受訪。答應受訪的男性雇主則多半對移工的工作內容與個人細節一知半解。猶如我在第三章提到的，男性雇主的漠不關心，反映出來的是他們覺得家務勞動是微不足道的「女人家的事」。此外，也有些男性雇主自發性地與家務移工保持距離，以避免妻子誤解。

一個合理的猜測是，我很難透過滾雪球的採樣方式訪談到對移工遂行嚴苛控制的雇主。當一些受訪者引介其他雇主給我時，他們常自動避開了這些個案，並說：「我不覺得她會想跟你談這個。」有些雇主回絕了我的訪談請求，原因（或藉口）常是「對不起，我很忙」或「我沒什麼有趣的可以告訴你耶」。同樣地，我也很難訪談到那些被雇主禁止休假的家務移工。為了克服這個潛在的樣本偏差，我在處理勞工申訴時，會刻意留意那些經歷嚴苛管理控制的移工個案，並前往訪視拘留所的無證移工。雇主及移工受訪者也會告訴我他們的鄰居或朋友如何嚴加控管家務移工的資訊。我並不聚焦在家務僱用關係較為極端的侵害或虐待個案，因為它們不是我最主要的研究關懷。我訪談的是居於一般處境的雇主與移工，因為我關心的是日常家庭生活中的微觀政治。

所有與菲律賓移工的訪談與對話都以英文進行，因為我並不會說任何菲律賓方言。很幸運的是，聖靈堂的執行長是個在民答那峨島長

大的華僑修女，會說的馬尼拉話也很有限，所以她與移工的交談以及
教堂舉辦的活動都以英文進行，我因而可以不借翻譯之助而進行觀
察。大部分的移工英文都還不錯，但搞錯時態與性別代名詞等文法錯
誤則很常見，她們的話語在本書引用時，由我翻譯成中文。

　　所有跟雇主的訪談都是以中文進行（國語與閩南語）。所有書中
出現的名字都是假名。秉於台灣傳統的稱謂方式，對於年紀較長的雇
主，我以其姓氏（男性）或丈夫姓氏（女性），來取其化名。較年輕的
雇主，我用中文化名直呼，慣用英文名字的受訪者則冠以英文假名。

　　我在1999年4月到菲律賓兩個禮拜，與返鄉的移工及其在馬尼拉
與丹轄省（Tarlac，位於呂宋島中部）的家人共處。期間，我並訪問了
三家人力仲介公司，觀察它們如何面談移工。我也造訪了OWWA、
POEA，及五家位於馬尼拉的非營利移工組織。2002年春天，我再次
到馬尼拉與怡朗（Ilo-Ilo）旅行兩個禮拜，探訪舊識，了解她們的近況
與未來計畫。

　　第二階段的田野工作是從2002年9月到2003年10月。尋找印尼
家務移工更為困難，因為她們不像以天主教堂為社群據點的菲律賓
移工那樣，以清真寺為（女性移工）主要聚集之處。因此，我在印尼
移工週日群聚的台北火車站尋覓受訪者。在兩位研究助理的幫忙之
下（一為台灣人，一為馬來西亞人），我與逗留車站大廳的印尼移工
攀談，並與她們的朋友聊天。我們通常與初次謀面的印尼移工單純聊
天，之後再擇期做正式的訪談。

　　我們深度訪談了35位印尼家務移工，若訪談可以用國語或閩南
話進行，我會親自進行訪談。大概有三分之一的受訪者偏好說印尼
語（Bahasa Indonesian），馬來西亞籍的助理會與她們進行訪談，並
將其翻譯成中文。大部分的訪談都錄了音，但有些移工對錄音不太
自在，那麼我們就只會在訪談過程中做筆記。大約一半的受訪者只

經過一次訪談，但我們與其餘受訪者都建立了長期的關係。在週日時，我們會和她們一起去桃園逛街跳舞、在二二八公園舉行生日派對，或在車站大廳聚會野餐。在工作天時，我們則透過手機或簡訊與她們保持聯繫。

2003年8月，我到東爪哇進行兩個禮拜的田野工作，台灣大部分的印尼移工都出自那裡。我陪伴一位契約到期啟程返鄉的移工朋友，與她的家人共同生活了幾天，然後造訪其他四位住在不同村落的移工朋友。我也訪談了兩家分別位於泗水及雅加達的人力仲介公司，並觀察它們的培訓中心如何訓練未來的移工，此外，我也拜訪了三家位於雅加達的非營利移工組織。

此外，我在台灣訪談了七家人力仲介公司與兩位政府官員。我也參加了一些由勞委會舉辦的會議，與組織工作者及仲介代表討論移工議題。我也參與了一些由非營利移工組織發起的倡議運動與教育活動。在助理協助之下，我廣泛地蒐集了與移工有關的統計及調查資料、新聞、社論與雜誌報導等。為了瞭解家務服務的歷史，我並在1999年訪談了七位台灣本土的家務工作者，以及一家營運了數十年之久的仲介機構。

台灣國際勞工相關組織

以下清單整理了書中提及的在台移工相關組織，並參考台灣國際勞工協會網頁資料，供有興趣深入瞭解及幫助在台移工的讀者參考利用。

台灣國際勞工協會（Taiwan International Workers Association）
網址：http://www.tiwa.org.tw/
地址：10461台北市中山區中山北路三段53-6號3樓
電話：（02）25956858　　　傳真：（02）25956755
E-mail：tiwa@tiwa.org.tw

財團法人天主教耶穌會台北新事社會服務中心
地址：10649台北市大安區和平東路一段183巷24號
電話：（02）2397-1933　　　傳真：（02）2341-0106

台灣天主教會社會發展委員會外勞關懷小組
地址：10041台北市中正區中山北路一段2號906室
電話：（02）2389-5247、211-7764　　傳真：（02）2311-5124

天主教高隆會正義和平辦公室

地址：32041桃園縣中壢市長江路65號3樓

電話：（03）425-0249

E-mail：jpictaiwan@yahoo.com

天主教希望職工中心（Catholic Hope Workers Center）

地址：32041桃園縣中壢市長江路65號3樓

電話：（03）425-5416   傳真：（03）4271092

天主教越南外勞配偶辦公室

地址：33464桃園縣八德市中華路116號

電話：（03）217-0468   傳真：（03）329-8171

天主教新竹教區外籍牧靈中心

地址：30069新竹市東區水源街81號

電話：（03）573-5375、573-5387   傳真：（03）573-5377

天主教新竹教區外勞關懷小組

地址：30051新竹市北區中正路156-1號主教公署104室

電話：（03）5725122、5246961   傳真：（03）5725122、5246743

移民觀光牧靈委員會

地址：50045彰化市民生路11號

電話：（04）723-9716   傳真：（04）723-8139

Email：ecmitaiwan@gmail.com

玫瑰國際社會服務中心

地址：70456台南市開元路68巷11號

電話：(06)236-1425　　　　傳真：(06)208-0904

高雄海星國際服務中心

地址：80346 高雄市瀨南街37號

電話：(07)532-1840　　　　傳真：(07)532-2209

E-mail：brunostm@ksts.seed.net.tw

長老教會勞關懷中心

地址：81154高雄市楠梓區德祥路89號

電話：(07)366-237　　　　傳真：(07)366-2376

另外，各縣市政府均設有外勞諮詢服務中心，可向各地機構洽詢。

註解

註解

導論

1 聯合國對國際移民的統計包含四類：永久性遷移、暫時性遷移（分為契約移民與專業移民）、無證遷移（irregular migration）、被迫性遷移。參見 United Nation 2006。

2 Battistella 2002; Yamanaka and Piper 2003。

3 Mohanty 1991; Ong 1994。

4 有些研究聚焦於輸出國的政策與社會脈絡，例如，大石奈奈（2005）的書比較不同的亞洲輸出國與接收國政府在移民政策上的同異、Michele Gamburd（2000）檢視國際遷移如何衝擊斯里蘭卡移工的家庭關係。其他研究則關注家務移工在海外的生活，例如Christine Chin（1998）在馬來西亞的研究，Nicole Constable（1997a）有關香港的菲律賓女傭的探討。也有不少研究者投入台灣個案的考察，林津如（2000; Lin 1999）探討女雇主與幫傭之間的剝削與對立關係，也對照外籍與本籍家務勞工的差別待遇；林秀麗（2000）的碩士論文則從公民身分的論點，探討外籍幫傭的邊緣化處境；鄭淑如的博士論文則偏重由國族政治的角度切入僱用移工家庭的日常政治（Cheng 2001, 2007）。

5 查某嫺意指在八歲或更小時便被賣或買來的女孩。查某嫺被視為主人的財產，而非獨立的人。她沒有姓、沒有薪水，但及長成，主人有義務替其安排婚事（卓意雯1993; Okamatsu 1902）。

6 台灣省文獻委員會編印，陳金田譯，1990。

7 陳昭如（1997）引用日治時期的民法學家姊齒松平的說法。也見楊翠（1993: 49. 53）。

8 台灣總督房官臨時國勢調查部編，1921，1934。

9 冰箱、洗衣機等現代家務設備在60年代仍很罕見，直到70年代才快速普及（Thornton and Lin 1994: 84）。

10 我在1999年訪問幾位當時已經六、七十歲的本地家務勞工，都不約而同談到這齣連續劇，有些甚至自承受到此電視劇的啟發，於是想來台北幫傭。

11 多數日工的工作時間從下午到傍晚，四到五小時不等，有的只在週間工作，有的包含週末，以台北縣市來說，日工的月薪則在2萬到2萬9000元之間。參見彭婉如基金會網站，家事管理服務收費標準，http://www.elephants.org.tw/work_price.html（2008/9/22）。

12 以台北縣市來說，在每週或隔週固定清掃的狀況下，每次清掃約耗費3-4小時，每次收費1000-1400元，平均時薪約為250至350元台幣之間。

13 我在1999年訪談的一位雇主曾每月花4萬5000元僱了一位住在家裡的本地家務幫傭，其薪資是移工薪資的三倍。

14 Constable 1997a、Gaw 1991。

15 Chaplin 1978、Coser 1974。

16 若家中有三個三歲以下的孩子，或者跨國公司的外國主管不受此限。

17 本書出現的所有姓名皆為假名。

18 參見Douglas（1966）、Durkheim and Mauss（1963），以及Zerubavel（1991）。

19 Christena Nippert-Eng（1996: 7）把「畫界工作」（boundary work）定義為「我們用來創造、維持與修正文化分類的策略、原則與實作」。

20 Brubaker與 Cooper（2000）建議我們改用「認同形構」（identification）這個詞彙來避免「認同」（identity）的物化。

21 Judith Gerson 與 Kathy Peiss（1985）揚棄靜態的「性別角色」概念，轉而引介「性別界線」的概念來強調性別分派的可塑性與滲透性。Jean Potuchek（1997）對性別界線提出了更明確的界定，指的是將「男人」與「女人」劃分成兩個截然不同的群體的標記（marker）。

22 恩格斯（Engels 1942/1972）對「再生產勞動」這個詞彙的使用意義比較廣泛，同時用以描述維生的生產與人類的代間生產（包括生殖）。家務勞動也主要分為兩類：**維生的再生產**（例如購買家用品、料理三餐、為家人清洗及縫補衣服等），以及**社會的再生產**（包括教育小孩、為成人提供照顧與情感支持，以及維持親屬與社群連帶關係）（Colen 1995; Lorber 1994）。

23 在此我受到 Evelyn Nakano Glenn（1992）的啟發，她認為奴隸制度與服務工作具有歷史上的連續性，彰顯出有薪再生產勞動的種族分工（都是由少數族裔的女性從事）。

24 這是所謂的科學種族主義（scientific racism）或學院種族主義（academic racism），透過語言、論述等文化霸權，扣合對於種視的集體再現與歧視行為（Balibar 1991）。

25 英國學者 Robert Miles（1989）強調對於種族範疇的理解不可脫離階級分化、生產方式的分析，種族化是一種意識形態過程，協助並掩飾階級剝削關係。華勒斯坦（Wallerstein 1991）也認為種族分類的產生，是殖民主義、世界體系分工的意識形態效果。然而，這些馬派學者的立論，也被批評為把種族主義過度化約為階級支配。

26 當代歐洲學者針對種族主義的內涵在後殖民時期的轉變，區分出種族主義的新舊類型（Wieviorka 1994）。Balibar（1991）把這種對移民的歧視，稱為沒有種族的種族主義（racism without race），新種族主義著重的不是通常聯繫於「種族」概念的生物體質、外表形徵，而是把文化差異本質化與自然化。相關文獻回顧詳見藍佩嘉 2005。

27 參見 Hall 1992、Ong 1999、Lamont 1992。

28 Jeff Weintraub（1997）提出一個比較性的歸納整理，指出四種概念化公／私領域的方式：一、自由主義經濟學：國家／市場；二、共和主義：政治社群、公民社會／國家、家戶或市場；三、社會史與戲劇分析途徑：社交生活（sociability）／個人生活；四、女性主義：市場、工作／家庭、親密關係。前兩者主要區辨的是政治與非政治領域的界線，後兩者則從私領域的建構與區隔出發。

29 蔡晏霖（Tsai 2008）關於印尼棉蘭華人僱用女傭的研究中，提出了這樣的洞見，她批評西方社會科學文獻，在論述家務僱用造成親密關係的商品化時，預設了以歐洲資產階級婚姻為理想原型的關於家庭與親密關係的特定看法。

30 我在這裡採取的是民族誌的建構主義者取徑，視家庭是「社會建構的、依情境偶發的意義體」（Holstein and Gubrium 1995: 896）。

31 如 Mary Romero（1992: 130）警告，這樣的情況經常「模糊了有薪與無酬家務間的區隔，並且削弱了工作者保護契約協定的能力」。

32 Constable 1999; Huang, Teo, and Yeoh 2000; Yeoh and Huang 2000。

第一章：合法的奴工

1 本書引用的所有菲律賓的移工的話，包括這裡，原始為英文，由作者翻譯為中文。

2 Fröbel et al.（1980）提出新國際勞動分工（new international division labor）的概念來描述這種空間上多層次的勞動分工現象。

3 見王宏仁、白朗潔（2008）。他們也指出，在實際的運作過程中，國營公司只是掛牌，把經營權租給越南與台灣仲介的狀況比比皆是。

4 此舉是因為很多匯款是透過非正式的匯款管道,如移民經營的私人快遞服務,政府無法在此過程中抽取關稅與規費。菲律賓政府曾經在1982年強制規定菲勞要經由菲律賓銀行匯一定比例的薪資回國,香港的菲勞為此而走上街頭抗爭,成功地取消實施此規定(Constable 1997a)。印尼外勞在台灣的僱用自2006年解凍以來,由勞委會與印尼政府聯合簽定,要求印勞薪資要透過特定銀行來匯入與扣款,有同樣的控制效果。

5 美國也有少數的例子是以客工制度來招募外國勞動力,如1942-1964年間美國與墨西哥簽訂的Bracero program,目前也仍存在農業契約工的招募管道。

6 雖然目前仍然少有國家開放非公民的居留人士參與全國層級的選舉,但值得注意的是,早自70年代中以降,就有愛爾蘭、瑞典、丹麥、挪威、荷蘭等國家,允許居留超過若干年限的非公民,在地方以及區域性的選舉中有投票權。

7 如Michael Burawoy(1976)所述,這樣的制度是把移工勞動力的日常維持(maintenance)、及勞工家庭的代間更新(renewal)這兩個再生產過程劃歸在分隔的地理環境進行,且由不同的機構管理。

8 請見職訓局網站,http://www.evta.gov.tw/files/57/720021.pdf(2008/6/27)。

9 根據蔡青龍(Tsay 1999),移工在製造業勞工中比例最高7%,在營造業為2%,家務幫傭則為14%;在製造業中,零售業排行第一(21%),鋼鐵業第二(14%)。

10 家務幫傭的人數,因為一些雇主的小孩長大之後而喪失了申請的資格,而自1996年之後開始上升,相反地,看護工的聘僱則持續地上升,2008年5月的數字(165,517),幾乎是1996年的十倍(16,308)。行政院勞委會,http://www.evta.gov.tw/files/57/722019.pdf(2008/6/27)。

11 在1970年,有19%的女性為製造業工作,到了1987年,這個數字已經跳昇到42%;而男性勞工在1970年為製造業工作的只有14%,1987年則為32%(Hsiung 1996:34)。

12 勞委會,http://statdb.cla.gov.tw/html/woman/96womanmenu.htm(2007/11/1)。

13 歷時性的人口統計資料發現,核心家庭的增加,主要和數房同住的大家庭(joint household)的下降有關,但是包含了一或兩個祖父母的直系家庭的百分比,只有些微的下降。而出生率與死亡率的下降,也同時增加了直系血親跨代居住的比例,因為祖父母輩有較高的生存率,而已婚兒子的數量減少(Thornton and Lin 1994:332)。

14 根據另一項內政部的調查,只有7.5%超過六十五歲以上的台灣人住在安養之家,28%為獨居或與配偶一同居住,而主要的居住方式(61%)仍是與孩子同住(內政部2002)。

15 2004年,香港規定要僱家務幫傭的雇主,家庭總收入每個月不得低於港幣1萬5000元(美金1900);在新加坡,所有要僱外傭的申請者,都必須提出一份繳稅的證明給政府,每年的最低收入是新加坡幣3萬元(在1996年,換算為美金2萬1429元)(Huang and Yeoh 1996)。

16 見Brubaker 1992、Soysal 1994有關歐洲公民身分與移民政策的討論。

17 2004年11月,日本政府和菲律賓簽定協約,準備未來聘僱菲籍護士和監護工,稍後又和印尼簽訂類似的協約,然而,這些外籍監護工是由提供家庭照顧服務的照顧機構所聘僱,而不是由私人家庭聘僱。

18 台灣政府對於「大陸配偶」不同於「外籍配偶」的管控與規定,也反映出類似的邏輯。

19 在香港也有類似的情形,因為中國內地來的家務幫傭在外表上,難以和香港本地人有所區隔,香港當局憂慮難以監控內地人的行動,因此禁止僱用內地中國人來擔任家務幫傭(Chiu 2004)。

20 菲國外交部指稱華航違反與該國政府的協議,使用大型飛機往來馬尼拉至香港的航

線，並且降低票價，奪走菲律賓航空公司的大部分乘客。台灣否認此項指控，於是菲律賓片面停飛馬尼拉至台北始自1996年的航段。兩方中斷航空運輸長達一年後，終於2000年9月26日重新簽定新航空協定。*Taipei Times*，2000/12/27。

21 《聯合報》，1999/7/10。

22 勞委會於2000年6月1日開始凍結菲勞引進，觀察期為三個月，當時的主委郭吉仁說明凍結原因是因為「菲國駐華代表處長久以來無視我國法令，介入勞資爭議及收容非法菲勞，並且以違反勞動契約或道德問題對台灣雇主及人力仲介公司實施不合理的黑名單制度。」《工商時報》，2000/06/01。2000年9月27日台菲勞權談判完成，但凍結持續延長三個月，直至勞委會表示得到菲國政府有關勞資爭議、逃跑問題的「善意回應」，於2000年12月7日正式解凍。

23 《聯合報》，1999/7/10。

24 《中國時報》，2002/12/18。

25 《中時晚報》，2002/12/18，〈立委要求凍結印勞 朝野同仇敵愾〉。

26 據媒體報導，泰國政府要求所有的台灣旅客在待在泰國期間要全程佩戴醫療用口罩，但泰國政府隨後否認有此要求。

27 有幾個我的受訪者，不論是單身或已婚的印尼女性，在凍結期間，都曾被仲介鼓勵參與假結婚，印尼政府也曾對台灣政府抱怨，禁止移工輸入，已造成了高升的假結婚數字。《中國時報》，2004/2/19。

28 根據第46條，包括專門性或技術性之工作、華僑或外國人經政府核准投資或設立事業之主管、外僑學校及外國語文教師、運動教練及運動員、宗教、藝術及演藝工作。

29 每六個月檢查一次，但根據2004年1月制定的新法規，契約移工在契約期間體檢最多不能超過三次（分別是來到台灣後的六個月、十八個月，與三十個月後檢查）。台灣政府也同時取消移工的大麻、嗎啡、安非他命檢查。

30 衛生署在2004年1月13日實施外籍人士的健康檢查新規定，要求所有的外國教師（不包括管理工作者、技術人員與其他專業工作者）定期每年體檢（大多是結核病、梅毒、HIV等檢查），才能更新工作證。這項政策引發各大專學院外籍教師的抗議，因此政府隨後更改政策，要求只有高中與補習班的外籍教師需要定期體檢。

31 然而，這項新政策的實際影響仍不明朗，就法律上而言，雇主不能因為移工懷孕而辭退她，而移工也受到勞動基準法保障（只有工廠工人，不含家務幫傭），得享有八周的產假（但小孩不會是台灣的公民），但實際上，懷孕的移工傾向於解約返鄉，不論是自願或受到雇主脅迫。

32 勞委會在2005年12月30日後放寬了轉換雇主的要件與程序（詳見就業服務法第59條，http://www.evta.gov.tw/lawevta/law60.html），在勞資雙方合意的狀況，提供工作切結書就可以轉換，不影響雇主的配額；勞工辦理轉換的公告次數原為最多三次，現制在無人承接的狀況下，可以增加到六次；遭性侵害的勞工，得以跨行業轉換。

33 2003年2月修定的入出國及移民法，第二十三條。

34 2001年6月修定的國籍法，第三條。

35 2003年2月修定的入出國及移民法，第二十三條。

36 除了43%的契約移工，其餘的37%是永久居留移民，20%是不定期居留者，參見POEA的數據 http://www.poea.gov.ph.docs（2005/2/17）。

37 資料來源如上。

38 Choy 2003; Espiritu 1995。

39 Asian Migrant Centre 1992c，引述自 Constable 1997a。

40 馬可仕政府在1982年制定強制匯款的政策（Executive order 857），要求移工透過菲律賓銀行，將收入的50%～70%（陸地移工）或100%（海員）匯回國家。未遵守此規定的移工不得更新護照，因此將無法再次赴海外工作。這個政策引發世界各地的移工的抗議，迫於壓力，這項政策在1985年中止（Constable 1997a: 164-65）。

41 阿奎諾政府在1987年制定新的海關稅法規（Executive order 206），對所有國外進口的貨物徵收100%的關稅。在此法規實施以前，移工可以免稅攜入物品（Asis 1992）。

42 參見POEA公布的數據，資料來源同註解36。移工分布國籍比例來自我的計算。

43 1980至1987年的資料引述自Oishi（2005: 64）；2002年的數據則來自菲律賓國家統計處的海外移工調查：http://www.census.gov.ph/data/sectordada/2002/ofo202.htm（2004/7/28）。

44 http://www.ncrfw.gov.ph/insidepages/inforesources/inforesource.htm（2004/7/27）。

45 2002年菲律賓國家統計處的海外移工調查：http://www.census.gov.ph/data/sectordada/2002/ofo202.htm（2004/7/28）。

46 已婚的數字在問卷與統計上應該有被低估。許多已婚移工申請者為了避免準備繁瑣的文書資料而常在申請文件上謊稱未婚。此外，許多移工也常蓄意在文件上保留娘家姓，以鑽台灣法規的漏洞，因為這樣她們下次可以用夫家姓及新護照再次申請來台工作。

47 Kathryn Robinson（2000: 250）引用Castles and Miller（1993）所界定的新國際遷移的三個特點。

48 印尼的正式聘僱系統是經由取得國家執照的仲介公司，稱為PJTKI（perusahaan jasa tenega kerja Indonesia）。然而大部分到馬來西亞工作的移工仍是透過無照仲介業者或中間人，俗稱為calo及taikongs（Jones 2000; Spaan 1994）。

49 新秩序（New Order）這個辭彙是由當時的總統蘇哈托所提出，以標示他的執政不同於先年的蘇卡諾政權（Sukarno），新秩序一辭後來被泛指為蘇哈托統治印尼的這段時間（1966年到1998年）。

50 Robinson 2000; Tirtosudarmo 1999。

51 在1984到1989期間，70%的印尼移工在海外從事家務服務工作，而在1989到1994間，數字是60%（Hugo 2002b）。而從事家務服務工作的印尼移工中，95%是女性（Nayyar 1997: 11）。

52 其中的三分之一左右（4萬5000披索）在出國前給菲律賓的仲介，其餘的則從在台工作的薪水中扣除來付給台灣仲介，有的人是一月扣1萬，半年扣除完畢，也有的人遵守勞委會規定，每年按月扣除服務費，加起來的總數也是6萬。

53 第一年的服務費為新台幣1800元、第二年1700元、第三年1500元，合計三年內收取總額上限為75840元。

54 《工商時報》1995/11/9。

55 據媒體報導，有些享有限額配額的公司，樂意賣出一些配額以獲利（吳挺鋒 1997: 29）。一家營建公司便被指控將大量移工轉包至其他未有配額的公司。聯合報，1994年5月10日。

56 外國人在台灣的所得稅率，如果該年停留在台灣時間未超過183天，為20%，超過183年者降至6%。換言之，只要在每年7月後入境台灣的移工，該年所得稅的稅率都是20%。

57 根據經發會的決議，勞委會在2001年11月7日公告，雇主可從外勞的每月薪資中扣除兩千五到四千元的膳宿費。2007年7月基本工資從15840元調高到17820元後，勞委會同意將膳宿費的上限提高到五千元，但此舉受到菲律賓、泰國等輸出國政府的反對。

58 也有合法「換名字」的方式，比如說不少移工第一次出國會用自己的原生家庭姓氏申請護照，等到第二次來台時，則用夫家姓氏申請新的護照。

59 我訪問當時的職訓局外勞中心主任吳俊明，1998年10月2日。

60 參見註57、64。

61 Five-six是菲律賓人對於地下錢莊高利貸的一種簡稱。每借貸5000元披索，一個月後歸還本金連利息要6000元披索（月利率高達百分之二十）。

62 許多外勞雖然有健保，也很少使用，寧可買家鄉成藥來服用，除了語言障礙造成就醫上的困難與疑懼外，有些害怕使用健保後，會讓雇主知道他們生病的紀錄，藉以作為解約遣返的理由。

63 根據2002年1月修訂的就業服務法，非法僱用經查獲可處以十五萬到七十五萬的罰金，五年內再犯者，可處三年以下有期徒刑、拘役，或併科一百二十萬以下罰金。

64 繳納的費用因僱用範疇而有不同，外籍幫傭須繳納5000元，外籍監護只要1500元。這些費用集結為外勞管理輔導基金，此基金運用的目的是貼補政府管理外勞及訓練本地勞工的支出，但實際上很有限的比例運用到外勞相關業務。

65 此規定在近年來有所放寬，現在雇主只需繳納到報備逃跑的前一日。

66 自2003年4月以來，這個規定已有些微更改。一位雇主若發生過兩位或多位移工雇工失蹤的情況，其配額才會被取消。

67 如Saskia Sassen（1996）描述，當代的國際勞動遷移呈現出「經濟的去國家化」（denationalizing economics）與「政治的再國家化」（renationalizing politics）的雙重過程。

第二章：誰是「外勞」？

1 《戰警急先鋒》電視新聞雜誌，2003/5/1。

2 新、舊族群他者被錯認的情形常在日常生活中發生。有些原住民朋友向我抱怨，他們常在路上被（漢族台灣人）警察盤查，因為被認為是外籍勞工而被要求拿出證件。

3 《經濟日報》，1993/7/9。

4 《經濟日報》，1993/7/10。

5 《聯合晚報》，1999/9/7。

6 《自由時報》，1999/9/8。

7 《聯合晚報》，1997/7/21。

8 《聯合晚報》，1996/12/6。

9 《中國時報》，1998/5/13。

10 《戰警急先鋒》，2003/5/1。

11 《聯合晚報》，1993/4/12。

12 《聯合報》，2001/5/30。台中市警察局也同樣發布一則懷疑愛滋病與移工有關的新聞，參見《聯合報》，2001/12/5。

13 《聯合報》，1999/7/13。

14 《中國時報》，1998/5/14。

15 《聯合報》，1999/12/7、1999/12/29、2000/6/27、2001/8/20。

16 Michèle Lamont（2000b）指出，道德標準對種族化的界線的建構至關重要。優勢族群會批評少數族群是「較沒有價值的人」，缺乏文化素養與道德水平，而理應被排斥或歧視。

17 《聯合晚報》，2003/4/12。

18 施淑美（Shih 1999: 287）分析「大陸妹」的報導時，提出了這樣的觀察：「報紙報導意圖喚起人們對此問題的重視，結果卻讓這些報導成為性與金錢的八卦故事。」

19 1995年11月9日，菲籍家務移工Angelina Canlas謀殺了照顧的病人，之後並試圖自殺。她被診斷出有憂鬱症，並因謀殺一罪被起訴十二年。2003年2月8日，台灣知名的作家劉俠，被印尼看護攻擊致死，該名看護也被診斷出精神失常而被遣送回國。

20 《聯合報》，2001/10/23。

21 《聯合報》，2001/12/6。

22 隔離與登記這兩種控制外國人的方式，和十九世紀的歐洲對瘋癲病或瘟疫患者的管理很類似。猶如傅柯（Foucault 1977: 198）指出的，瘋癲病患者被鎖起來，象徵被拒絕與排外，而得瘟疫者則經由空間規訓及組織化的監視來受到控制。

23 《聯合報》，2002/3/5，「薪水遲未發 代課老師：不如外勞」。

24 《聯合報》，2001/11/1，「林立青黑得像『外勞』」。

25 http://www.cla.gov.tw。

26 資料來源為聯合國文教處2000年的統計，注意該資料係粗在學率GER（gross enrollment rate），而非畢業比率，http://www.unesco.org/education/efa_report/zoom_regions_pdf/easiapac.pdf（2004/12/3）。台灣2000年的大學／專在學率為38.7%，資料來源：教育部統計處，http://140.111.1.192/statistics/（2004/12/6）。

27 由於至今並無任何關於台灣移工教育程度的普查資料，在此是根據我訪問仲介的說法。一般而言，在台灣與香港工作的印尼移工，至少需要完成初中學業，或曾經有海外工作的經驗，較低教育程度的移工通常被送到馬來西亞。此外，在我所訪問的三十四個印尼移工中（我們的接觸管道是週日的台北車站，因此並非隨機採樣），有十七個是高中畢業，十一個初中畢業，五個小學畢業，只有一個讀過兩年大學。

28 「語言場域」（linguistic field）的概念引自布赫迪厄（1991），指透過賞罰與審查等方式來生產與再生產語言合法性的系統。Crystal（1997）對英語做為二十世紀的後殖民時代中全球最強勢的語言，有更仔細的探討。

29 自從菲律賓憲法在1935年創立，後殖民政府已經提出由馬尼拉語（Tagalog）來作為國家語言，馬尼拉語是馬尼拉的當地語言，現在已是菲律賓國語。但直到70年代，雙語教育政策的重心，才從英語轉向菲律賓國語。

30 《中國時報》，2002/3/31，〈第二官方語 扁提議英語 認國際化趨勢不可擋 盼各界嚴肅討論〉。

31 《中國時報》，2002/4/5，〈政府將聘諾貝爾級科技人才，經建會擬訂辦法〉。

32 雇主將中文字輸入掌上型電子字典，這樣移工就可讀到螢幕上的英文翻譯。

33 英文報紙China News每星期天有一名為Kabayan!（馬尼拉語的「同胞」）的專欄，刊登菲律賓移工的讀者投書，以及報導與在台菲律賓人的相關新聞，成為菲勞社群的一個重要公共領域。

34 吳挺鋒（1997）比較菲勞與泰勞的男性移工，也有類似的發現。

35 然而，菲籍家務移工基於語言資本所獲得的培力是有限的。需要菲籍家務移工身兼英語家教的通常是教育程度較低的雇主。相反地，教育程度高的雇主關心的是他們的小

孩可能會從菲籍移工那學到「不好的」、「不標準的」、「粗魯」的英語口音。甚至，英語家教對菲籍移工不僅是額外的工作，更是一種無酬的剝削（藍佩嘉2008）。

36 林津如（Lin 1999）、鄭淑如（Cheng 2001）與Anne Loveband（2004a）也提出這方面的討論。Loveband（2004a）稱此仲介主導的過程為「定位產品」（positioning the product）。

37 我感謝羅融協助搜尋網頁與製作表格。

38 我們同時也瀏覽了香港48個仲介公司的網頁（經由香港雅虎http://hk.yahoo.com搜尋），在菲籍與印籍家務移工身上發現非常類似的特徵化。

39 http://www.beelief.idv.tw（2002/7/15）。

40 http://www.885manpower.com.tw（2002/7/15）。

41 http://phr.com.tw（2003/10/13）。

42 http://kc104.com.tw/main-3c.htm（2003/10/13）。

43 參見Abigail Bakan與Daiva Stasiulis（1995: 309, 317）對加拿大仲介運用刻板印象作為進行媒合的策略。

44 第一章已指出，印尼移工的仲介費大約比菲律賓移工的仲介費高了台幣5萬元左右。

45 菲勞與印勞在勞動條件上的階層差異，在香港更為明顯。根據香港政府的人力資源與教育部在2001年進行的調查，菲籍家務移工的平均月薪為港幣3874元，印籍家務移工的平均月薪為3073元，低於政府規定的3670元（Wee and Sim 2005）。

46 Manila Economic and Cultural Office，菲律賓政府的在台辦事處，其中設有一個勞工處，為POEA的海外辦公室，負責處理在台菲勞的相關事宜。

47 在放假日上，菲勞平均每月有3.9天的休假，外加11.43天的年假，印勞則只有2.6天的月休，4.65天的年假（法律規定為4天月休，12天年假），Asia Migrant Centre新聞稿，2001/11/5，http://www.asian-migrants.org/news/100496174787013.php（2005/2/16）。

48 勞委會職訓局統計，http://www.evta.gov.tw/stat/9011（2001/11/20）。

49 勞委會職訓局統計，http://dbs1.cla.gov.tw/stat/month/211050.pdf（2005/3/1）。

50 最近，一些台灣仲介已經在菲律賓建立起類似的訓練中心，但是訓練時間（兩或三周）仍比印尼的短。

51 這種招募方式形成了一種類似李靜君（Lee 1998）描述深圳工廠對外省移工的「在地控制」（localistic control）。

52 范裕康（2005）觀察製造業雇主挑工的過程，發現很不同的情形，曾經有來台工作被視為重要的正面資歷，雇主可藉此降低訓練成本，也可以透過同鄉移工的網絡進行控制。這樣的差別，說明不同產業的移工，其勞動力蘊含的關鍵性不確定性是不一樣的。家庭類外勞的技術門檻低、逃跑率高，因此，雇主對於訓練成本的考量低於逃跑風險帶來的不確定。製造業的情形則相反。

53 我對印尼移工組織KOPUMI的訪問，2003年8月。

54 在這些例子中，仲介通常會安排學員到印尼當地家庭或仲介自己的家裡工作（付非常少的薪水），視為一種「實習」。

55 羅馬與洛杉磯的菲律賓家務移工也宣稱她們提供的服務，比非洲裔與拉丁裔競爭者來得好（Parreñas 2001: 174-79）。

56 如Eviatar Zerubavel（1991）所說的兩種不同的畫界過程：一是淡化了內部差異的混為一談（lumping），二是放大不同類屬間的差異以強化界線區隔的切割（splitting）。

第三章：女人何苦為難女人？

1 詳見藍佩嘉（2004: 54）有關內政部的「台灣地區兒童生活狀況調查」的統計整理。

2 Hertz 1986、Wrigley 1995。

3 唐先梅（2003）的調查發現，台灣的雙薪家庭中，位於都會區、組成年齡越低、教育程度越高的女性，對丈夫的家務參與的期待也越高。李美玲等的實證研究（2000），發現夫妻皆具大學以上學歷、夫妻皆持平等性別意識，以及妻子收入佔家庭總收入越高者，先生的相對家務參與較高。周玟琪（1994）的研究中則進一步發現，當夫妻兩人收入相近時，先生參與家務的時間最高，然而，當太太的收入超過先生時，先生的投入不增反減。

4 Hochschild 1989、Hondagneu-Sotelo 2001。

5 人類學家在不同的父系親屬社會的研究中（Kandiyoti 1991; Wolf 1972），都發現婆媳之間的緊張關係，源自於女人在父系延伸家庭中面對的結構限制。由於兒子是婆婆確保家庭地位與未來福祉的最重要資源，若能壓制兒子與媳婦的浪漫愛情，可以幫助確保兒子的忠誠度。

6 Cameron Macdonald（1998: 31）向 Ivan Illich（1981）借用「影子工作」這個概念，意指不可見的再生產勞動，其無酬、被貶低與視為女性專屬，但卻是維繫家庭生活與資本主義生產時不可或缺的一部分。

7 《中國時報》，1998/10/10。

8 見 Cheng（2003: 178）、Constable（1997b）。但如我在第二章強調的，不只是菲籍女傭，媒體再現也印尼女傭的形象性慾化。

9 《中國時報》，1999/6/2。

10 Dorothy Roberts（1997）與 Cameron Macdonald（1998）用這樣的階層化的母職分工來描述美國中產階級的女主人如何將部分的再生產勞動轉包給非白人或勞工階級的幫傭。

11 這些工作的本質當然依歷史、社會與家庭而有不同，例如，在過去，替主人的小孩哺乳是由奶媽負責。「黑嬤嬤」的體力勞動則不被視為精神性質的母職勞動，因為其褻瀆了白人母親與小孩的神聖連帶（Roberts 1997: 56）。然而，在今日，哺乳被認為可以建立母親與子女的情感關係，僱用保母的女性雇主認為這項實作可以標示出她們被賦予的母親地位（Macdonald 1998: 47）。

12 台灣的出生率從1962年的5.5%，大幅下降至2004年的1.2%。資料來源：行政院主計處人口統計 http://www.ris.gov.tw/ch4/statistics/st20-8.xls（2005/7/19）。

13 2003年後延長到六年，2008年後更延長到九年。

14 Gallin 觀察到台灣婆婆之中的階級差異。有錢人家的婆婆仍掌握分配財產的大權，較能夠維持傳統的權威。相對地，貧窮的婆婆一旦年老體衰，就必須仰賴兒子的經濟協助與社會支持。在另一篇研究中（Lan 2002a），我探討了美國加州地區台灣移民的老人照顧。責難不孝的社會規範在移民脈絡中更加式微，部分原因便是因為第一代移民的兒女是家中收入的主要提供者。

15 然而，許多外籍監護工也和照顧的老人發展出相互持持的關係，或是與媳婦建立同仇敵愾的姊妹情誼，見 Lan（2002b）。

第四章：跨越國界與性別藩籬

1　有關性別與遷移的相關文獻回顧，參見 Pessar 1999、藍佩嘉 2007。

2　菲律賓國家統計局，http://www.census.gov.ph/index.html（2004/7/20）。

3　國家勞動力調查，Badan Pusat Statistk（印尼 BPS-統計），http://www.bps.gov.id//sector/employ/tableI.shtml（2004/7/27）。

4　在2001年，超過60%的菲律賓移工是來自四個鄰近的已發展區域（在全國十六個區域中），分別是國家首都區域（馬尼拉都會）（19%），南他加祿（18%），呂宋中央區（13%）以及伊洛克斯（10%），海外菲律賓移工調查，菲律賓國家統計局，http://www.census.gov.ph/data/sectordata/2002/ofoIo1.htm（2004/7/23）。

5　從西班牙戰爭結束後到90年代後期，菲律賓境內有幾個海外最大的美國軍事基地，這些基地也在殖民與後殖民時期，為美軍招募人力。在菲律賓於1946年獨立之後，美國官方在1947年通過了一條軍事基地協議，讓其海軍有權力繼續聘僱菲律賓公民（Espiritu 1995:14-15）。

6　在我個人在印尼旅遊的經驗來說，鄉下地區有陌生人對著我叫F4偶像劇中女主角的名字：「杉菜！杉菜！」；也有人不請自來地摸我的皮膚，評論道：「你的皮膚好白呀！」即使我的膚色用台灣女人的標準來說，其實偏黃偏黑。

7　移工的丈夫如何協商他們的男性認同，可參見 Gamburd（2000）和 Pingol（2001）。

8　Arcinas et al. 1986, 引述自 Margold 1995。

9　1988年的菲律賓家庭法在定義男女通姦罪犯時，有著雙重的性別標準，根據舊法，已婚女性和單身男性通姦，是有罪的，但是已婚男性可以在無罪的情況下，與單身女性通姦，只要單身女性是自願的與私下的。男性只有在他公開與情婦同居時，才會犯同居的罪。（Go 1993:57-58）

10　Chant and McIlwaine 1995; Eviota 1992; Isreal-Sobritchea 1990。

11　在香港（Chang and Groves 2000:83）與羅馬（Parreñas 2001:66）的菲律賓移工身上也可以發現類似的情形。

12　印尼女性的初婚女性年齡，在1997年是18.6歲，相對於1998年菲律賓是23.3歲，人品與健康調查，http://www.measuredhs.com（2004/9/1）。

13　根據 Gavin W. Jones（2002），在70年代以前，印尼的離婚率非常高，但是在過去三十年，急劇地下滑（在1995年，有2.8%），下降始於1974年的婚姻法，其對離婚的程序鬆綁。

14　根據菲律賓所作的調查，60%的已婚女性移工，會委託她們的雙親照顧她們的小孩，5%會請她們丈夫的雙親或其他的家庭成員，7%會請家人以外的人來照顧（Paz Cruz and Paganoni 1989）。

15　在菲律賓，家務勞工一般被稱為「helper」，這個稱呼不僅指稱助手及支援的關係，也蘊含擬似封建主義的恩庇侍從（patron-client），下屬對主人是順服從屬的關係（Dumont 2000）。

16　見 Hondagneu-Sotelo and Avila（1997）有關拉丁裔保母批評美國的白人父母。

17　Diane Wolf於80年代在雅加達對女性工廠工人所作的研究（1992）也有類似的發現，大部分的單身女兒都只匯少量的錢回家，來自雙親的壓力有限，遠小於台灣與香港的單身女工。Rebecca Elmhurst（2002）在1994年與1998年研究印尼的工廠女性，發現她們的匯款行為漸有變化，在1994年，父母很少要求他們在工廠工作的女兒匯款，但在

1998年，雙親對於女兒提供的財務貢獻的認知有所提高；但匯款主要用在購買女兒未來結婚要用的東西上，這種投資也對女兒在婚姻市場的位置有加價的效果。

18 Giddens 1992; Coontz 2005。

19 菲律賓的上嫁傳統見Medina 1991；跨國婚姻的一般性討論，可參考Cooke 1986; Constable 2003a；Suzuki 2000。

20 參見 Tyner 1996; Suzuki 2000。

21 在勞委會凍結印尼勞工來台期間，有些人為了要來台灣幫傭，經由仲介或雇主的安排，以假結婚的方式來台。類似的例子也發生在美國，舉例來說，Eldon Doty，一位白人退休警察，和他的菲律賓妻子Sally辦了假離婚，然後在1990年8月從菲律賓以未婚妻的簽證帶回Helen Bolusan，Helen以每月僅160元美金的薪資在家幫傭，直到1993年她不堪勞動剝削而逃跑。*Seattle Times*, I, 1999/8/17。

第五章：灰姑娘的前後台

1 這也就是地理學者所說的「空間性」（spatiality），這個概念傳達了社會與空間的交織構成（Gregson and Lowe 1995）。

2 如David Katzman（1978: 149）所說，家務僱用關係的特殊性在於，是「工作者而非工作本身，持續受到監視。」也可參見Hondagneu-Sotelo（2001: chapter 6）有關洛杉磯雇主的勞動控制策略的討論。

3 依據2002年修正公佈的就業服務法，非法扣留或侵占所聘僱外勞之護照、居留證件或財物，將被處以6萬元以上30萬元以下罰鍰。

4 少數的例外是出身工運團體的台灣國際勞工協會（Taiwan International Workers Association, 簡稱TIWA）。

5 1997年10月13日，台灣南部發生類似事件。一名菲律賓家務移工夥同在工廠工作的菲律賓男友，闖進前雇主的房子偷走現金，並殺害三名家庭成員。

6 西式女傭制服是殖民主義與奴隸制度的脈絡下常見的象徵控制。香港的一些雇主也會要求女傭穿制服（Constable 1997a:95）。

7 此外，也有女同志移工展現T-bird（tomboyish）風格，見Nicole Constable（1997b）的討論。女同志家務移工與女主人之間的關係應呈現不同樣貌，但我的田野與訪問中較欠缺這方面的資料。

8 吳挺鋒1997、汪英達2003，提出類似的論點。

9 不論是實際參與跨國遷移的菲律賓移工，或是進行跨國界消費的台灣雇主，都試圖藉由全球化來促成多重資本的積累與轉換，也透過英語這個跨國文化資本來進行協商與鬥爭，詳見藍佩嘉（2008）。

10 在1998～99年間的田野中，我很少看到移工擁有行動電話。他們多利用網路電話卡打公共電話或雇主家的電話。但到了2004～03年間，大部分的移工都有了行動電話。

11 參見2002/6/20日的《聯合報》。但此統計有高估，因為許多台灣人擁有一支以上的行動電話。

12 警方逮捕的兩名台灣人身上擁有兩千張以上的「外勞卡」，國際電話卡也超過兩百張。這些男性隸屬某個犯罪集團，他們常在移工用餐或購物地點出沒，宣稱會幫移工匯錢回家或申請行動電話。*Taipei Times*，1995/12/2。

13 《聯合報》，2005/2/17。

14 現在所有申請行動電話號碼(包括預付卡)的人都需要親自到各地行動電話公司
   申辦處。外國人最多只能申請兩個預付卡號碼,台灣公民則限十個。《聯合報》,
   2005/2/19。

15 研究青少年使用行動電話的 Richard Ling 和 Brigitte Yttri(2002: 165)也發現,行動電話在
   青少年間創造了一個沒有父母及其他權威人物監控的溝通網絡。簡訊尤其能讓他們在
   前台(譬如老師在講課時)進行後台的溝通(在桌下或口袋裡傳送訊息)。

16 http://www.seeingisbelieveing.ca/cell/manila,(2004/7/23)。相關主題也參見外勞行動網,
   Migrant Forum, http://www.twblog.net/migrants/archives/000557.html(2004/7/23)。

17 此為 Nokia 於 2002 年估計的數字(Pertierra et al. 2002)。

18 爭取捍衛移工權益及提升其自覺為宗旨的移工草根組織有 KaSaPi(Kapulungan ng
   Samahang Pilipino,菲律賓人組織),以及 TIMWA(Taiwan Indonesian Migrant Workers'
   Association,台灣印尼移工協會)。另外,還有其他以宗教社群及同鄉網絡為基礎的非
   正式組織。

19 2005 年 1 月 20 日,112 名菲律賓移工因受雇的 IC 公司破產而必須重新聘僱。在勞委會
   負責的就業中心裡,新雇主以抽籤方式選擇移工。很多人都被分配到重機械和勞力密
   集的工廠工作(*Taipei Times*,2005/1/27)。與行動電話相關的資訊參考自台灣國際勞工
   協會發布的新聞稿。

20 節錄自 Emmanuel Lallana 的研究:「簡訊,生意與菲律賓政府」。http://www.ecademy.
   com/node.php?id=26936UTH(2004/7/23)。

21 西門子無線電話策略(Siemens Wireless Phone Offensive)http://www.3g.co.uk/PR/
   May2004/7096.htm,(2004/7/23)。

22 Hans Geser(2004: 16)認為,伴隨著人們能夠從任何地方連繫到任何人的自由的增加,
   人們也面臨必須回應所有來電的壓力。溝通的便利也強化了社會權力的不對稱:一位
   老闆可以工作為理由在休息時間打電話給下屬,父母也更能掌握青少年孩子的行蹤。

23 此概念原來是被 Patricia Collins(1990)用來描述黑人女性主義者的中介論述位置。

24 王志弘(2006)進一步指出,婚姻移民常宣稱自己道地的廚藝與坊間以台灣人為消費
   群、口味改良過的越南、印尼及泰國餐廳不同,並藉此涵育及強化族群認同的界線。

25 因為地利之便,外勞之間也很時興在台灣拍攝婚紗照或沙龍照,其中多是未婚情侶,
   也有不少是女同志伴侶。

26 《中國時報》民意論壇,1999/2/8,1999/4/6。

27 吳美瑤(2004)在火車站隨機訪問 209 位移工,他們每週日平均花在火車站大廳的時間
   是 5.8 個小時。

28 *Taiwan News*,2006/6/11。

29 菲律賓的工廠移工週日多半齊聚中壢,因為它離天主教堂及非營利組織「希望職工中
   心」較近。桃園則成為泰國與印尼移工的集會地。

30 當地人把美軍留下來的吉普車,改裝為大眾運輸工具,由私人經營,以固定路線載送
   乘客。

31 參見 Barber(2000)與 Paz Cruz and Paganoni(1989)。

32 這項規定自 2002 年起有放寬,台灣政府已修法允許「無不良紀錄」的外勞再度回台灣
   工作三年,2008 年後更延長到九年。

33 對以加拿大為目標的移工而言,香港是頗受歡迎的暫時停靠站(Barber 2000: 404)。

34 參見 McKay(2003)與 Pratt(1999)。

35 根據人權觀察報告（Human Rights Watch 2004），在沙烏地阿拉伯的家務移工平均月薪是600～750里亞爾（約160～200元台幣），但積欠薪者非常普遍。許多雇主未能幫助家務移工取得合法居留，她們因此被迫處於極度剝削與隔絕的環境中。

36 根據我在2003年採訪的仲介業者，新加坡的家務移工契約初始的平均月薪是230～300新加坡幣（合美金153～200元），仲介費大概1600元新加坡幣。在馬來西亞，印尼女傭的平均月薪是308令吉（合美金150元）；菲律賓女傭則是500令吉（合美金196元）；仲介費約1200令吉。

37 2005年家務移工的最低工資是3860元港幣（合美金496元），與台灣最低工資相近（台幣15840元，約美金495元）。

38 加拿大各省有不同的規範。以British Columbia來說，外籍看護工的時薪需達最低工資，超過一週40個小時後的加班，可領一倍半的工資。在2004年，一位入住看護工的平均月薪含稅大約是900加幣，但提供住宿與飛機票的雇主一個月可扣除325元加幣（McKay 2005）。

第六章：屋簷下的全球化

1 Mary Romero（1992）與Leslie Salzinger（1991）研究在美國的拉丁裔移民，從事的是日工（day workers）或是按時計薪的清潔工。這些家務勞工許多在母國持有中產階級的職業，為了擺脫「骯髒工作」（dirty work）的標籤，她們試圖藉由非正式契約的建立來理性化勞動過程與工作條件。

2 Jennifer Mendez（1998）研究美國加州的一家清潔公司所僱用的清潔工。

3 Gul Ozyegin（2000）研究土耳其的女傭與門房。

4 Colen 1986; Romero 1992; 林津如 2000。

5 Hondagneu-Sotelo（2001: 193）已指出，照顧工作的比例越高，僱用關係通常越傾向往情感關係發展。

6 有不少談話性電視節目，邀請藝人談自己僱用外傭的經驗，也是「炫耀性消費」的例子。許多藝人以澎風的內容誇耀自家外傭做的種種服務，結果引來勞委會「工作內容違法」的關注。《中國時報》〈僱外勞遛狗，藝人「公開」違法〉，2007/10/25。

7 布赫迪厄和范伯倫一樣重視消費在階級秀異的再生產中的重要性，但他更強調超越個人意圖或意識的過程：「因為文化符碼的分類效果，地位信號——透過慣習——的傳達常是無意識或非意圖的」（Lamont and Lareaur 1988: 164）。

8 當然，新富雇主也會隨著僱用經驗與時間的累積，改變互動的方式，內化階級的慣習。但由於本研究的資料收集是共時性的，較難探討時間向度上的變化，有些受訪的雇主確實談到管理現任外傭的方式，比剛開始一、兩個的方式嚴格許多。

9 林津如（2000）對本地幫傭的研究已有類似發現，該文也提供了有關本地與外籍家務勞工在勞動條件上的差異比較。

10 林津如（2000: 118）借用Romero的概念，把台灣雇主的雇傭關係區分為保持生意關係（business-like relation）和情感控制（emotional control）兩類。但她對生意關係的界定（作為溝通有限、去個人化的關係）混淆了我所區分的疏離權威、生意關係等兩種不同的雇傭風格。林認為雇主採取生意關係的理由有二，一是全職工作沒時間監督，二是對於移工作為階級與種族他者的不信任與猜忌（Lin 1999: 46-7）。

11 鄭淑如（Cheng 2006: chapter 4）也有類似的討論。她把雇主對移工的態度區分為三類：

視為傭人、視為家人與視為工人。最後一類的雇主延伸她們在職場中的管理者角色，把自己家庭看待成一個工作場域。

12 有關「區隔」（segregating）、「整合」（integrating）的說法，我是受到Christena Nippert-Eng（1996）研究上班族如何劃分工作與家的界線的影響。

13 Bridget Anderson（2000: 40）也指出，剛遷移到歐洲不久的新移民傾向於選擇與雇主同住，以降低他們在新國家的生活花費和疏離感。

14 開齋節（在印尼稱為Hari Lebaran）是穆斯林一年一度慶祝神聖齋月結束的日子，為期三天，重要性如同中國農曆新年。在這天，信徒們早起會會吃些食物表示開齋，身上穿著乾淨的新衣服，參加會禮，之後帶著豐富的食物拜訪親戚朋友，也有的人會前往掃墓，為逝者祈禱。

15 「前台」與「後台」的建構乃是相對的、多重的，如以移工同鄉作為觀眾，週日出外也是Luisa的一個前台，扮演的是時髦女郎的角色。

16 同樣的狀況也發生在僱用拉丁裔移工的洛杉磯雇主（Hondagneu-Sotelo 2001: 199）。

17 林津如（2000: 122）訪問的一名菲籍家務移工蘿娜，其台灣雇主便有類似的進食安排。平日在家，蘿娜和雇主家一同進餐，但外出到餐廳時，雇主就要求她站在旁邊服侍大家。

18 誰是「家人」或「主人」的定義都是隨著情境與對象而相對變化的。比方說，當我去王先生家訪問，並受邀請吃飯時，他家的菲籍女傭Lucy平常很少上桌吃飯，本來要到旁邊去吃，因為我的在場，王先生吆喝她說：「幹嘛？坐著一起吃啊！」當Lucy吃飽了起身去清理廚房時，王先生對她說：「Lucy，你也是主人呢，怎麼可以先走，要陪客人坐著吃啊。」

結論

1 參見Ungerson（2000）比較不同的福利體制採取支付照顧者津貼的不同模式。

2 勞委會自2008年初開始設立的「外勞直接聘僱聯合服務中心」具有這樣的美意，然而在外包經營的現況下，成效仍有待檢驗與加強。

3 此論點參見陳宜中發言，「全球化勞動力流動與人權保障」座談會記錄，《政治與社會哲學評論》，16: 251-299。

4 二次大戰後頻繁的國際移民逐步挑戰了傳統民族國家框架下的政治身分，許多歐洲國家採取一種同心圓式的「雙重成員制」，內圈的是以國籍為基礎的公民身分，外圈是以居留為基礎的denizenship（Hammer 1989），享有與公民等同的經濟權與社會權，甚至有地方層次的政治投票權。雖然依循共和民主傳統的學者質疑這樣的制度會造成公民身分貶值的效果，例如移民覺得入籍並無必要、也無興趣參與公共政治（Brubaker 1989），但在經濟去國家化、政治再國家化的當前，我認為仍是保障非公民的一條務實可行的制度出路。

5 如台北市勞工局舉辦的歷屆移工詩歌比賽（詳見龔尤倩2002），台灣國際勞工協會也舉辦了移工攝影坊，成果出版為《凝視驛鄉Voyage 15840──移工攝影集》攝影集（印刻出版，2008）。

參考書目

中文文獻

王志弘，2006，移／置認同與空間政治：桃園火車站週邊消費族裔地景研究。台灣
　　社會研究季刊61: 149-203。

王宏仁、白朗潔，2007，移工、跨國仲介與制度設計：誰從台越國際勞動力流動獲利？
　　台灣社會研究65-3：35-66。

王增勇，2007，回應林萬億對外勞與長期照顧的看法，王增勇個人部落格，http://
　　tywangster.blogspot.com/2007/05/blog-post.html, accessed on 30 July 2008.

內政部，2002，老人生活狀況調查報告。台北：內政部統計處。

主計處，2006，中華民國九十五年台閩地區人口及住宅普查報告。台北：行政院內
　　政部。

台灣省文獻委員會編，陳金田譯，1990，「台灣私法」第二卷縣民—奴婢。臨時台灣
　　習慣調查會第一部調查第三回報告書，南投：台灣省文獻委員會。

台灣總督官房臨時國勢調查部編，1921，第一回台灣國勢調查（大正九年），東京都：
　　台灣總督官房臨時國勢調查部。

——，1934，昭和五年國勢調查報告，東京都：台灣總督官房臨時國勢調查部。

成露茜，2002，跨國移工、台灣建國意識與公民運動。台灣社會研究季刊48:
　　15-44。

卓意雯，1993，清代台灣婦女的生活。台北：自立晚報。

林秀麗，2000，來去台灣洗BENZ：從台中地區菲籍家戶家戶工作者的日常生活實
　　踐談起。台中：私立東海大學社會研究所碩士論文。

林津如，2000，外傭政策與女人之戰：女性主義策略再思考。台灣社會研究季刊 39:
　　93-152。

李元貞，1991，開放外籍女傭不是辦法！婦女新知109: 8-10。

張毓芬，1998，女人與國家：台灣婦女運動史的再思考。台北：國立政治大學新聞

學研究所。

陳昭如，1997，離婚的權利史：台灣女性離婚權的建立及其意義。台北：台灣大學
　　法律學研究所碩士論文。

洪鎌德，2002，新加坡的語言政策。各國語言政策學術研討會論文集，施正鋒主編。
　　台北：行政院客家委員會。

李易昆，1995，他們為什麼不行動？外籍勞工行動策略差別研究，台北：私立輔仁
　　大學應用心理研究所碩士論文。

李玉瑛，1999，實現你的明星夢。台灣社會研究36：147-186。

吳比娜，2003，ChungShan—菲律賓外籍勞工社群空間的形成，台北：台大城鄉研究
　　所碩士論文。

吳美瑤，2004，霸權空間的破綻-以外籍移工假日聚集的台北車站為例，台中：國立
　　中興大學行銷學系碩士論文。

吳挺鋒，1997，「外勞」休閒生活的文化鬥爭。台中：東海大學社會學研究所碩士論文。

吳靜如，2005，在公民權之前：Before/Beyond Citizenship。發表於世新大學社會發展
　　研究所第二屆「跨界流離」學術研討會。

吳永毅，2007，無HOME可歸：公私反轉與外籍家勞所受之時空排斥的個案研究。
　　台灣社會研究季刊66: 1-76。

胡幼慧，1995，三代同堂：迷思與陷阱。台北：巨流。

唐先梅，2003，雙薪家庭夫妻家務分工及家務公平觀之研究：都會區與非都會區之
　　比較。台灣鄉村研究創刊號：109-140。

李美玲、楊亞潔、伊慶春，2000，家務分工：就業現實還是等理念。台灣社會學刊
　　24: 59-88。

汪英達，2003，去掉括號，還是再補上一個?：台北地區菲律賓幫傭的生命經驗與生
　　活策略。台北：台灣大學人類學研究所碩士論文。

周玟琪，1994，影響台灣地區家庭家務分工因素之探討。台北：國立台灣大學社會
　　學研究所碩士論文。

范裕康，2005，誰可以成為外勞？移工的招募與篩選。台北：國立台灣大學社會學
　　研究所碩士論文。

許偉晉，2003，一個手機、兩個世界：以越籍移工的消費實踐為例。台中：中興大
　　學行銷學研究所碩士論文。

曾淑美，1998，台灣媳婦仔的生活世界。台北：玉山社。

謝世忠，1986，認同的污名——台灣原住民的族群變遷。台北：自立晚報社。

劉仲冬，1998，女性醫療社會學。台北：女書店。

勞委會，1999，中華民國八十七年台灣地區外籍勞工運用及管理調查報告。台北：

行政院勞工委員會。

趙守博，1992，勞工政策與勞工問題。台北：中國生產力中心。

徐木蘭、李俊賢、江宏志，1999，台商在菲、馬、印、泰四國投資情形之分析。台灣的東南亞區域研究年度研討會。台北：中研院。

楊翠，1993，日據時期台灣婦女解放運動。台北：時報。

游鑑明，1995，日據時期台灣的女子教育。台北：台灣師範大學歷史研究所碩士論文。

曾嬿芬，2004，外勞政策的國族政治：台灣客工計畫的形成。台灣社會學刊32: 1-58。

劉梅君，2000，「廉價外勞」論述的政治經濟學批判。台灣社會研究季刊38: 59-90。

蔡明璋、陳嘉慧，1997，國家外勞政策與市場實踐：經濟社會學的分析，台灣社會研究季刊 27: 69-98。

蔡青龍，1999，國際勞工與經濟結構調整：東南亞國家之研究。會議論文：發表於台灣東南亞年度研究會議。台北：中研院。

藍佩嘉，2004，女人何苦為難女人？僱用家務移工的三角關係，台灣社會學8: 3-97。

──，2006，合法的奴工，法外的自由：外籍勞工的控制與出走。台灣社會研究季刊38：59-90。

──，2007，性別與跨國遷移，性別向度與台灣社會，黃淑玲、游美惠主編，頁225-248，巨流出版。

──，2008，當大學生菲傭遇見台灣新富雇主：跨國語言資本中介的階級畫界，流轉跨界：跨國的台灣、台灣的跨國，王宏仁、郭佩宜編，中研院：東南亞中心。

蕭新煌編，1989，變遷中台灣社會的中產階級。台北：巨流。

龔尤倩，2002，外勞政策的利益結構與翻轉的行政實驗初探：以台北市的外勞行政、文化實踐為例。台灣社會研究季刊48: 235-285。

英文文獻

Abella, Manolo. 1992. "Contemporary Labour Migration from Asia: Policies and Perspectives of Sending Countries." In *International Migration Systems: A Global Approach*, ed. Mary Kritz, Lin Lean Lim, and Hania Zilotnik, 263–78. Oxford: Clarendon Press.

_____. 1993. "Labor Mobility, Trade and Structural Change: The Philippine Experience." *Asian and Pacific Migration Journal* 2(3): 167–249.

Accountancy. 2003. "Technology: Mobile Phones—Pump up the Volume." *Accountancy*

131(1316): 70.

Aguilar, Jr. Filomeno V. 1999. "Ritual Passage and the Reconstruction of Selfhood in International Labour Migration." *SOJOURN: Journal of Social Issues in Southeast Asia* 14(1): 98–128.

Alegado, Dean Tiburico. 1992. "The Political Economy of International Labor Migration from the Philippines." Ph.D. Diss., Hawaii University, Manoa.

Ananta, Aris. 2000. "Economic Integration and Free Labour Area: An Indonesia Perspective." In *Labour Migration in Indonesia: Policies and Practices*, ed. Sukamdi, Abdul Haris, and Patrick Brownlee. Yogyakarta: Population Studies Center Gadjah Mada University. Available at http://www.unesco.org/most/apmrlabo.htm, accessed on 1 March 2005.

Anderson, Bridget. 2000. Doing the Dirty Work? *The Global Politics of Domestic Labour*. London: Zed Books.

Appadurai, Arjun. 1996. *Modernity at Large: Cultural Dimensions of Globalization. Minneapolis*: University of Minnesota Press.

Arcinas, Fe R., Cynthia Banzon-Bautista, and Randolf S. David. 1986. *The Odyssey of the Filipino Migrant Workers to the Gulf Region*. Quezon City: University of the Philippines.

Asis, Maruja. 1992. "The Overseas Employment Program Policy." In *Philippine Labor Migration: Impact and Policy*, ed. Graziano Battistella and Anthony Paganoni, 68–112. Quezon City: Scalabrinia Migration Center.

———. 2004. "When Men and Women Migrate: Comparing Gendered Migration in Asia." Paper presented to United Nations Division for the Advancement of Women (DAW) Consultative Meeting on "Migration and Mobility and How this Movement Affects Women," Malmo, Sweden, 2–4 December 2003. Available at http://www.un.org/womenwatch/daw/meetings/consult/CM-Dec03-EPI.pdf, accessed on 6 February 2005.

Athukorala, Premachandra. 1993. "Improving the Contribution of Migrant Remittances to Development: The Experience of Asian Labor-Exporting Countries." *Migration Review* 24: 323–46.

Bakan, Abigail, and Daiva Stasiulis. 1995. "Making the Match: Domestic Placement Agencies and the Racialization of Women's Household Work." *Signs* 20(2): 303–35.

Balibar, Etienne. 1991. "Is There a Neo-Racism?" In *Race, Nation, Class: Ambiguous Identities*, ed. Etienne Balibar and Immanuel Wallerstein, 17–28. London: Verso.

Barber, Pauline Gardiner. 2000. "Agency in Philippine Women' s Labour Migration and Provisional Diaspora." *Women's Studies International Forum* 23(4): 399–411.

Basch, Linda, Nina G. Schiller, and Cristina S. Blanc. 1994. *Nations Unbound: Transnational Projects, Postcolonial Predictions, and Deterritorialized Nation-States*. Langhorne, Pa.: Gordon and Breach Science.

Battistella, Graziano. 2002. "International Migration in Asia vis-à-vis Europe: An Introduction." *Asian and Pacific Migration Journal* 11(4): 405–14.

Bourdieu, Pierre（布赫迪厄）. 1977. *Outline of a Theory of Practice*. Cambridge: Cambridge University Press.

———. 1984. *Distinction: A Social Critique of the Judgement of Taste*. Cambridge, Mass.: Harvard University Press.

———. 1987. "What Makes a Social Class? On the Theoretical and Practical Existence of Groups." *Berkeley Journal of Sociology* 32: 1–18.

———. 1991. *Language and Symbolic Power. Cambridge,* Mass.: Harvard University Press.

Bresnahan, Mary. 1979. "English in the Philippines." *Journal of Communication* 29(2): 64–71.

Brown, Melissa J. 2004. *Is Taiwan Chinese? The Impact of Culture, Power, and Migration on Changing Identities*. Berkeley: University of California Press.

Brubaker, Rogers W. 1989. "Membership without Citizenship: The Economic and Social Rights of Noncitizens. In *Immigration and Politics of Citizenship in Europe and North America, ed. Rogers W. Brubaker, 145–62*. Lanham, Md.: University Press of America.

———. 1992. *Citizenship and Nationhood in France and Germany*. Cambridge, Mass.: Harvard University Press.

Brubaker, Rogers, and Frederick Cooper. 2000. "Beyond Identity." *Theory and Society* 29: 1–47.

Burawoy, Michael. 1976. "The Functions and Reproduction of Migrant Labor: Comparative Material from Southern Africa and the United States." *American Journal of Sociology* 81(5): 1050–087.

Castles, Stephen, and Mark Miller. 1993. *The Age of Migration: International Population Movements in the Modern World*. New York: Guilford Press.

Castles, Stephen, and Alastair Davidson. 2000. *Citizenship and Migration: Globalization and the Politics of Belonging*. London: Routledge.

Chang, Kimberley A., and Julian McAllister Groves. 2000. "Neither 'Saints' nor 'Prostitutes' : Sexual Discourse in the Filipina Domestic Worker Community in

Hong-Kong." *Women's Studies International Forum* 23(1): 73–87.

Chant, Sylvia, and Cathy McIlwaine. 1995. *Women of a Lesser Cost: Female Labour, Foreign Exchange, and Philippine Development.* Manila: Ateneo de Manila University Press.

Chaplin, David. 1978. "Domestic Service and Industrialization." *Comparative Studies in Sociology* 1: 97–127.

Cheng, Lucie（成露茜）. 2003. "Transnational Labor, Citizenship and the Taiwan state." In *East Asian Law: Universal Norms and Local Cultures,* ed. Arthur Rosett, Lucie Cheng, and Margaret Y. K. Woo, 85–106. London: Routledge.

Cheng, Shu-Ju Ada（鄭淑如）. 1996. "Migrant Women Domestic Workers in Hong Kong, Singapore and Taiwan: A Comparative Analysis." *Asian and Pacific Migration Journal* 5(1): 139–52.

_____. 2001. "Serving the Household and the Nation: Filipina Domestics and the Development of Nationhood in Taiwan." Ph.D. diss., University of Texas, Austin.

_____. 2003. "Rethinking the Globalization of Domestic Service: Foreign Domestics, State Control, and the Politics of Identity in Taiwan." *Gender & Society* 17(2): 166–86.

_____. 2006. *Serving the Household and the Nation: Filipina Domestics and the Politics of Identity in Taiwan.* Lanham, MD: Lexington Books.

Chin, Christine. 1998. *Service and Servitude: Foreign Female Domestic Workers and Malaysian "Modernity Project."* New York: Columbia University Press.

Chiu, Stephen W. K（趙永佳）. 2004. "Recent Trends in Migration Movements and Policies in Asia: Hong Kong Region Report." Paper presented at panel, Japan Institute of Labour and OECD, Workshop on International Migration and Labour Markets in Asia. Tokyo, Japan.

Choy, Catherine Ceniza. 2003. *Empire of Care: Nursing and Migration in Filipino American History.* Durham, N.C.: Duke University Press.

Clifford, James, and George E. Marcus. 1986. *Writing Culture: The Poetics and Politics of Ethnography.* Berkeley: University of California Press.

Cohen, Rina. 1987. "The Working Conditions of Immigrant Women, Live-in Domestics: Racism, Sexual Abuse and Invisibility." *Resources for Feminist Research* 16(1): 36–38.

_____. 1991. "Women of Color in White Households: Coping Strategies of Live-In Domestic Workers." *Qualitative Sociology* 14: 197–215.

Colen, Shellee. 1986. "With Respect and Feelings: Voices of West Indian Child Care and Domestic Workers in New York City." In *All American Women: Lines that Divide, Ties* that Bind, ed. Johnnetta B. Cole, 46–70. New York: Free Press.

_____. 1995. "'Like a Mother to Them': Stratified Reproduction and West Indian Childcare Workers and Employers in New York." In *Conceiving the New World Order: The Global Politics of Reproduction,* ed. Faye Ginsburg and Rayna Rapp, 78–102. Berkeley: University of California Press.

Collins, Patricia Hill. 1990. *Black Feminist Thought: Knowledge, Consciousness and the Politics of Empowerment.* London: Routledge.

Constable, Nicole. 1997a. *Maid to Order in Hong-Kong: Stories of Filipina Workers.* Ithaca, N.Y.: Cornell University Press.

_____. 1997b. "Sexuality and Discipline among Filipina Domestic Workers in Hong Kong." *American Ethnologist* 24(3): 539–58.

_____. 1999. "At Home but not at Home: Filipina Narratives of Ambivalent Returns." *Cultural Anthropology* 14(2): 203–28.

_____. 2003a. *Romance on a Global Stage: Pen Pals, Virtual Ethnography, and"Mail Order"Marriages.* Berkeley: University of California Press.

_____. 2003b. "A Transnational Perspective on Divorce and Marriage: Filipina Wives and Workers." *Identities: Global Studies in Culture and Power* 10: 163–80.

Cooke, Fadzilah M. 1986. "Australian-Filipino Marriages in the 1980s: The Myth and the Reality." Working paper in the School of Modern Asian Studies Centre for the Study of Australian-Asian Relations, Grittith University.

Coontz, Stephanie. 2005. *Marriage, a History: From Obedience to Intimacy or How Love Conquered Marriage.* New York: Viking.

Coser, Lewis. 1974. "Servants: The Obsolescence of the Occupational Role." *Social Force* 52: 31–40.

Crystal, David. 1997. *English as a Global Language.* Cambridge: Cambridge University Press.

Delphy, Christine, and Diana Leonard. 1992. *Familiar Exploitation: A New Analysis of Marriage in Contemporary Western Societies.* Cambridge: Polity Press.

DeVault, Marjorie. 1991. *Feeding the Family: The Social Organization of Caring as Gendered Work.* Chicago: University of Chicago Press.

Dikotter, Frank. 1992. *The Discourse of Race in Modern China.* Stanford, Calif.: Stanford University Press.

Dill, Bonnie Thornton. 1988. "Making Your Job Good Yourself: Domestic Service and the Construction of Personal Dignity." In *Women and the Politics of Empowerment,* ed. Ann

Bookman and Sandra Morgan, 33–52. Philadelphia: Temple University Press.

Douglas, Mary. 1966. *Purity and Danger: An Analysis of Concepts of Pollution and Purity.* London: Routledge.

Durkheim, Emile, and Marcel Mauss. 1963. *Primitive Classification,* Chicago: University of Chicago Press.

Dumont, Jean-Paul. 2000. "Always Home, Never Home: Visayan 'Helper' and Identities. In Home and Hegemony: Domestic Service and Identity Politics in South and Southeast Asia, ed. Kathleen M. Adams and Sara Dickey, 119–36. Ann Arbor: University of Michigan Press.

Elmhirst, Rebecca. 2002. "Daughters and Displacement: Migration Dynamics in an Indonesian Transmigration Area." *The Journal of Development Studies* 38(5): 143–66.

Emerson, Robert M., Rachel I. Fretz, and Linda L. Shaw. 1995. *Writing Ethnographic Fieldnotes.* Chicago: University of Chicago Press.

Engels, Friedrich（恩格斯）. 1942/1972. *The Origin of the Family, Private Property and the State.* New York: International Publishers.

England, Kim, and Bernadette Stiell. 1997. "They Think You' re as Stupid as Your English Is: Constructing Foreign Domestic Workers in Toronto." *Environment and Planning A* 29: 195–215.

England, Paula, and Nancy Folbre. 1999. "The Cost of Caring." *Annals of the American Academy of Political and Social Science* 561: 39–51.

Enloe, Cynthia. 1989. *Bananas, Beaches, and Bases.* Berkeley: University of California Press.

Espiritu, Yen Le. 1995. "Filipino Settlement in the United States." In *Filipino American Lives,* ed. Yen Le Espiritu, 1–36. Philadelphia: Temple University Press.

———. 2002. "Filipino Navy Stewards and Filipina Health Care Professionals: Immigration, Work and Family Relations." *Asian and Pacific Migration Journal* 11(1): 47–66.

Eviota, Elizabeth U. 1992. *The Political Economy and Gender, Women and the Sexual Division of Labor in the Philippines.* London: Zed Books.

Findlay, Allan M., Huw Jones, and Gillian M. Davidson. 1998. "Migration Transition or Migration Transformation in the Asian Dragon Economics?" *International Journal of Urban and Regional Research* 22(4): 643–63.

Fortunati, Leopoldina. 2001. "The Mobil Phone: An Identity on the Move." *Personal and Ubiquitous Computing* 5: 85–98

Foucault, Michel（傅柯）. 1977. *Discipline and Punish: The Birth of the Prison.* New York:

Pantheon Books.

Fröbel, Folker, Jürgen Heinrichs, and Otto Kreye. 1980. *The New International Division of Labor.* Cambridge: Cambridge University Press.

Gallin, Rita. 1994. "The Intersection of Class and Age: Mother-in-Law/ Daughter-in-Law Relations in Rural Taiwan." *Journal of Cross-Cultural Gerontology* 9: 127–40.

Gamburd, Michele Ruth. 2000. *The Kitchen Spoon's Handle. Ithaca,* N.Y.: Cornell University Press.

Garey, Anita. 1999. *Weaving Work and Motherhood.* Philadelphia: Temple University Press.

Gaw, Kenneth. 1991. *Superior Servants: The Legendary Cantonese Amahs of the Fat East. Singapore:* Oxford University Press.

Geertz, Hildred, 1961. *The Javanese Family: A Study of Kinship and Socialization.* New York: Free Press.

George, Sheba. 2000. "'Dirty Nurses' and 'Men Who Play' : Gender and Class in Transnational Migration." *In Global Ethnography,* ed. Michael Burawoy, 144–74. Berkeley: University of California Press.

Gerson, Judith, and Kathy Peiss. 1985. "Boundaries, Negotiation, Consciousness: Conceptualizing Gender Relations." *Social Problems* 32(4): 317–31

Geser, Hans. 2004. *Towards a Sociological Theory of the Mobile Phone:* University of Zurich. Available at http://socio.ch/mobile/t_geser1.htm, accessed on 30 August 2004.

Giddens, Anthony. 1992. *The Transformation of Intimacy: Sexuality, Love, and Eroticism in Modern Societies.* Cambridge, UK: Polity Press.

Glenn, Evelyn Nakano. 1986. *Issei, Nisei, War Bride: Three Generations of Japanese American Women in Domestic Service.* Philadelphia: Temple University Press.

_____. 1992. "From Servitude to Service Work: Historical Continuities in the Racial Division of Paid Reproductive Labor." *Signs* 18(1): 1–43.

_____. 2002. *Unequal Freedom: How Race and Gender Shaped American Citizenship and Labor.* Cambridge, Mass.: Harvard University Press.

Go, Stella. 1993. *The Filipino Family in the Eighties.* Manila: Social Development Research Center, De La Salle University.

Goffman, Erving（高夫曼）1956. "The Nature of Deference and Demeanor." *American Anthropologist* 58(3): 472–502.

_____. 1959. *The Presentation of Self in Everyday Life.* New York: Doubleday/ Anchor Books.

Gregson, Nicky, and Michelle Lowe. 1995. " 'Home' -Making: On the Spatiality of Daily

Social Production in Contemporary Middle-Class Britain." *Transactions of the Institute of British Geographers* 20(2): 224–35.

Hall, John. 1992. "The Capital(s) of Cultures: A Nonholistic Approach to Status, Situations, Class, Gender, and Ethnicity." In *Cultivating Differences: Symbolic Boundaries and the Making of Inequalities,* ed. Michele Lamont and Marcel Fournier, 257–88. Chicago: University of Chicago Press.

Hall, Stuart. 1997. "Old and New Identities: Old and New Ethnicities." In *Culture, Globalization and the World-System: Contemporary Conditions for the Representation of Culture,* ed. Anthony King, 41–68. Minneapolis: University of Minnesota Press.

Hammer, Thomas（哈許柴德）.1989. "State, Nation, and Dual Citizenship." Pp. 81-95 in *Immigration and the Politics of Citizenship in Europe and North America.* edited by William Rogers Brubaker. Lanham, Md.: University Press of America.

Hanser, Amy. 2008. *Service Encounters: Class, Gender and the Market for Social Distinction in Urban China.* Stanford: Stanford University Press,

Hays, Sharon. 1996. *The Cultural Contradiction of Motherhood.* New Haven, Conn.: Yale University Press.

Hertz, Rozanna. 1986. *More Equal than Others: Women and Men in Dual-Career Marriage.* Berkeley: University of California Press.

Hochschild, Arlie. 1989. *The Second Shift: Working Parents and the Revolution at Home.* New York: Avon Books.

_____. 2000. "The Nanny Chain." *The American Prospect* 11: 32–36.

_____. 2003. *The Commercialization of Intimate Life : Notes From Home and Work.* Berkeley : University of California Press.

Hollnsteiner, Mary R. 1981. "The Wife." *In Being Filipino,* ed. Gilda Cordero-Fernando, 37–42. Quezon City, Philippines: GCF Books.

Holstein, James A., and Jaber F. Gubrium. 1995. "Deprivatization and the Construction of Domestic Life." *Journal of Marriage and the Family* 57: 894–908.

Hondagneu-Sotelo, Pierrette. 2001. *Doméstica: Immigrant Workers Cleaning and Caring in the Shadows of Affluence.* Berkeley: University of California Press.

Hondagneu-Sotelo, Pierrette, and Ernestine Avila. 1997. " 'I am Here, but I am There' : The Meanings of Latina Transnational Motherhood." *Gender and Society* 11(5): 548–71.

Hsiung, Ping-Chun（熊秉純）. 1996. *Living Rooms as Factories: Class, Gender, and the Satellite Factory System in Taiwan. Philadelphia:* Temple University Press.

Hu, Yow-Hwey（胡幼慧）. 1995. "Elderly Suicide Risks in the Family Context: A Critique of the Asian Family Care." *Journal of Cross-Cultural Gerontology* 10:199–217.

Huang, Shirlena, Peggy Teo, and Brenda Yeoh. 2000. "Diasporic Subjects and Identity Negotiations: Women in and from Asia." *Women's Studies International Forum* 23(4): 391–98.

Huang, Shirlena, and Brenda Yeoh. 1996. "Ties that Bind: State Policy and Migrant Female Domestic Helpers in Singapore." *Geoforum* 27: 479–93.

_____. 2003. "The Difference Gender Makes: State Policy and Contract Migrant Workers in Singapore." *Asia and Pacific Migration Journal* 12(1–2): 75–97.

Hugo, Graeme. 1995. 2000. *Indonesian Overseas Contract Workers' HIV Knowledge: A Gap in Information.* Bangkok: United Nations Development Programme, South East Asia HIV and Development Project. Available at http://www.hiv-development.org/publications/Contract%20Workers.htm, accessed on 23 February 2005.

_____. 2002a. "Effects of International Migration on the Family in Indonesia." *Asian and Pacific Migration Journal* 11(1): 13–46.

_____. 2002b. "Women's International Labour Migration." *In Women in Indonesia: Gender, Equity and Development,* ed. Kathryn Robinson and Sharon Bessell, 158–78. Singapore: Institute of Southeast Asian Studies.

Human Rights Watch. 2004. "Bad Dreams: Exploitation and Abuse of Migrant Workers in Saudi Arabia." Available at http://www.hrw.org/reprots/2004/saudi.0704, accessed on 1 August 2005.

Illich, Ivan. 1981. *Shadow Work.* Boston: M. Boyars.

Illo, Jean Frances. 1995. "Redefining the Maybahay or Housewife: Reflections on the Nature of Women's Work in the Philippines." *In "Male"and"Female"in Developing Southeast Asia,* ed. Wazir Jahan Kavim, 209–25. Oxford: Berg.

Israel-Sobritchea, Cayolyn. 1990. "The Ideology of Female Domesticity: Its Impact on the Status of Filipino Women." *Review of Women's Studies* 1(1): 26–41.

Ito, Ruri. 2005. "Internationalizing Reproductive Labor in a Super Aged Society?: Japan's New Immigration Policy and Its Implication on Care Work." Presented at Women's World 2005, 19–23 June 2005, Seoul, Korea.

Jones, Galvin. W. 2002. "The Changing Indonesian Households." In *Women in Indonesia: Gender, Equity and Development,* ed. Kathryn Robinson and Sharon Bessell, 219–34. Singapore: Institute of Southeast Asian Studies.

Jones, Sidney. 2000. *Making Money off Migrants—The Indonesian Exodus to Malaysia.* Wollongong, Australia: Center for Asia Pacific Social Transformation Studies, University of Wollongong.

Kandiyoti, Deniz. 1991. "Bargaining with Patriarchy." *In The Social Construction of Gender,* ed. Judith Lorber and Susan A. Farrell, 104–18. London: Sage Publications.

Kaplan, Elaine. 1987. "I Don't Do No Windows: Competition between the Domestic Workers and the Housewife." *In Competition: A Feminist Taboo?,* ed. Valerie Miner and Helen E. Longino, 92–105. New York: Feminist Press.

Katzman, David. 1978. *Seven Days a Week: Women and Domestic Service in Industrializing America.* New York: Oxford University Press.

Kung, Lydia. 1983. *Factory Women in Taiwan. Ann Arbor:* University of Michigan Press.

Lamont, Michèle. 1992. *Money, Morals and Manners: The Culture and the French and the American Upper-Middle Class.* Chicago: University of Chicago Press.

_____. 2000a. *The Dignity of Working Men: Morality and the Boundaries of Race, Class, and Immigration,* Cambridge, Mass.: Harvard University Press.

_____. 2000b. "The Rhetorics of Racism and Anti-Racism in France and the United States." *In Rethinking Comparative Cultural Sociology: Repertoires of Evaluation in France and the United States,* ed. Michele Lamont and Lauront Thevenot, 25–55. Cambridge: Cambridge University Press.

Lamont, Michèle, and Annette Lareaur. 1988. "Cultural Capital: Allusions, Gaps, and Glissandos in Recent Theoretical Developments." *Sociological Theory* 6:153–68.

Lamont, Michèle, and Marcel Fournier. 1992. Introduction to *Cultivating Differences: Symbolic Boundaries and the Making of Inequalities,* ed. Michele Lamont and Marcel Fournier, 1–20. Chicago: University of Chicago Press.

Lan, Pei-Chia（藍佩嘉）. 2002a. "Subcontracting Filial Piety: Elder Care in Ethnic Chinese Immigrant Households in California." *Journal of Family Issues* 23(7): 812–35.

_____. 2002b. "Among Women: Migrant Domestics and their Taiwanese Employers across Generations." In *Global Woman: Maids, Nannies and Sex Workers,* ed. Barbara Ehrenreich and Arlie Hochschild, 169–89. New York: Metropolitan Press.

Lasch, Christopher. 1977. *Haven in a Heartless World.* New York: Basic Books.

Lasen, Amparo. 2002. *The Social Shaping of Fixed and Mobil Network: A Historical Comparison,* DWRC, University of Surrey. Available at: http://www.surrey.ac.uk/dwrc/, accessed on 30 August 2004.

Law, Lisa. 2001. "Home Cooking: Filipino Women and Geographies of the Senses in Hong Kong." *Ecumene* 8(3): 264–83.

Lee, Anru（李安如）. 2002. "Guests from the Tropics: Labor Practice and Foreign Workers in Taiwan." *In Transforming Gender and Development in East Asia,* ed. Esther Ngan-ling Chow, 183–202. New York: Routledge.

Lee, Ching Kwan（李靜君）. 1998. *Gender and the South China Miracle.* Berkeley: University of California Press.

Lee, Hey-Kyung. 2005. "Changing Trends in Paid Domestic Work in South Korea." In *Asian Women as Transnational Domestic Workers,* ed. Noorashikin Abdul Rahman, Brenda Yeoh, and Shirlena Huang, 341–63. Singapore: Marshall Cavendish.

Lie, John. 2001. *Multiethnic Japan.* Cambridge, Mass.: Harvard University Press.

Lin, Jean Chin-Ju（林津如）. 1999. *Filipina Domestic Workers in Taiwan: Structural Constraints and Personal Resistance.* Taipei: Taiwan Grassroots Women Workers' Centre.

Ling, Richard, and Brigitte Yttri. 2002. "Hyper-Coordination via Mobil Phones in Norway." In *Perpetual Contact:. Mobil Communication, Private, Public Performance,* ed. James E. Katz and Mark A. Aakhus, 139–69. Cambridge: Cambridge University Press.

Lorber, Judith. 1994. *Paradoxes of Gender.* New Heaven, Conn.: Yale University Press.

Loveband, Anne. 2004a. "Positioning the Product: Indonesian Migrant Women Workers in Contemporary Taiwan." *Journal of Contemporary Asia* 34(3): 336–49.

———. 2004b. "Nationality Matters: SARS and Foreign Domestic Workers' Rights in Taiwan Province of China." *International Migration* 42(5): 121-43

Macdonald, Cameron. 1998. "Manufacturing Motherhood: The Shadow Work of Nannies and Au Pair." *Qualitative Sociology* 21(1): 25–53

Margold, Jane A. 1995. "Narratives of Masculinity and Transnational Migration: Filipino Workers in the Middle East." *In Bewitching Women, Pious Men: Gender and Body Politics in Southeast Asia,* ed. Aihwa Ong and Michael G. Peletz, 274–98. Berkeley: University of California Press.

Martin, David. 1996. "Labor Contractors: A Conceptual Overview." *Asian Pacific Migration Journal* 5(2–3): 201–18.

Massey, Doreen. 1994. "A Global Sense of Place," in *Space, Place and Gender,* 146–56. Cambridge: Polity Press.

Massey, Douglas, G. Hugo, J. Arango, A. Kouaouci, A.Pellegrino, and J. Taylor. 1998. *Worlds in Motion: Understanding International Migration at the End of the Millennium.* Oxford:

Clarendon Press.

McIntosh, William Alexander. 1996. *Sociologies of Food and Nutrition.* New York: Plenum Press.

McKay, Deirdre. 2003. "Filipinas in Canada—De-Skilling as a Push toward Marriage." *In Wife or Worker? Asian Women and Migration,* ed. Nicola Piper and Mina Roces, 23–52. Lanham, Md.: Rowman and Littlefield Publishers.

_____. 2004. "Everyday Places: Philippine Place-Making and the Translocal Quotidian." Online Proceedings from Everyday Transformations (the 2004 annual conference of the Cultural Studies Association of Australasia). Available at http://wwwmcc.murdoch.edu.au/cfel/csaa_proceedings.htm, accessed on 6 February 2005.

_____. 2005. "Success Stories? Filipina Migrant Domestic Workers in Canada." In *Asian Women as Transnational Domestic Workers,* ed. Noorashikin Abdul Rahman, Brenda Yeoh, and Shirlena Huang, 305–60. Singapore: Marshall Cavendish.

Medina, Belinda. 1991. *The Filipino Family: A Text with Selected Readings.* Quezon City: University of Philippines Press.

Mendez, Jennifer. 1998. "Of Mops and Maids: Contradictions and Continuities in Bureaucratized Domestic Work." *Social Problems* 45(1): 114–35.

Miles, Robert. 1989. Racism. London: Routledge.

Mohanty, Chandra. 1991. "Under Western Eyes: Feminist Scholarship and Colonial Discourses." *In Third World Women and the Politics of Feminism,* ed. Chandra T. Mohanty, Ann Russo, and Lourdes Torres, 51–80. Indianapolis: Indiana University Press.

Nayyar, Deepak. 1997. "Emigration Pressures and Structural Change: Case Study of Indonesia." Geneva: International Labour Office, International Migration Papers 20.

NCRFW (National Commission on the Roles of Filipino Women). 1993. *Filipino Women Migrants: A Statistical Factbook.* Quezon City: National Commission on the Roles of Filipino Women.

Nippert-Eng, Christena. 1996. *Home and Work: Negotiating Boundaries through Everyday Life.* Chicago: University of Chicago Press.

Oakley, Ann. 1974. *The Sociology of Housework.* New York: Pantheon.

Ogaya, Chiho. 2003. "Feminization and Empowerment: Organizational Activities of Filipino Women Workers in Hong Kong and Singapore." *In Filipino Diaspora: Demography, Social Networks, Empowerment and Culture,* ed. Mamoru Tsuda, 67–89. Quezon City: Philippine Social Science Council and UNESCO.

Oishi, Nana（大石奈奈）. 2005. *Women in Motion: Globalization, State Politics, and Labor Migration in Asia.* Stanford, Calif.: Stanford University Press.

Okamatsu, Santaro. 1902. *Provisional Report on Investigations of Laws and Customs in the Island of Formosa.* Kobe: Kobe Herold Office.

Okunishi, Yoshio. 1996. "Labor Contracting in International Migration: The Japanese Case and Implications for Asia." *Asian and Pacific Migration Journal* 5(2–3): 219–40.

Omi, Machael, and Howard Winant. 1994. *Racial Formation in the United States.* London: Routledge.

Ong, Aihwa（翁愛華）. 1994. "Colonization and Modernity: Feminist Representations of Women in Non-Western Societies." *In Theorizing Feminism: Parallel Trends in the Humanities and Social Sciences,* ed. Anna C. Herrmann and Abigail J. Stewart, 372–81. Boulder, Colo.: Westview Press.

_____. 1999. *Flexible Citizenship: The Cultural Logics of Transnationality.* Durham, N.C.: Duke University Press.

Ozyegin, Gul. 2000. *Untidy Gender: Domestic Service in Turkey.* Philadelphia: Temple University Press.

Palmer, Phyllis. 1989. *Domesticity and Dirt: Housewives and Domestic Servants in the United States,* 1920–1940s. Philadelphia: Temple University Press.

Parreñas, Rhacel Salazar. 2001. *Servants of Globalization: Women, Migration and Domestic Work.* Stanford, Calif.: Stanford University Press.

_____. 2005. *Children of Global Migration: Transnational Families and Gendered Woes.* Stanford, Calif.: Stanford University Press.

Paz Cruz, Victoria, and Anthony Paganoni. 1989. *Filipinas in Migration: Big Bills and Small Change.* Quezon City: Scalabrini Migration Center.

Pertierra, Raul. 1992. *Remittances and Returnees: The Cultural Economy of Migration in Ilocos.* Quezon City: New Day Publishers.

Pertierra, Raul, Eduardo F. Ugarte, Alicia Pingol, Joel Hernandez and Nikos Lexis Dacanay. 2002. *Tex-ing Selves: Cellphones and Philippine Modernity.* Manila: De La Salle University. Available at http://www.finlandembassy.ph/texting1.htm, accessed on 1 July 2005.

Pessar, Patricia. R. 1999. "Engendering Migration Studies: The Case of New Immigrants in the United States." In *Gender and U.S. Immigration: Contemporary Trends,* ed. Pierrette Hondagneu-Sotelo, 20–42. Berkeley: University of California Press.

Pingol, Alicia Tadeo. 2001. *Remaking Masculinities: Identity, Power and Gender Dynamics in Families with Migrant Wives and Househusbands.* Quezon City: University of the Philippines.

Potuchek, Jean L. 1997. *Who Supports the Family? Gender and Breadwinning in Dual-Earner Marriages.* Stanford, Calif.: Stanford University Press.

Pratt, Geraldine. 1999. "From Registered Nurse to Registered Nanny: Discursive Geographies of Filipina Domestic Workers in Vancouver, B.C." *Economic Geography* 75(3): 215–36.

Prothero, Mansell. 1990. "Labor Recruiting Organizations in the Developing World." *International Migration Review* 24: 221–28.

Raharto, Aswatini. 2002. "Indonesian Female Labour Migrants: Experiences Working Overseas (A Case Study among Returned Migrants in West Java)." Presented at IUSSP Regional Population Conference on Southeast Asia's Population in a Changing Asian Context. Bangkok, Thailand.

Roberts, Dorothy. 1997. "Spiritual and Menial Housework." *Yale Journal of Law and Feminism* 9: 49–80.

Robinson, Kathryn. 2000. "Gender, Islam, and Nationality—Indonesian Domestic Servants in the Middle East." *In Home and Hegemony: Domestic Service and Identity Politics in South and Southeast Asia,* ed. Kathleen M. Adams and Sara Dickey, 249–82. Ann Arbor: University of Michigan Press.

Robison, Richard, and David G. Goodman, eds. 1996. *The New Rich in Asia: Mobile Phone, McDonalds and Middle-Class Revolution.* London: Routledge.

Rollins, Judith. 1985. *Between Women: Domestics and their Employers.* Philadelphia: Temple University Press.

Romero, Mary. 1992. *Maid in the U.S.A.,* London: Routledge.

Rothman, Barbara Katz. 1989. *Recreating Motherhood.* New Brunswick, N.J.: Rutgers University Press.

Rudnyckyj, Daromir. 2004. "Technologies of Servitude: Governmentality and Indonesian Transnational Labor Migration." *Anthropological Quarterly* 77(3): 407–34.

Salzinger, Leslie. 1991. "A Maid by Any Other Name: The Transformation of 'Dirty Work' by Central American Immigrants." In *Ethnography Unbound: Power and Resistance in Modern Metropolis,* ed. Michael Burawoy, 139–60. Berkeley: University of California Press.

Sassen, Saskia. 1996. *Losing Control? : Sovereignty in an Age of Globalization.* New York: Columbia University Press.

_____. 1988. *The Mobility of Labor and Capital: A Study in International Investment and Labor Flow.* Cambridge: Cambridge University Press.

_____. 1992. *The Global City: New York, London, Tokyo.* Princeton, N.J.: Princeton University Press.

_____. 1999. *Guests and Aliens.* New York: New Press.

Schwartz, Barry. 1968. "The Social Psychology of Privacy." *American Journal of Sociology* 73: 741–42.

Seno, Alexandra A. 2003. "The Boys in the Band." *Newsweek,* September 22.

Shih, Shu-Mei（施淑美）. 1999. "Gender and a Geopolitics of Desire: The Seduction of Mainland Women in Taiwan and Hong Kong Media," In *Spaces of Their Own: Women's Public Sphere in Transnational China,* ed. Mayfair Mei-hui Yang, pp. 278-307. Minneapolis: University of Minnesota.

Sibayan, Bonifacio. 1991. "The Intellectualization of Filipino." *International Journal of the Sociology of Language* 88: 69–82.

Sibley, David. 1995. *Geographies of Exclusion: Society and Difference in the West.* London: Routledge.

Skeldon, Ronald. 1992. "International Migration within and from the East and Southeast Asian Region: A Review Essay." *Asian and Pacific Migration Journal* 1(1): 19–63.

Skolnick, Arlene S. 1992. *The Intimate Environment: Exploring Marriage and the Family,* 5th ed. New York: Harper Collins Publishers.

Soysal, Yasemin Nuhoglu. 1994. *Limits of Citizenship: Migrants and Postnational Membership in Europe.* Chicago: University of Chicago Press.

Spaan, Ernst. 1994. "Taikong's and Calo's: The Role of Middlemen and Brokers in Javanese International Migration." *International Migration Review* 27(1): 93–113.

Suzuki, Nobue. 2000. "Between Two Shores: Transnational Projects and Filipina Wives in/ from Japan." *Women's Studies International Forum* 23(4): 431–44.

Tarcoll, Cecilla. 1996. "Migrating 'For the Sake of the Family?' Gender, Life Course and Intra-Household Relations among Filipino Migrants in Rome." *Philippine Sociological Review* 44(1–4): 12–32.

Teng, Emma J. 2004. *Taiwan's Imagined Geography—Chinese Colonial Travel Writing and Pictures, 1683–1895.* Cambridge, Mass.: Harvard University Asia Center.

Thorne, Barrie. 1993. *Gender Play: Girls and Boys in School.* New Brunswick, N.J.: Rutgers University Press.

Thornton, Arland, and Hui-Sheng Lin. 1994. *Social Change and the Family in Taiwan.* Chicago: University of Chicago Press.

Tirtosudarmo, Riwanto. 1999. "The Indonesian State's Response to Migration." *SOJOURN: Journal of Social Issues in Southeast Asia 14(1):* 212–27.

Tolentino, Roland. B. 1996. "Bodies, Letters, Catalogs: Filipinas in Transnational Space." Social Text 14(3): 49–76.

Torpey, John. 2000. *The Invention of the Passport: Surveillance, Citizenship and the State.* Cambridge: Cambridge University Press.

Tronto, Joan C. 1993. *Moral Boundaries: A Political Argument for* an Ethic of Care. New York: Routledge.

Tsai, Pan-Long, and Ching-Lung Tsay. 2001. "Economic Development, Foreign Direct Investment and International Labor Migration: The Experiences of Japan, Taiwan and Thailand." *Prosea Research Paper* 51: 1–36.

Tsai, Yen-Ling（蔡晏霖）. 2008. Strangers Who are not Foreign: Intimate Exclusion and Racialized Boundaries in Urban Indonesia. Ph.D. disss, Anthropology, UC Santa Cruz.

Tsay, Ching-Lung（蔡青龍）. 1992. "Clandestine Labor Migration to Taiwan." *Asian and Pacific Migration Journal* 4(4): 613–20.

Tung, Charlene. 1999. "The Social Reproductive Labor of Filipina Transmigrant Workers in Southern California: Caring for Those Who Provide Elderly Care." Ph.D. diss. University of California at Irvine, Irvine.

Tyner, James. A. 1996. "Construction of Filipina Migrant Entertainers." *Gender, Place and Culture* 3(1): 77-93.

United Nations. 2006. *International Migration 2006.* New York: United Nations Population Division, Department of Economic and Social Affairs.

Ungerson, Clare. 2000. "Cash in Care." *In Care Work: Gender, Labor and the Welfare State,* edited by Madonna Harrington Meyer, pp. 68-88. New York: Routledge.

Uttal, Lynet. 1996. "Custodial Care, Surrogate Care, and Coordinated Care: Employed Mothers and the Meaning of Child Care." *Gender and Society* 10(3): 291–311.

Veblen, Thorstein（范伯倫）. 1912/1994. *The Theory of the Leisure Class: An Economic Study of Institutions.* New York: B.W. Huebsch.

Wallerstein, Immanuel. 1991. "The Construction of Peoplehood: Racism, Nationalism, Ethnicity." In *Race, Nation, and Class: Ambiguous Identities,* ed. Etienne Balibar and

Immanuel Wallerstein, 71–85. London: Verso.

Walzer, Michael. 1983. *Spheres of Justice: A Defense of Pluralism and Equality.* Oxford: Basil Blackwell.

Wee, Vivienne, and Amy Sim. 2005. "Hong Kong as a Destination for Migrant Domestic Worker." In *Asian Women as Transnational Domestic Workers,* ed. Noorashikin Abdul Rahman, Brenda Yeoh, and Shirlena Huang, 175–209. Singapore: Marshall Cavendish.

Weintraub, Jeff. 1997. "The Theory and Politics of the Public/Private Distinction." in *Public and Private in Thought and Practice: Perspectives on a Grand Dichotomy.* ed. Jeff Weintraub and Krishan Kumar, 1–42. Chicago: University of Chicago Press.

Weix, G. G. 2000. "Inside the Home and Outside the Family: The Domestic Estrangement of Javanese Servants." In *Home and Hegemony: Domestic Service and Identity Politics in South and Southeast Asia,* ed. Kathleen M. Adams and Sara Dickey, 137–56. Ann Arbor: University of Michigan Press.

Wieviorka, Michel. 1994. "Racism in Europe: Unity and Diversity," in *Racism, Modernity and Identity.* London: Polity Press.

Wolf, Diane Lauren. 1992. *Factory Daughters: Gender, Household Dynamics, and Rural Industrialization in Java.* Berkeley: University of California Press.

Wolf, Margery. 1970. "Child Training and the Chinese Family." In *Family and Kinship in Chinese Society,* ed. Maurice Freedman, 37–62. Stanford, Calif.: Stanford University Press.

———. 1972. *Women and the Family in Rural Taiwan.* Stanford, Calif: Stanford University Press.

———. 1975. "Women and Suicide in China." In *Women in Chinese Society,* ed. Margery Wolf and Roxane Witke, 111–14. Stanford, Calif.: Stanford University Press.

Wong, Sau-Ling. 1994. "Diverted Mothering: Representations of Caregivers of Color in the Age of 'Multiculturalism.'" In *Mothering: Ideology, Experience, and Agency,* ed. Evelyn Nakano Glenn, Grace Chang, and Linda Rennie Forcey, 67–94. London: Routledge.

Wrigley, Julia. 1995. *Other People's Children: An Intimate Account of the Dilemmas Facing Middle-Class Parents and the Women They Hire to Raise their Children.* New York: Basic Books.

Yamanaka, Keiko. 2003. "Feminized Migration, Community Activism and Grassroots Transnationalization in Japan." *Asia and Pacific Migration Journal* 12(1–2): 155–87.

Yamanaka, Keiko, and Nicola Piper. 2003. "An Introductory Overview." *Asia and Pacific Migration Journal* 12(1–2): 1–19.

Yeoh, Brenda, and Shirlena Huang. 1998. "Negotiating Public Space: Strategies and Styles of Migrant Female Domestic Workers in Singapore." *Urban Studies* 35(3): 583–602.

―――. 2000. " 'Home' and 'Away' : Foreign Domestic Workers and Negotiations of Diasporic Identity in Singapore." *Women's Studies International Forum* 23(4): 413–29.

Young, James. Philip. 1980. "Migration and Education in the Philippines: An Anthropological Study of an Ilocano Community." Ph.D. diss., Stanford University, Stanford, Calif.

Yuval-Davis, Nira, 1999, "Ethnicity, Gender Relations and Multiculturalism." Pp. 112-125 in *Race, Identity and Citizenship: A Reader*, edited by Rodolfo D. Torres, Louis F. Miron, and Jonathan x. Inda. Oxford: Blackwell.

Zerubavel, Eviatar. 1981. *Hidden Rhythms: Schedules and Calendars in Social Life.* Chicago: University of Chicago Press.

―――. 1991. *The Fine Line: Making Distinctions in Everyday Life.* Chicago: University of Chicago Press.

Zolberg, Aristide. 1991. "Bounded States in a Global Market: The Uses of International Labor Migrations." In *Social Theory for a Changing Society,* ed. Pierre Bourdieu and James Coleman, 301–24. Boulder, Colo.: Westview Press.

索引

外文

一至五劃

國家圖書館出版品預行編目資料

跨國灰姑娘：當東南亞幫傭遇上台灣新富家庭／藍佩
嘉著
——初版——台北市：行人，2008[97年]
400 面；14.8 x 21 公分—
含索引
ISBN: 978-986-84859-0-7（平裝）

1. 外籍勞工 2. 女性勞動者 3. 雇傭 4. 人權 5. 女權

556.5607   97022317

《跨國灰姑娘：當東南亞幫傭遇上台灣新富家庭》
© 2008 藍佩嘉

發行人：廖美立
總編輯：周易正
執行編輯：賴奕璇
文字編輯：楊惠芊
封面：永真急制 Workshop
印刷：釉川印刷
定價：450元
ISBN：978-986-84859-0-7
2023年10月　五版二十刷

出版者：行人文化實驗室
100 台北市南昌路一段49號2樓
電話：886-2-37652655
傳真：886-2-37252660
http://flaneur.tw

總經銷：大和書報圖書股份有限公司
電話：886-2-89902588